朱清时　主编
李传玺　执行主编

现代大学校长文丛

胡适 卷

李传玺 编

时代出版传媒股份有限公司
安徽教育出版社

图书在版编目（CIP）数据

现代大学校长文丛. 胡适卷 / 李传玺编.
—合肥：安徽教育出版社，2015
ISBN 978-7-5336-8109-8

Ⅰ.①现… Ⅱ.①李… Ⅲ.①高等教育－中国－文集
Ⅳ.①G649.2-53

中国版本图书馆 CIP 数据核字（2015）第 210976 号

现代大学校长文丛·胡适卷
XIANDAI DAXUE XIAOZHANG WENCONG HU SHI JUAN

出 版 人：郑　可
质量总监：张丹飞
策划统筹：王　骏　钱　江
责任编辑：钱　江
装帧设计：阮　娟
技术编辑：王　琳

出版发行：时代出版传媒股份有限公司　安徽教育出版社
地　　址：合肥市经开区繁华大道西路 398 号　邮编：230601
网　　址：http://www.ahep.com.cn
营销电话：(0551)63683011，63683013
排　　版：安徽创艺彩色制版有限责任公司
印　　刷：合肥中德印刷培训中心印刷厂

开　　本：720×960　1/16
印　　张：22
字　　数：320 千字
版　　次：2015 年 11 月第 1 版　2015 年 11 月第 1 次印刷
定　　价：39.00 元

（如发现印装质量问题，影响阅读，请与本社营销部联系调换）

总　序

一

我们似乎不应该忘记一个日子。清光绪二十四年(1898年)八月初六,那是一个血雨腥风的日子,戊戌变法失败了。一边是慈禧再度"训政",一边是废黜光绪,废除新政,对倡导变法维新人士进行大搜捕、大屠杀。其中独有一项"成果"经过一个老人的巧妙运作保留了下来,那人是时任管学大臣的孙家鼐,那"成果"便是京师大学堂。

也许是经过变法者心血与鲜血的滋润,这粒中国现代教育的种子开始了它的倔强生长。

至1949年,中国现代教育体系包括大学教育体系以及它的格局、架构已基本形成。

由此,人们常常发问:

那是一段什么样的历史时期,朝代更迭,袁氏复辟,走马灯式的北洋政府;军阀割据,连年混战,人民水深火热几不聊生;外敌入侵,十四年抗战,虽取得胜利,接踵的又是国共内战。如此时空背景,常常使课堂里放不下一张平静的书桌。可就是在这样的时代氛围中,中国现代大学教育却能够生长,且健全了各门类基础学科,诞生了一批名校,培养出了惠及后世的大量杰出人才,在教学相长过程中走出了大批大师级的教育家、科学家、思想家。为什么?

钱学森先生曾这样发问。

每个人一说到中国现代大学教育时,总会想到蔡元培先生,总会想到西南联大,更会这样发问。

二

2010年3月14日下午,首都机场。全国两会结束,各地的政协委员返程。全国政协委员,曾任中国科技大学校长,时任南方科技大学校长的朱清时先生正坐在过道边的椅子上。那段时间,他是热门人物,一直被媒体包围着,此刻他好像很累很疲倦,但仍有记者不停地同他说着教育的热点话题。作为安徽政协委员向中央报送信息的联络员李传玺也站在旁边听,并不时对朱清时先生切中肯綮的评论报以由衷的赞美。

"你是哪家报社的?"朱校长问李传玺。

《江淮时报》副总编常河先生站在旁边,向朱校长介绍了李。

"噢,你研究胡适啊,我对30年代那批大师,尤其是那批大师级的教育家非常佩服。"

这句话也埋下了一粒种子。

2012年初,时在安徽教育出版社就职的王骏先生询问李传玺,今年有没有好的选题。

李传玺的脑子里突然闪现出了在首都机场与朱清时校长谈话的画面,以及朱先生最后的那句话。何不请朱清时先生担纲编选一套现代大学校长文丛?王骏向社领导做了汇报,很快得到了同意。可朱清时校长能同意么?初春的一个下午,李传玺拨通了朱清时校长的电话,虽然天气不热,却紧张得一手心汗。没想到朱校长听完了介绍后,欣然同意。

于是有了现在呈现在大家面前的这套书。

三

让我们倾听一下那些大师们的声音。声音都不是那种激昂慷慨式的，很平和，却更入灵魂。

蔡元培先生："对于各家学说，依各国大学通例，循思想自由原则，兼容并包。无论何种学派，苟其言之成理，持之有故，尚不达自然淘汰之运命，即使彼此相反，也听他们自由发展。"

张伯苓先生："允公允能，日新月异"，"允公是大公，而不是小公，小公只不过是本位主义而已，算不得什么公了。惟其允公，才能高瞻远瞩，正己教人，发扬集体的爱国思想，消灭自私的本位主义"，"允能者，是要做到最能，要建设现代化国家，要有现代化的科学才能……不仅要求具备现代化的理论才能，而且要具有实际工作的能力"。

蒋梦麟先生："大学者，为研究高等学科而设"，"学校之惟一生命在学术事业"，"研究学术而有所顾忌，则真理不明"，"畀以学术自由之权，所以求思想与学术自由之发展，不受外力阻挠也"。

梅贻琦先生："所谓大学者，非谓有大楼之谓也，有大师之谓也。""新民之大业，非旦夕可期也，既非旦夕可期，则与此种事业最有关系之大学教育，与从事于此种教育之人，其所以自处之地位，势不能不超越几分现实；其注意之所集中，势不能为一时一地之所限止；其所期望之成就，势不能为若干可以计日而待之近功。"

胡适先生："学术的发达，人才是第一要件，我们必须集中第一流的人才，替他们造成最适宜的工作条件，使他们可以自己做研究，使他们可以替全国训练将来的师资和工作人员"，"只有在自由独立原则之下，才能有高价值的创造"，"'自由'是学校给予师生的，'独立'则为创造的"。

竺可桢先生："科学精神就是求真，要'只问是非，不计利害'。这就是说，只求真理，不管个人的利害"，"求是的路径，《中庸》说得最好，就是'博学之，审问之，慎思之，明辨之，笃行之'。单是博学、审问还不够,必须审思熟虑,自出心裁,独著只眼,来研辨是非得失"。

......

不需要再引了,读着这些话,如果你是一个教育工作者,也许自会得出本文开篇所提疑问的答案。即使不是,你也会强烈感受到一个真正教育家的教育胸怀。此书还选收了大量大师们其他方面的论文甚至美文,任何一个读者都可以从中充分领略到大师们多面的风采。

李传玺

2015年3月

目 录

1	**导读** 坐在哥伦比亚大学台阶上
9	文学改良刍议
19	历史的文学观念论
22	建设的文学革命论
	——国语的文学—文学的国语
35	多研究些问题，少谈些主义
39	三论问题与主义
46	四论问题与主义
	——论输入学理的方法
51	杜威先生与中国
54	易卜生主义
69	不朽
	——我的宗教
77	新思潮的意义
	——研究问题　输入学理
	整理国故　再造文明
85	非个人主义的新生活
94	我们要我们的自由
97	我们什么时候才可有宪法？
	——对于《建国大纲》的疑问
104	新文化运动与国民党
116	思想革命与思想自由
119	论学潮
123	我们所应走的路
127	我的意见也不过如此
133	制宪不如守法

137	《独立评论》的一周年
142	公开荐举议
	——从古代荐举制度想到今日官邪的救正
146	建设与无为
151	"五四"后新思潮运动的意义
152	北大校友"五四"聚餐联欢会上的讲话
154	自由主义是什么？
157	人生问题
160	新闻独立与言论自由
	——台北市编辑人协会欢迎会上讲词
165	容忍与自由
	——《自由中国》十周年纪念会上讲词
173	"宁鸣而死，不默而生"
	——九百年前范仲淹争自由的名言
178	大宇宙中谈博爱
180	拜金主义
182	时间不值钱
184	差不多先生传
186	业余讲演
190	在上海文教界欢迎会上的讲话
193	治学方法
196	知识的准备
204	为什么读书
209	读书的习惯重于方法
211	论家庭教育
213	八股的起原
216	书院制史略
221	书院的教育
222	清代学者的治学方法
244	找书的快乐
249	国语运动的历史
252	论无文字符号之害

257	论中学的工具教育
259	教育学生培养兴趣
263	对于新学制的感想
268	论大学学制
271	谈谈大学
274	北京大学五十周年
277	争取学术独立的十年计划
281	赠与今年的大学毕业生
286	我们对于学生的希望
293	提高与普及
296	学生与社会
301	考试与教育
307	选科与择业
309	大学的生活
	——学生选择科系的标准
314	大学教育与科学研究
318	在北平市立高工成立四十周年纪念会上讲话
320	工程师的人生观
325	科学发展所需要的社会改革
330	教师的模范
332	学术救国
336	《傅孟真先生遗著》序
339	教育家张伯苓

导 读

坐在哥伦比亚大学台阶上

李传玺

坐在哥伦比亚大学台阶上,不是我,而是他们——胡适和陶行知等。

那是胡适留学期间一张非常有名的照片,他和老乡陶行知等六人坐在哥大台阶上,两手交叉,两腿交叉,左手搭在右手上,左腿折向右腿后,手、腿的相互搭配如此"规则"一致,难道说理性训练已化入不自觉的举手投足间?

此张照片中胡适的表情最生动、最轻松,满面灿烂的笑容,满面自信的笑容。

1917年元月27日,哈佛大学"女校友协会"举行"年宴"。此时的哈佛校长康福邀请美国前总统塔夫脱和康奈尔大学校长休曼前来演讲,休曼因故不能来,于是康福推荐胡适代表休曼来演讲。费城位于纽约与华盛顿之间,"已行半途,不容不一访经农(注:朱经农)。故南下至华盛顿小住,与经农相见甚欢。一夜经农曰:'我们预备要中国人十年后有什么思想'",此话激起了胡适的感慨:"此一问题最为重要,非一人所能解决也,然吾辈人人心中当刻刻存此思想耳。"这就是要输入学理,盗火给中国,推动中国人思想解放,树立崭新的、现代的科学与民主理念。

胡适此时心中充满了一腔豪情,3月8日,他在日记中写道:"英国前世纪之'牛津运动'(The Oxford Movement)(宗教改良之运动)未起时,其未来之领袖牛曼(Newman)、傅鲁得(Froude)、客白儿(Keble)诸人久以改良宗教相期许,三人写其所作宗教的诗歌成一集。牛曼取荷马诗中语题其上",其诗为"You shall know the difference now that we are back again",胡适将其译为:"如今我们已回来,你们请看分晓吧。"由这句诗,胡适引申道:"其气象可想。此亦可作吾辈留学生之先锋旗也。"这个豪情就是要改造中国,就是以新中国之"新"为己任,而且甘做先锋,甘做旗手。

虽然此时省有倪嗣冲祸皖,国有张勋复辟,使胡适"思之怅然",并发出如下感慨:"如此祸乱因仍,坐失建设之时会,世界将不能待我矣。"毕竟《文学改良刍议》、《历史的文学观念论》已经在《新青年》发表,并且得到陈独秀等人的热烈赞同与呼应,"文学革命之气运,酝酿已非一日,其首举义旗之急先锋,则为吾友胡适。余甘冒全国学究之敌,高张'文学革命军'大旗,则为吾友之声援"。胡适回国经过日本时,看到《新青年》第三卷第三号便买了一本,内有陈独秀《旧思想与国体问题》和刘半农的《我之文学改良观》。两文不仅是对他首举义旗的进一步响应,其中的观点也让他感佩。正是在这种大势的鼓舞下,胡适的情绪并没从根本上受到影响,而是沿着既定的"豪情"路线继续前行。在回国船上,他开始关注西欧各国"国语"的形成,以及与文学相互促进的关系。这正是他回国后很快发表的《建设的文学革命论》的孕育期。

正是在这种"豪情"的支配下,胡适终其一生认定只有从教育、思想与文化入手才可以为现代中国的新生奠定基石,终其一生决心做一个将真理与光明传导给中国人的启蒙主义者。1917年7月10日,胡适回到上海,在新旅社里发下一愿:二十年不入政界,二十年不谈政治。1937年卢沟桥事变爆发后，胡适应蒋介石之邀参加有关抗战问题的谈话会，7月12日从南京乘飞机飞往庐山。在飞机上，胡适想到了二十年前的誓言，虽然时间已经久远，但仍然记忆犹新。为了这个誓言，当20世纪30年代有人诚邀他加入国民政府时，胡适这样拒绝："我所以想保存这一点独立的地位，实在不是图一点虚名，也绝不是爱惜羽毛，实在是想要养成一个无偏无党之身，有时当紧要的关头上，或可为国家说几句有力的公道话，一个国家不应该没有这种人；这种人越多，社会的基础越健全，政府也直接间接蒙其利益。我深信此理，故虽不能至，心实向往之。以此之故，我很盼望先生容许我留在政府之外，为国家做一个诤臣，为政府做一个诤友。"

胡适有理由高兴并自信。照完相，胡适站起身和同学们一一握手拥抱，就此告别。

那天他们照相的地方大约是哥大图书馆。进入哥大是一条宽宽的红砖道，从此道登上图书馆，应该有好几十个台阶。这使图书馆的门厅显得更加巍峨挺拔。胡适一阶阶走下来。天空很纯净，阳光很灿烂。迎着阳光走去的胡适留下了一道长长的背影。

胡适回来了。应该说他很好地挥洒了自己的豪情，实现了自己的誓言。

有人为归国后的胡适作了这样一个定位：在中国现代文化史上，他虽然没有完成什么，却开创了一切。

他坚持民主与自由的理想。他认为，从历史的角度来看世界文化的趋向，那民主自由的趋向，是三四百年来的一个最大目标，一个最明白的方向；民主政治的真实内容有一套最基本的条款——一套最基本的自由权利——都是大众所需要的，并不是资产阶级所独霸而大众所不需要的。由此他参与编辑或创办了《新青年》、《每周评论》、《新月》、《独立评论》、《自由中国》等刊物，倡导用独立的精神、反省的态度、负责任的言论来发表各人的思考，来宣传民主与自由。他认为"君子"立言应该"无所苟",就是对自己的话负责任,"凡立一说,建一议,必须先把此说此议万一实行时可以发生的种种结果都——想象出来,必须自己对于这种种结果准备承担责任",而作政论的人更不可不存这种无所苟态度,"因为政论是为社会国家设想,立一说或建一议都关系几千万或几万万人的幸福与痛苦。一言或可以兴邦,一言也可以丧邦。所以作政论的人更应该处处存哀矜、敬慎的态度,更应该在立说之前先想象一切可能的结果——必须自己的理智认清了责任而自信负得起这种责任,然后可以出之于口,笔之于书"。他要求中国现代知识分子应该发扬中国传统知识分子敢于诤谏的传统,"从中国向来知识分子的最开明的传统看,言论的自由,谏诤的自由,是一种'自天'的责任,所以说,'宁鸣而死,不默而生'。从国家与政府的立场看,言论的自由可以鼓励人人肯说'忧于未形,恐于未炽'的正论危言,来替代小人们天天歌功颂德、鼓吹升平的滥调"。

由此,胡适公开挑战国民党一党独裁的威权政治。针对国民党南京政府建立后所提出的训政主张,胡适由各种"政府机关"和"党部机关""侵害人民的身体自由及财产"的现实出发,庄严提出,"我们今日需要一个约法","我们要一个约法来规定政府的权限,过此权限,便是'非法行为'。我们要一个约法来规定人民的'身体、自由及财产'的保障;有侵犯这法定的人权的,无论是一百五十二旅的连长或国民政府主席,人民都可以控告,都得受法律的制裁"。针对丁文江、蒋廷黻等人提出的"开明专制",胡适终始坚持"民主宪政"的主张,并明白归纳了至今让我们思考的各种"好处":"民主政治是常识政治","在于可以逐渐推广政权,有伸缩的余地;在于'集思广益',使许多阿斗(注:这是胡适顺用别人的提法,无贬义)把他们的平凡常识凑起来也可以勉强对付;在于给多数平庸的人有个参加政治的机会,可以训练他们爱护自己的权利"。针对国民政府在许多地方开展的盲目害民建设,胡适更明确指斥:"没有一个国家能靠着盲目的建设得着国际地位,也没有一个政治领袖能靠着害民的建设得着人心的拥戴的"。针对寇氛日深的严峻形势,胡适提出公开外交,争取国际道义上的认可与支持,更提出了

"苦撑待变"持久抗战的战略主张。他不仅准确预测了抗战初期的势态变化,更准确判断了太平洋战争爆发的可能性,警告蒋介石"必须决心放弃'准备好了再打'的根本错误心理",无论我们如何屈辱,都谋不到喘息时间,则"必须不顾一切痛苦与毁灭","从那长期痛苦里谋得一个民主翻身的机会"。基于此,抗战爆发后,国民政府才毅然决然地委派他这个没有丝毫外交经验的人出任驻美大使。

由此,胡适为中国文化的现代化发展建立了一套比较全面的基础范式。从"一时代有一时代之文学"的历史的文学观念论出发,胡适提出了文学改良的主张,不仅直接推动了文学表达方式的根本变革,而且迅速刷新了新文化运动的内容风貌,甚至开启了惠及千秋的中国人思维方式的解放之窗。胡适并没就此止步,结合回国途中有关"国语"的思考以及文学革命的讨论,很快提出了"国语的文学,文学的国语"主张,认为"有了国语的文学,方才可有文学的国语。有了文学的国语,我们的国语才可算得真正国语"。表面上看,他是在探讨国语与文学的关系,将白话引向规范化的道路,实际上,胡适已经切实把握住了一个国家建立自己规范化通用语言的核心,并首次提出了普通话的概念以及普通话的基准区域与文本。为了与标准文本相配套,胡适开始推动并积极参与编纂国语教科书,呼吁建立统一规范的标点符号与文法,推动亚东图书馆组织出版新式标点的中国古代经典白话小说,建立全社会对标点符号的认知与遵循。从方法论的角度,胡适糅合杜威哲学与中国传统治学尤其是清代学者治学方法,提出整理国故和进行国学研究。在哥大与一帮朋友讨论文学改良时,胡适就化用陆游的诗自勉:自古成功在尝试。胡适一边从理论上提倡,一边亲自试验,以作品为"范式",推出《尝试集》、《请颁行新式标点符号议案》、《国语文法概论》、《〈红楼梦〉考证》等。无怪乎20世纪50年代大陆批判胡适时,曹聚仁撰文指出,许多批判就是用胡适的方法、胡适的例证甚至胡适的语言来批胡适,这样批不仅不能批倒胡适,相反是在传播"胡适"。

由此,胡适给中国科学与教育的现代化发展开辟了一条比较明确的路径。胡适注重科学与教育协调发展的社会环境。胡适于1961年

11月16日在"亚东区科学教育会议"演说中说,"在我们远东各国,社会上需要有些什么变化才能够使科学生根发芽","为了给科学的发展铺路,为了准备接受、欢迎近代的科学和技术的文明,我们东方人也许必须经过某种知识上的变化与革命"。胡适注重科学与教育发展的整体规范。抗战爆发后的庐山谈话会上,胡适提出战时教育应该是"常态的教育",教育仍然要保持其独立性。1946年底的"制宪""国大"上,他和其他代表提出关于确立教育为立国之本的建议,以及"教育文化应列入宪法专章"的提案。同时期,他又提出了"争取学术独立的十年计划"。晚年回到台湾担任"中研院院长",他拾起当年在大陆的思考,根据吴大猷先生的提议,提出了"发展科学培植人才的五年计划的纲领草案"。胡适注重科学与教育发展的体制健全。他和陶行知等人积极支持蔡元培先生的学制改革,倡议大学施行选科制,回击安福部议员的批评,并就执行切实谏言,"我们现在需要的是进一步研究这个学制的内容",新制的大部分应该从试验学校办起。针对国民政府建立后的"统一学术机关之令"和"党化教育",他写信给蔡元培,劝告蔡先生"宜有审慎的态度,周详的准备",明确表示"自问决不能附和",决不能"只认朋友,不问是非"。他坚决反对政府对教育的直接干预,"学校作为教学机关,不应该自己滚到政治漩涡里去,尤其不应该自己滚到党派政治的漩涡里去",要"把握着自由独立的传统……因为只有在自由独立的原则下,才能有高价值的创造"。胡适注重教育与科学发展的理念培育,并切实躬身践行。胡适曾引述易卜生的话:"你要想有益于社会,最好的法子莫如把你自己这块材料铸造成器。"胡适后来反复提及此话。以此为标准,胡适强调要教育学生培养兴趣,须有批评、进取与协同的精神,教师既要爱自由爱独立,也要爱知识爱真理,普通教育应该做到自助助人的地步,大学教育应该以科学研究发现真理为中心,成为国家学术独立的根据地。回国任教于北大时,胡适推动蔡元培对北大进行一系列改革,组织教授评议委员会。他在担任中国公学校长初期,组织校务会议通过三个决议案——校务会议组织大纲、教务会议组织大纲和学校章程起草委员会,重组校董会与院系;重视体育运动,组织运动会,通过为运动会撰写主题歌传达自己的教育信念:健儿们大家向前,只一人第一,但需要个个争先。

  在哥伦比亚大学台阶上,不是坐着,而是站着;不是胡适他们,而是我。
  胡适一阶阶走下来。
  落日将胡适的背影投射得很长很长。胡适的背影被台阶折叠着,像一本本厚厚的大书摞在那儿。
  作为一名学习者,更是一名朝拜者,我拾级而上,穿过他的背影,想要拾起那一本本大书。我回过头去,虽然时间已隔九十五年,空间已隔整个美洲大陆和浩瀚的太平洋,但我仍能望见胡适的背影。
  胡适正在一步步远去。
  我站在那儿,突然想起,有了胡适的哥大,应该也算是中国新文化运动的摇篮。

文学改良刍议*

今之谈文学改良者众矣,记者末学不文,何足以言此?然年来颇于此事再四研思,辅以友朋辩论,其结果所得,颇不无讨论之价值。因综括所怀见解,列为八事,分别言之,以与当世之留意文学改良者一研究之。

吾以为今日而言文学改良,须从八事入手。八事者何?

一曰,须言之有物。

二曰,不摹仿古人。

三曰,须讲求文法。

四曰,不作无病之呻吟。

五曰,务去烂调套语。

六曰,不用典。

七曰,不讲对仗。

八曰,不避俗字俗语。

一曰须言之有物

吾国近世文学之大病,在于言之无物。今人徒知"言之无文,行之

---

* 本文原载 1917 年 1 月 1 日《新青年》第二卷第 5 号,又载 1917 年 3 月《留美学生季报》春季第 1 号。——编者

不远";而不知言之无物,又何用文为乎?吾所谓"物",非古人所谓"文以载道"之说也。吾所谓"物",约有二事:

(一)情感 《诗序》曰:"情动于中而形诸言。言之不足,故嗟叹之。嗟叹之不足,故咏歌之。咏歌之不足,不知手之舞之,足之蹈之也。"此吾所谓情感也。情感者,文学之灵魂。文学而无情感,如人之无魂,木偶而已,行尸走肉而已。(今人所谓"美感"者,亦情感之一也。)

(二)思想 吾所谓"思想",盖兼见地、识力、理想三者而言之。思想不必皆赖文学而传,而文学以有思想而益贵;思想亦以有文学的价值而益贵也:此庄周之文,渊明老杜之诗,稼轩之词,施耐庵之小说,所以夐绝千古也。思想之在文学,犹脑筋之在人身。人不能思想,则虽面目姣好,虽能笑啼感觉,亦何足取哉?文学亦犹是耳。

文学无此二物,便如无灵魂无脑筋之美人,虽有秾丽富厚之外观,抑亦末矣。近世文人沾沾于声调字句之间,既无高远之思想,又无真挚之情感,文学之衰微,此其大因矣。此文胜之害,所谓言之无物者是也。欲救此弊,宜以质救之。质者何?情与思二者而已。

二曰不摹仿古人

文学者,随时代而变迁者也。一时代有一时代之文学:周秦有周秦之文学,汉魏有汉魏之文学,唐、宋、元、明有唐、宋、元、明之文学。此非吾一人之私言,乃文明进化之公理也。即以文论,有《尚书》之文,有先秦诸子之文,有司马迁、班固之文,有韩、柳、欧、苏之文,有语录之文,有施耐庵、曹雪芹之文:此文之进化也。试更以韵文言之:《击壤》之歌,《五子》之歌,一时期也;《三百篇》之诗,一时期也;屈原、荀卿之骚赋,又一时期也;苏李以下,至于魏晋,又一时期也;江左之诗流为排比,至唐而律诗大成,此又一时期也;老杜、香山之"写实"体诸诗(如杜之《石壕吏》、《羌村》,白之《新乐府》),又一时期也;诗至唐而极盛,自此以后,词曲代兴,唐五代及宋初之小令,此词之一时代也;苏、柳(永)、辛、姜之词,又一时代也;至于元之杂剧传奇,则又一时代矣;凡此诸时代,各因时势风会而变，各有其特长，吾辈以历史进化之眼光观之，决不可谓古人之文学皆胜于今人也。左氏、史公之文奇矣，然施耐庵之《水浒传》视《左传》、《史记》何多让焉？《三都》、《两京》之赋富矣，然以视唐诗、宋词，则糟粕耳。此可见文学因时进化，不能自止。唐人不当作商周之诗，宋人不当作相如、子云之赋，即令作之，亦必不工。逆天背时，违进化之迹，故不能工也。

既明文学进化之理，然后可言吾所谓"不摹仿古人"之说。今日之中国，当造今日之文学，不必摹仿唐宋，亦不必摹仿周秦也。前见"国会开幕词"，有云："于铄国会，遵晦时休。"此在今日而欲为三代以上之文之一证也。更观今之"文学大家"，文则下规姚曾，上师韩欧；更上则取法秦、汉、魏、晋，以为六朝以下无文学可言，此皆百步与五十步之别而已，而皆为文学下乘。即令神似古人，亦不过为博物院中添几许"逼真赝鼎"而已，文学云乎哉！昨见陈伯严先生一诗云：

涛园抄杜句，半岁秃千毫。所得都成泪，相过问奏刀。
万灵噤不下，此老仰弥高。胸腹回滋味，徐看薄命骚。

此大足代表今日"第一流诗人"摹仿古人之心理也。其病根所在，在于以"半岁秃千毫"之工夫作古人的抄胥奴婢，故有"此老仰弥高"之叹。若能洒脱此种奴性，不作古人的诗，而惟作我自己的诗，则决不致如此失败矣。

吾每谓今日之文学，其足与世界"第一流"文学比较而无愧色者，独有白话小说（我佛山人，南亭亭长，洪都百炼生，三人而已）一项。此无他故，以此种小说皆不事摹仿古人（三人皆得力于《儒林外史》、《水浒》、《石头记》，然非摹仿之作也）而惟实写今日社会之情状，故能成真正文学。其他学这个、学那个之诗古文家，皆无文学之价值也。今之有志文学者，宜知所从事矣。

三曰须讲求文法

今之作文作诗者,每不讲求文法之结构。其例至繁,不便举之,尤以作骈文律诗者为尤甚。夫不讲文法,是谓"不通"。此理至明,无待详论。

四曰不作无病之呻吟

此殊未易言也。今之少年往往作悲观,其取别号则曰"寒灰"、"无生"、"死灰";其作为诗文,则对落日而思暮年,对秋风而思零落,春来则惟恐其速去,花发又惟惧其早谢,此亡国之哀音也。老年人为之犹不可,况少年乎?其流弊所至,遂养成一种暮气,不思奋发有为,服劳报国,但知发牢骚之音,感喟之文;作者将以促其寿年,读者将亦短其志气:此吾所谓无病之呻吟也。国之多患,吾岂不知之?然病国危时,岂痛哭流涕所能收效乎?吾惟愿今之文学家作费舒特(Fichte),作玛志尼(Mazzini),而不愿其为贾生、王粲、屈原、谢皋羽也。其不能为贾生、王粲、屈原、谢皋羽,而徒为妇人醇酒丧气失意之诗文者,尤卑卑不足道矣!

五曰务去烂调套语

今之学者,胸中记得几个文学的套语,便称诗人。其所为诗文处处是陈言烂调,"蹉跎"、"身世"、"寥落"、"飘零"、"虫沙"、"寒窗"、"斜阳"、"芳草"、"春闺"、"愁魂"、"归梦"、"鹃啼"、"孤影"、"雁字"、"玉楼"、"锦字"、"残更"……之类,累累不绝,最可憎厌。其流弊所至,遂令国中生出许多似是而非、貌似而实非之诗文。今试举吾友胡先骕先生一词以证之:

荧荧夜灯如豆,映幢幢孤影,凌乱无据。翡翠衾寒,鸳鸯瓦冷,禁得秋宵几度？　　么弦漫语,早丁字帘前,繁霜飞舞。袅袅余音,片时犹绕柱。

此词骤观之,觉字字句句皆词也,其实仅一大堆陈套语耳。"翡翠衾"、"鸳鸯瓦",用之白香山《长恨歌》则可,以其所言乃帝王之衾之瓦也。"丁字帘"、"么弦",皆套语也。此词在美国所作,其夜灯决不"荧荧如豆",其居室尤无"柱"可绕也。至于"繁霜飞舞",则更不成话矣。谁曾见繁霜之"飞舞"耶？

吾所谓务去烂调套语者,别无他法,惟在人人以其耳目所亲见亲闻所亲身阅历之事物,一一自己铸词以形容描写之；但求其不失真,但求能达其状物写意之目的,即是功夫。其用烂调套语者,皆懒惰不肯自己铸词状物者也。

六曰不用典

吾所主张八事之中,惟此一条最受朋友攻击,盖以此条最易误会也。吾友江亢虎君来书曰：

所谓典者,亦有广狭二义。饾饤獭祭,古人早悬为厉禁；若并成语故事而屏之,则非惟文字之品格全失,即文字之作用亦亡。……文字最妙之意味,在用字简而涵义多。此断非用典不为功。不用典不特不可作诗,并不可写信,且不可演说。来函满纸"旧雨"、"虚怀"、"治头治脚"、"舍本逐末"、"洪水猛兽"、"发聋振聩"、"负弩先驱"、"心悦诚服"、"词坛"、"退避三舍"、"滔天"、"利器"、"铁证"……皆典也。诚尽抉而去之,代以俚语俚字,将成何说话？其用字之繁简,犹其细焉。恐一易他词,虽加倍蓰而涵义仍终不能如是恰到好处,奈何？……

此论甚中肯要。今依江君之言,分典为广狭二义,分论之如下:

(一)广义之典非吾所谓典也。广义之典约有五种:

甲、古人所设譬喻,其取譬之事物,含有普通意义,不以时代而失其效用者,今人亦可用之。如古人言"以子之矛,攻子之盾",今人虽不读书者,亦知用"自相矛盾"之喻,然不可谓为用典也。上文所举例中之"治头治脚","洪水猛兽","发聋振聩"……皆此类也。盖设譬取喻,贵能切当;若能切当,固无古今之别也。若"负弩先驱","退避三舍"之类,在今日已非通行之事物,在文人相与之间,或可用之,然终以不用为上,如言"退避",千里亦可,百里亦可,不必定用"三舍"之典也。

乙、成语　成语者,合字成辞,别为意义。其习见之句,通行已久,不妨用之。然今日若能另铸"成语",亦无不可也。"利器","虚怀","舍本逐末"……皆属此类。此非"典"也,乃日用之字耳。

丙、引史事　引史事与今所论议之事相比较,不可谓为用典也。如老杜诗云,"未闻殷周衰,中自诛褒妲",此非用典也。近人诗云,"所以曹孟德,犹以汉相终",此亦非用典也。

丁、引古人作比　此亦非用典也。杜诗云,"清新庾开府,俊逸鲍参军",此乃以古人比今人,非用典也。又云,"伯仲之间见伊吕,指挥若定失萧曹",此亦非用典也。

戊、引古人之语　此亦非用典也。吾尝有句云,"我闻古人言,艰难惟一死"。又云,"尝试成功自古无,放翁此语未必是"。此乃引语,非用典也。

以上五种为广义之典,其实非吾所谓典也。若此者可用可不用。

(二)狭义之典,吾所主张不用者也。吾所谓用"典"者,谓文人词客不能自己铸词造句以写眼前之景,胸中之意,故借用或不全切,或全不切之故事陈言以代之,以图含混过去:是谓"用典"。上所述广义之典,除戊条外,皆为取譬比方之辞。但以彼喻此,而非以彼代此也。狭义之用典,则全为以典代言,自己不能直言之,故用典以言之耳。此吾所谓用典与非用典之别也。狭义之典亦有工拙之别,其工者偶一用之,未为不可,其拙者则当痛绝之。

子、用典之工者　此江君所谓用字简而涵义多者也。客中无书不能多举其例，但杂举一二，以实吾言：

（1）东坡所藏"仇池石"，王晋卿以诗借观，意在于夺。东坡不敢不借，先以诗寄之，有句云，"欲留嗟赵弱，宁许负秦曲。传观慎勿许，间道归应速"。此用蔺相如返璧之典，何其工切也！

（2）东坡又有"章质夫送酒六壶，书至而酒不达"。诗云，"岂意青州六从事，化为乌有一先生"。此虽工已近于纤巧矣。

（3）吾十年前尝有《读〈十字军英雄记〉》一诗云："岂有鸠人羊叔子？焉知微服赵主父？十字军真儿戏耳，独此两人可千古。"以两典包尽全书，当时颇沾沾自喜，其实此种诗，尽可不作也。

（4）江亢虎代华侨讼陈英士文有"未悬太白，先坏长城。世无钼鏖，乃戕赵卿"四句，余极喜之。所用赵宣子一典，甚工切也。

（5）王国维咏史诗，有"虎狼在堂室，徙戎复何补？神州遂陆沉，百年委榛莽。寄语桓元子，莫罪王夷甫"。此亦可谓使事之工者矣。

上述诸例，皆以典代言，其妙处，终在不失设譬比方之原意；惟为文体所限，故譬喻变而为称代耳。用典之弊，在于使人失其所欲譬喻之原意。若反客为主，使读者迷于使事用典之繁，而转忘其所为设譬之事物，则为拙矣。古人虽作百韵长诗，其所用典不出一二事而已（《北征》与白香山《悟真寺诗》皆不用一典），今人作长律则非典不能下笔矣。尝见一诗八十四韵，而用典至百余事，宜其不能工也。

丑、用典之拙者　用典之拙者，大抵皆懒惰之人，不知造词，故以此为躲懒藏拙之计。惟其不能造词，故亦不能用典也。总计拙典亦有数类：

（1）比例泛而不切，可作几种解释，无确定之根据。今取王渔洋《秋柳》一章证之：

娟娟凉露欲为霜，万缕千条拂玉塘。
浦里青荷中妇镜，江干黄竹女儿箱。
空怜板渚隋堤水，不见琅琊大道王。

若过洛阳风景地,含情重问永丰坊。

此诗中所用诸典无不可作几样说法者。

（2）僻典使人不解。夫文学所以达意抒情也。若必求人人能读五车之书,然后能通其文,则此种文可不作矣。

（3）刻削古典成语,不合文法。"指兄弟以孔怀,称在位以曾是"（章太炎语）,是其例也。今人言"为人作嫁"亦不通。

（4）用典而失其原意。如某君写山高与天接之状,而曰"西接杞天倾"是也。

（5）古事之实有所指,不可移用者,今往乱用作普通事实。如古人灞桥折柳,以送行者,本是一种特别土风。阳关、渭城亦皆实有所指。今之懒人不能状别离之情,于是虽身在滇越,亦言灞桥；虽不解阳关、渭城为何物,亦皆言"阳关三叠","渭城离歌"。又如,张翰因秋风起而思故乡之莼羹鲈脍,今则虽非吴人,不知莼鲈为何味者,亦皆自称有"莼鲈之思"。此则不仅懒不可救,直是自欺欺人耳!

凡此种种,皆文人之下下工夫,一受其毒,便不可救。此吾所以有"不用典"之说也。

七曰不讲对仗

排偶乃人类言语之一种特性,故虽古代文字,如老子、孔子之文,亦间有骈句。如："道可道,非常道；名可名,非常名。无名天地之始,有名万物之母。故常无,欲以观其妙；常有,欲以观其徼。"此三排句也。"食无求饱,居无求安。""贫而无谄,富而无骄。""尔爱其羊,我爱其礼。"此皆排句也。然此皆近于语言之自然,而无牵强刻削之迹；尤未有定其字之多寡,声之平仄,词之虚实者也。至于后世文学末流,言之无物,乃以文胜；文胜之极,而骈文律诗兴焉,而长律兴焉。骈文律诗之中非无佳作,然佳作终鲜。所以然者何？岂不以其束缚人之自由过甚之故耶？（长律之中,上下古今,无一首佳作可言也。）今日而言文学改良,当"先立乎其大者",不当枉废有用之精力于微细纤巧之末;此吾所以有废骈废律之说也。即不能废此两者,亦但当视为文学末技而已,非讲求之急务也。

今人犹有鄙夷白话小说为文学小道者,不知施耐庵、曹雪芹、吴趼人,皆文学正宗,而骈文律诗乃真小道耳。吾知必有闻此言而却走者矣。

八曰不避俗语俗字

吾惟以施耐庵、曹雪芹、吴趼人,为文学正宗,故有"不避俗字俗语"之论也(参看上文第二条下)。盖吾国言文之背驰久矣。自佛书之输入,译者以文言不足以达意,故以浅近之文译之,其体已近白话。其后佛氏讲义语录尤多用白话为之者,是为语录体之原始。及宋人讲学以白话为语录,此体遂成讲学正体(明人因之)。当是时,白话已久入韵文,观唐宋人白话之诗词可见也。及至元时,中国北部已在异族之下,三百余年矣(辽、金、元)。此三百年中,中国乃发生一种通俗行远之文学。文则有《水浒》、《西游》、《三国》……之类,戏曲则尤不可胜计。(关汉卿诸人,人各著剧数十种之多。吾国文人著作之富,未有过于此时者也。)以今世眼光观之,则中国文学当以元代为最盛;可传世不朽之作,当以元代为最多:此可无疑也。当是时,中国之文学最近言文合一,白话几成文学的语言矣。使此趋势不受阻遏,则中国几有一"活文学出现",而但丁、路得之伟业(欧洲中古时,各国皆有俚语,而以拉丁文为文言,凡著作书籍皆用之,似吾国之以文言著书也。其后意大利有但丁〔Dante〕诸文豪,始以其国俚语著作。诸国踵兴,国语亦代起。路得〔Luther〕创新教始以德文译《旧约》、《新约》,遂开德文学之先。英法诸国亦复如是。今世通用之英文《新旧约》乃1611年译本,距今才三百年耳。故今日欧洲诸国之文学,在当日皆为俚语。迨诸文豪兴,始以"活文学"代拉丁之死文学,有活文学而后有言文合一之国语也),几发生于神州。不意此趋势骤为明代所阻,政府既以八股取士,而当时文人如何李七子之徒,又争以复古为高,于是此千年难遇言文合一之机会,遂中道夭折矣。然以今世历史进化的眼光观之,则白话文学之为中国文学之正宗,又为将来文学必用之利器,可断言也。(此"断言"乃自作者言之,赞成此说者今日未必甚多也。)以此之故,吾主张今日作文作诗,宜采用俗语俗字。与其用三千年前之死字(如"于铄国会,遵晦时休"之类),不如用二十世纪之活字;与其作不能行远不能普及之秦、汉、六朝文字,不如作家喻户晓之《水浒》、《西游》文字也。

结 论

上述八事,乃吾年来研思此一大问题之结果。远在异国,既无读书之暇晷,又不得就国中先生长者质疑问难,其所主张容有矫枉过正之处。然此八事皆文学上根本问题,一一有研究之价值。故草成此论,以为海内外留心此问题者作一草案。谓之刍议,犹云未定草也,伏惟国人同志有以匡纠是正之。

民国六年一月

历史的文学观念论*

居今日而言文学改良,当注重"历史的文学观念"。一言以蔽之,曰:一时代有一时代之文学。此时代与彼时代之间,虽皆有承前启后之关系,而决不容完全抄袭;其完全抄袭者,决不成为真文学。愚惟深信此理,故以为古人已造古人之文学,今人当造今人之文学。至于今日之文学与今后之文学究竟当为何物,则全系于吾辈之眼光识力与笔力,而非一二人所能逆料也。惟愚纵观古今文学变迁之趋势,以为白话之文学种子已伏于唐人之小诗短词。及宋而语录体大盛,诗词亦多有用白话者。(放翁之七律七绝,多白话体。宋词用白话者更不可胜计。南宋学者往往用白话通信,又不但以白话作语录也。)元代之小说戏曲,则更不待论矣。此白话文学之趋势,虽为明代所截断,而实不曾截断。语录之体,明清之宋学家多沿用之。词曲如《牡丹亭》、《桃花扇》,已不如"元人杂剧"之通俗矣。然昆曲卒至废绝,而今之俗剧(吾徽之"徽调"与今日"京调"、"高腔"皆是也)乃起而代之。今后之戏剧,或将全废唱本而归于说白,亦未可知。此亦由文言趋于白话之一例也。小说则明清之有名小说,皆白话也。近人之小说,其可以传后者,亦皆白话也(笔记短篇如《聊斋志异》之类不在此例)。故白话之文学,自宋以来,虽见屏于古文家,而终一线相承,至今不绝。

夫白话之文学,不足以取富贵,不足以邀声誉,不列于文学之"正宗",而卒不能废绝者,岂无故耶?岂不以此为吾国文学趋势,自然如此,故不可禁遏而日以昌大耶?愚以深信此理,故又以为今日之文学,

---

* 本文原载 1917 年 5 月 1 日《新青年》第三卷第 3 号。——编者

当以白话文学为正宗。然此但是一个假设之前提,在文学史上,虽已有许多证据,如上所云,而今后之文学之果出于此与否,则犹有待于今后文学家之实地证明。若今后之文人不能为吾国造一可传世之白话文学,则吾辈今日之纷纷议论,皆属枉费精力,决无以服古文家之心也。

然则吾辈又何必攻古文家乎?曰,是亦有故。吾辈主张"历史的文学观念",而古文家则反对此观念也。吾辈以为今人当造今人之文学,而古文家则以为今人作文必法马、班、韩、柳。其不法马、班、韩、柳者,皆非文学之"正宗"也。吾辈之攻古文家,正以其不明文学之趋势而强欲作一千年二千年以上之文。此说不破,则白话之文学无有列为文学正宗之一日,而世之文人将犹鄙薄之以为小道邪径而不肯以全力经营造作之。如是,则吾国将永无以全副精神实地试验白话文学之日。夫不以全副精神造文学而望文学之发生,此犹不耕而求获、不食而求饱也,亦终不可得矣。(施耐庵、曹雪芹诸人所以能有成者,正赖其有特别胆力,能以全力为之耳。)

吾辈既以"历史的"眼光论文,则亦不可不以历史的眼光论古文家。记曰:"生乎今之世,反古之道,灾必及乎身。"(朱熹曰:反,复也。)此言复古者之谬,虽孔圣人亦不赞成也。古文家之罪正坐"生乎今之世,反古之道"。古文家盛称马班,不知马班之文已非古文。使马班皆作《盘庚》《大诰》"清庙生民"之文,则马班决不能千古矣。古文家又盛称韩柳,不知韩柳在当时皆为文学革命之人。彼以六朝骈俪之文为当废,故改而趋于较合文法,较近自然之文体。其时白话之文未兴,故韩柳之文在当日皆为"新文学"。韩柳皆未尝自称"古文",古文乃后人称之之辞耳。此如七言歌行,本非"古体",六朝人作之者数人而已。至唐而大盛,李杜之歌行,皆可谓创作。后之妄人,乃谓之曰"五古","七古",不知五言作于汉代,七言尤不得为古,其起与律诗同时。(律诗起于六朝。谢灵运、江淹之诗,皆为骈俪之体矣,则虽谓律诗先于七古,可也。)若《周颂》《商颂》,则真"古诗"耳。故李杜作"今诗",而后人谓之"古诗";韩柳作"今文",而后人谓之"古文"。不知韩柳但择当时文体中之最近于文言之自然者而作之耳。故韩柳之为韩柳,未可厚非也。

及白话之文体既兴,语录用于讲坛,而小说传于穷巷。当此之时,"今文"之趋势已成,而明七子之徒乃必欲反之于汉魏以上,则罪不容辞矣。归、方、刘、姚之志与七子同,特不敢远攀周秦,但欲近规韩、柳、欧、曾而已,此其异也。吾故谓古文家亦未可一概抹煞。分别言之,则马班自作汉人之文,韩柳自作唐代之文。其作文之时,言文之分尚不成一问题,正如欧洲中古之学者,人人以拉丁文著书,而不知其所用为"死文字"也。宋代之文人,北宋如欧苏皆常以白话入词,而作散文则必用文言;南宋如陆放翁常以白话作律诗,而其文集皆用文言;朱晦庵以白话著书写信,而作"规矩文字"则皆用文言,此皆过渡时代之不得已,如十六七世纪欧洲学者著书往往并用己国俚语与拉丁两种文字(狄卡儿之《方法论》用法文,其《精思录》则用拉丁文。倍根之《杂论》有英文、拉丁文之两种。倍根自信其拉丁文书胜于其英文书,然今人罕有读其拉丁文《杂论》者矣),不得概以古文家冤之也。惟元以后之古文家,则居心在于复古,居心在于过抑通俗文学而以汉、魏、唐、宋代之。此种人乃可谓真正"古文家"!吾辈所攻击者亦仅限于此一种"生于今之世,反古之道"之真正"古文家"耳!

民国六年五月

建设的文学革命论*
——国语的文学—文学的国语

一

我的《文学改良刍议》发表以来,已有一年多了。这十几个月之中,这个问题居然引起了许多很有价值的讨论,居然受了许多很可使人乐观的响应。我想我们提倡文学革命的人,固然不能不从破坏一方面下手。但是我们仔细看来,现在的旧派文学实在不值得一驳。什么桐城派的古文哪,《文选》派的文学哪,江西派的诗哪,梦窗派的词哪,《聊斋志异》派的小说哪——都没有破坏的价值。他们所以还能存在国中,正因为现在还没有一种真有价值,真有生气,真可算作文学的新文学起来代他们的位置。有了这种"真文学"和"活文学",那些"假文学"和"死文学",自然会消灭了。所以我望我们提倡文学革命的人,对于那些腐败文学,个个都该存一个"彼可取而代也"的心理,个个都该从建设一方面用力,要在三五十年内替中国创造出一派新中国的活文学。

我现在做这篇文章的宗旨,在于贡献我对于建设新文学的意见。我且先把我从前所主张破坏的八事引来做参考的资料:

(一)不做"言之无物"的文字。

(二)不做"无病呻吟"的文字。

(三)不用典。

(四)不用套语烂调。

---

* 本文原载 1918 年 4 月 15 日《新青年》第四卷第 4 号。——编者

（五）不重对偶——文须废骈，诗须废律。
（六）不做不合文法的文字。
（七）不摹仿古人。
（八）不避俗话俗字。

这是我的"八不主义"，是单从消极的，破坏的一方面着想的。

自从去年归国以后，我在各处演说文学革命，便把这"八不主义"都改作了肯定的口气，又总括作四条，如下：

（一）要有话说，方才说话。这是"不做言之无物的文字"一条的变相。

（二）有什么话，说什么话；话怎么说，就怎么说。这是（二）（三）（四）（五）（六）诸条的变相。

（三）要说我自己的话，别说别人的话。这是"不摹仿古人"一条的变相。

（四）是什么时代的人，说什么时代的话。这是"不避俗话俗字"的变相。

这是一半消极，一半积极的主张。一笔表过，且说正文。

二

我的"建设新文学论"的唯一宗旨只有十个大字："国语的文学，文学的国语"。我们所提倡的文学革命，只是要替中国创造一种国语的文学。有了国语的文学，方才可有文学的国语。有了文学的国语，我们的国语才可算得真正国语。国语没有文学，便没有生命，便没有价值，便不能成立，便不能发达。这是我这一篇文字的大旨。

我曾仔细研究：中国这二千年何以没有真有价值真有生命的"文言的文学"？我自己回答道："这都因为这二千年的文人所做的文学都是死的，都是用已经死了的语言文字做的。死文字决不能产出活文学。所以中国这二千年只有些死文学，只有些没有价值的死文学。"

我们为什么爱读《木兰辞》和《孔雀东南飞》呢？因为这两首诗是

用白话做的。为什么爱读陶渊明的诗和李后主的词呢？因为他们的诗词是用白话做的。为什么爱杜甫的《石壕吏》、《兵车行》诸诗呢？因为他们都是用白话做的。为什么不爱韩愈的《南山》呢？因为他用的是死字死话。……简单说来，自从《三百篇》到于今，中国的文学凡是有一些价值有一些儿生命的，都是白话的，或是近于白话的。其余的都是没有生气的古董，都是博物院中的陈列品！

再看近世的文学：何以《水浒传》、《西游记》、《儒林外史》、《红楼梦》，可以称为"活文学"呢？因为他们都是用一种活文字做的。若是施耐庵、邱长春、吴敬梓、曹雪芹，都用了文言做书，他们的小说一定不会有这样生命，一定不会有这样价值。

读者不要误会，我并不曾说凡是用白话做的书都是有价值有生命的。我说的是：用死了的文言决不能做出有生命有价值的文学来。这一千多年的文学，凡是有真正文学价值的，没有一种不带有白话的性质，没有一种不靠这个"白话性质"的帮助。换言之：白话能产出有价值的文学，也能产出没有价值的文学；可以产出《儒林外史》，也可以产出《肉蒲团》。但是，那已死的文言，只能产出没有价值没有生命的文学，决不能产出有价值有生命的文学；只能做几篇"拟韩退之《原道》"或"拟陆士衡《拟古》"，决不能做出一部《儒林外史》。若有人不信这话，可先读明朝古文大家宋濂的《王冕传》，再读《儒林外史》第一回的《王冕传》，便可知道死文学和活文学的分别了。

为什么死文字不能产生活文学呢？这都由于文学的性质。一切语言文字的作用在于达意表情；达意达得妙，表情表得好，便是文学。那些用死文言的人，有了意思，却须把这意思翻成几千年前的典故；有了感情，却须把这感情译为几千年前的文言。明明是客子思家，他们须说"王粲登楼"，"仲宣作赋"；明明是送别，他们却须说《阳关》三叠"，"一曲《渭城》"；明明是贺陈宝琛七十岁生日，他们却须说是贺伊尹、周公、傅说。更可笑的：明明是乡下老太婆说话，他们却要叫他打起唐宋八家的古文腔儿；明明是极下流的妓女说话，他们却要他打起胡天游、洪亮吉的骈文调子！……请问这样做文章如何能达意表情呢？既不能达意，既不能表情，那里还有文学呢？即如那《儒林外史》里的王冕，是一个有感情，有血气，能生动，能谈笑的活人，这都因为做书的人能用活言语活文字来描写他的生活神情。那宋濂集子里的王冕，便成了一个没有生气，不能动人的死人。为什么呢？因为宋濂用了二千年前的死文字来写二千年后的活人，所以不能不把这个活人变作二千年前的木偶，才可合那古文家法。古文家法是合了，那王冕也真"作古"了！

因此我说，"死文言决不能产出活文学"。中国若想有活文学，必须用白话，必须用国语，必须做国语的文学。

三

上节所说，是从文学一方面着想，若要活文学，必须用国语。如今且说从国语一方面着想，国语的文学有何等重要。

有些人说："若要用国语做文学，总须先有国语。如今没有标准的国语，如何能有国语的文学呢？"我说这话似乎有理，其实不然。国语不是单靠几位言语学的专门家就能造得成的，也不是单靠几本国语教科书和几部国语字典就能造成的。若要造国语，先须造国语的文学。有了国语的文学，自然有国语。这话初听了似乎不通，但是列位仔细想想便可明白了。天下的人谁肯从国语教科书和国语字典里面学习国语？所以国语教科书和国语字典，虽是很要紧，决不是造国语的利器。真正有功效有势力的国语教科书，便是国语的文学，便是国语的小说、诗文、戏本。国语的小说、诗文、戏本通行之日，便是中国国语成立之时。试问我们今日居然能拿起笔来做几篇白话文章，居然能写得出好几百个白话的字，可是从什么白话教科书上学来的吗？可不是从《水浒传》、《西游记》、《红楼梦》、《儒林外史》……等书学来的吗？这些白话文学的势力，比什么字典教科书都还大几百倍。《字典》说"这"字该读"鱼彦反"，我们偏读他做"者个"的者字。《字典》说"么"字是"细小"，我们偏把他用作"什么"、"那么"的么字。《字典》说"没"字是"沉也"，"尽也"，我们偏用他做"无有"的无字解。《字典》说"的"字有许多意义，我们偏把他用来代文言的"之"字，"者"字，"所"字和"徐徐尔，纵纵尔"的"尔"字。……总而言之，我们今日所用的"标准白话"，都是这几部白话的文学定下来的。我们今日要想重新规定一种"标准国语"，还须先造无数国语的《水浒传》、《西游记》、《儒林外史》、《红楼梦》。

所以我以为我们提倡新文学的人，尽可不必问今日中国有无标准国语。我们尽可努力去做白话的文学。我们可尽量采用《水浒》、《西游记》、《儒林外史》、《红楼梦》的白话，有不合今日的用的，便不用他；有不够用的，便用今日的白话来补助；有不得不用文言的，便用文言来补助。这样做去，决不愁语言文字不够用，也决不用愁没有标准白话。中国将来的新文学用的白话，就是将来中国的标准国语。造中国将来白话文学的人，就是制定标准国语的人。

我这种议论并不是"向壁虚造"的。我这几年来研究欧洲各国国语的历史，没有一种国语不是这样造成的。没有一种国语是教育部的老爷们造成的。没有一种是言语学专门家造成的。没有一种不是文学家造成的。我且举几条例为证：

一、意大利。五百年前，欧洲各国但有方言，没有"国语"。欧洲最早的国语是意大利文。那时欧洲各国的人多用拉丁文著书通信。到了十四世纪的初年，意大利的大文学家但丁（Dante）极力主张用意大利话来代拉丁文。他说拉丁文是已死了的文字，不如他本国俗话的优美。所以他自己的杰作"喜剧"，全用脱斯堪尼（Tuscany）（意大利北部的一邦）的俗语。这部"喜剧"风行一世，人都称他做"神圣喜剧"。那"神圣喜剧"的白话后来便成了意大利的标准国语。后来的文学家包卡嘉（Boccaccio 1313—1375）和洛伦查（Lorenzo de Medici）诸人也都用白话作文学。所以不到一百年，意大利的国语便完全成立了。

二、英国。英伦虽只是一个小岛国，却有无数方言。现在通行全世界的"英文"在五百年前还只是伦敦附近一带的方言，叫做"中部土话"。当十四世纪时，各处的方言都有些人用来做书。后来到了十四世纪的末年，出了两位大文学家，一个是赵叟（Chaucer，1340—1400），一个是威克列夫（Wycliffe,1330—1384）。赵叟做了许多诗歌、散文，都用这"中部土话"。威克列夫把耶教的《旧约》、《新约》也都译成"中部土话"。有了这两个人的文学，便把这"中部土话"变成英国的标准国语。后来到了十五世纪，印刷术输进英国，所印的书多用这"中部土话"，国语的标准更确定了。到十六十七两世纪，萧士比亚和"伊里沙白时代"的无数文学大家，都用国语创造文学。从此以后，这一部分的"中部土话"，不但成了英国的标准国语，几乎竟成了全地球的世界语了！

　　此外，法国、德国及其他各国的国语，大都是这样发生的，大都是靠着文学的力量才能变成标准的国语的。我也不去一一的细说了。

　　意大利国语成立的历史，最可供我们中国人的研究。为什么呢？因为欧洲西部北部的新国，如英吉利、法兰西、德意志，他们的方言和拉丁文相差太远了，所以他们渐渐的用国语著作文学，还不算希奇。只有意大利是当年罗马帝国的京畿近地，在拉丁文的故乡；各处的方言又和拉丁文最近。在意大利提倡用白话代拉丁文，真正和在中国提倡用白话代汉文，有同样的艰难。所以英、法、德各国语，一经文学发达以后，便不知不觉的成为国语了。在意大利却不然。当时反对的人很多，所以那时的新文学家，一方面努力创造国语的文学，一方面还要做文章鼓吹何以当废古文，何以不可不用白话。有了这种有意的主张（最有力的是但丁〔Dante〕和阿儿白狄〔Alberti〕两个人），又有了那些有价值的文学，才可造出意大利的"文学的国语"。

　　我常问我自己道："自从施耐庵以来，很有了些极风行的白话文学，何以中国至今还不曾有一种标准的国语呢？"我想来想去，只有一个答案。这一千年来，中国固然有了一些有价值的白话文学，但是没有一个人出来明目张胆的主张用白话为中国的"文学的国语"。有时陆放翁高兴了，便做一首白话诗；有时柳耆卿高兴了，便做一首白话词；有时朱晦庵高兴了，便写几封白话信，做几条白话札记；有时施耐庵、吴敬梓高兴了，便做一两部白话的小说。这都是不知不觉的自然出产品，并非是有意的主张。因为没有"有意的主张"，所以做白话的只管做白话，做古文的只管做古文，做八股的只管做八股。因为没有

"有意的主张",所以白话文学从不曾和那些"死文学"争那"文学正宗"的位置。白话文学不成为文学正宗,故白话不曾成为标准国语。

我们今日提倡国语的文学,是有意的主张。要使国语成为"文学的国语",有了文学的国语,方有标准的国语。

四

上文所说,"国语的文学,文学的国语",乃是我们的根本主张。如今且说要实行做到这个根本主张,应该怎样进行。

我以为创造新文学的进行次序,约有三步:(一)工具,(二)方法,(三)创造。前两步是预备,第三步才是实行创造新文学。

(一)工具 古人说得好:"工欲善其事,必先利其器。"写字的要笔好,杀猪的要刀快。我们要创造新文学,也须先预备下创造新文学的"工具"。我们的工具就是白话。我们有志造国语文学的人,应该赶紧筹备这个万不可少的工具。预备的方法,约有两种:

甲、多读模范的白话文学 例如,《水浒传》、《西游记》、《儒林外史》、《红楼梦》,宋儒语录;白话信札;元人戏曲,明清传奇的说白;唐、宋的白话诗词,也该选读。

乙、用白话作各种文学 我们有志造新文学的人,都该发誓不用文言作文:无论通信,做诗,译书,做笔记,做报馆文章,编学堂讲义,替死人作墓志,替活人上条陈……都该用白话来做。我们从小到如今,都是用文言作文,养成了一种文言的习惯,所以虽是活人,只会作死人的文字。若不下一些狠劲,若不用点苦工夫,决不能使用白话圆转如意。若单在《新青年》里面做白话文字,此外还依旧做文言的文字,那真是"一日暴之,十日寒之"的政策,决不能磨练成白话的文学家。

不但我们提倡白话文学的人应该如此做去,就是那些反对白话文学的人,我也奉劝他们用白话来做文字。为什么呢?因为他们若不能做白话文字,便不配反对白话文学。譬如那些不认得中国字的中国人,若主张废汉字,我一定骂他们不配开口。若是我的朋友钱玄同要主张废汉文,我决不敢说他不配开口了。那些不会做白话文字的人来反对白话文学,便和那些不懂汉文的人要废汉文,是一样的荒谬。所以我劝他们多做些白话文字,多做些白话诗歌,试试白话是否有文学的价值。如果试了几年,还觉得白话不如文言,那时再来攻击我们,也还不迟。

还有一层。有些人说:"做白话很不容易,不如做文言的省力。"这是因为中毒太深之过。受病深了,更宜赶紧医治。否则真不可救了。其实做白话并不难。我有一个侄儿,今年才十五岁,一向在徽州不曾出过门,今年他用白话写信来,居然写得极好。我们徽州话和官话差得很远,我的侄儿不过看了一些白话小说,便会做白话文字了。这可见做白话并不是难事,不过人性懒惰的居多数,舍不得抛"高文典册"的死文字罢了。

(二)方法 我以为中国近来文学所以这样腐败,大半虽由于没有适用的"工具",但是单有"工具",没有方法,也还不能造新文学。做木匠的人,单有锯凿钻刨,没有规矩师法,决不能造成木器。文学也是如此。若单靠白话便可造新文学,难道把郑孝胥、陈三立的诗翻成了白话,就可算得新文学了吗?难道那些用白话做的《新华春梦记》、《九尾龟》,也可算作新文学吗?我以为现在国内新起的一班"文人",受病最深的所在,只在没有高明的文学方法。我且举小说一门为例。现在的小说(单指中国人自己著的),看来看去,只有两派。一派最下流的,是那些学《聊斋志异》的札记小说。篇篇都是"某生,某处人,生有异禀,下笔千言……一日于某地遇一女郎……好事多磨……遂为情死";或是"某地某生,游某地,眷某妓,情好綦笃,遂订白头之约……而大妇妒甚,不能相容,女抑郁以死……生抚尸一恸几绝"……此类文字,只可抹桌子,固不值一驳。还有那第二派是那些学《儒林外史》或是学《官场现形记》的白话小说。上等的如《广陵潮》,下等的如《九尾龟》。这一派小说,只学了《儒林外史》的坏处,却不曾学得他的好处。《儒林外史》的坏处在于体裁结构太不紧严,全篇是杂凑起来的。例如,娄府一群人,自成一段;杜府两公子自成一段;马二先生又成一段;虞博士又成一段；萧云仙、郭孝子，又各自成一段。分出来，可成无数札记小说；接下去，可长至无穷无极。《官场现形记》便是这样。如今的章回小说，大都是犯这个没有结构，没有布局的懒病。却不知道《儒林外史》所以能有文学价值者，全靠一副写人物的画工本领。我十年不曾读这书了，但是我闭了眼睛，还觉得书中的人物，如严贡生，如马二先生，如杜少卿，如权勿用……个个都是活的人物。正如读《水浒》的人，过了二三十年，还不会忘记鲁智深、李逵、武松、石秀……一班人。请问列位读过《广陵潮》和《九尾龟》的人，过两三个月，心目中除了一个"文武全才"的章秋谷之外，还记得几个活灵活现的书中人物？——所以我说，现在的"新小说"，全是不懂得文学方法的：既不知布局，又不知结构，又不知描写人物，只做成了许多又长又臭的文字；只配与报纸的第二张充篇幅，却不配在新文学上占一个位置。——小说在中国近年，比较的说来，要算文学中最发达的一门了。小说尚且如此，别种文学如诗歌、戏曲，更不用说了。

如今且说什么叫作"文学的方法"呢？这个问题不容易回答，况且又不是这篇文章的本题，我且约略说几句。

大凡文学的方法可分三类：

（1）**集收材料的方法**　中国的"文学"，大病在于缺少材料。那些古文家，除了墓志、寿序、家传之外，几乎没有一毫材料。因此，他们不得不做那些极无聊的"汉高帝斩丁公论"、"汉文帝、唐太宗优劣论"。至于近人的诗词，更没有什么材料可说了。近人的小说材料，只有三种：一种是官场，一种是妓女，一种是不官而官、非妓而妓的中等社会（留学生、女学生之可作小说材料者，亦附此类），除此以外，别无材料。最下流的，竟至登告白征求这种材料。做小说竟须登告白征求材料，便是宣告文学家破产的铁证。我以为将来的文学家收集材料的方法，约如下：

甲、**推广材料的区域**　官场、妓院与龌龊社会三个区域，决不够采用。即如今日的贫民社会，如工厂之男女工人，人力车夫，内地农家，各处大负贩及小店铺，一切痛苦情形，都不曾在文学上占一个位置。

并且今日新旧文明相接触,一切家庭惨变,婚姻苦痛,女子之位置,教育之不适宜……种种问题,都可供文学的材料。

乙、注意实地的观察和个人的经验　现今文人的材料大都是关了门虚造出来的,或是间接又间接的得来的,因此我们读这种小说,总觉得浮泛敷衍,不痛不痒的,没有一毫精彩。真正文学家的材料大概都有"实地的观察和个人自己的经验"做个根底。不能作实地的观察,便不能做文学家;全没有个人的经验,也不能做文学家。

丙、要用周密的理想作观察经验的补助　实地的观察和个人的经验,固是极重要,但是也不能全靠这两件。例如,施耐庵若单靠观察和经验,决不能做出一部《水浒传》。个人所经验的,所观察的,究竟有限。所以必须有活泼精细的理想(imagination),把观察经验的材料,一一的体会出来,一一的整理如式,一一的组织完全:从已知的推想到未知的,从经验过的推想到不曾经验过的,从可观察的推想到不可观察的。这才是文学家的本领。

(2)结构的方法　有了材料,第二步须要讲究结构。结构是个总名词,内中所包甚广,简单说来,可分剪裁和布局两步:

甲、剪裁　有了材料,先要剪裁。譬如做衣服,先要看那块料可做袍子,那块料可做背心。估计定了,方可下剪。文学家的材料也要如此办理。先须看这些材料该用做小诗呢,还是做长歌呢?该用做章回小说呢,还是做短篇小说呢?该用做小说呢,还是做戏本呢?筹画定了,方才可以剪下那些可用的材料,去掉那些不中用的材料;方才可以决定做什么体裁的文字。

乙、布局　体裁定了,再可讲布局。有剪裁,方可决定"做什么";有布局,方可以决定"怎样做"。材料剪定了,须要筹算怎样做去始能把这材料用得最得当又最有效力。例如,唐朝天宝时代的兵祸,百姓的痛苦,都是材料。这些材料,到了杜甫的手里,便成了诗料。如今且举他的《石壕吏》一篇,作布局的例。这首诗只写一个过路的客人一晚上在一个人家内偷听得的事情;只用一百二十个字,却不但把那一家祖孙三代的历史都写出来,并且把那时代兵祸之惨,壮丁死亡之多,差役之横行,小民之苦痛,都写得逼真活现,使人读了生无限的感慨。这是上品的布局工夫。又如,古诗"上山采蘼芜,下山逢故夫"一篇,写一家夫妇的惨剧,却不从"某人娶妻甚贤,后别有所欢,遂出妻再娶"说起,只挑出那前妻山上下来遇着故夫的时候下笔,却也能把那一家的家庭情形写得充分满意。这也是上品的布局工夫。——近来的文人全不讲求布局:只顾凑足多少字可卖几块钱;全不问材料用的得当不得当,动人不动人。他们今日做上回文章,还不知道下一回的材料在何处!这样的文人怎样造得出有价值的新文学呢?

(3)描写的方法　局已布定了,方才可讲描写的方法。描写的方法,千头万绪,大要不出四条:甲、写人;乙、写境;丙、写事;丁、写情。

写人要举动,口气,身份,才性……都要有个性的区别:件件都是林黛玉,绝不是薛宝钗;件件都是武松,绝不是李逵。写境要一喧,一静,一石,一山,一云,一鸟……也都要有个性的区别:《老残游记》的大明湖,绝不是西湖,也绝不是洞庭湖;《红楼梦》里的家庭,绝不是《金瓶梅》里的家庭。写事要线索分明,头绪清楚,近情近理,亦正亦奇。写情要真,要精,要细腻婉转,要淋漓尽致。——有时须用境写人,用情写人,用事写人;有时须用人写境,用事写境,用情写境……这里面的千变万化,一言难尽。

如今且回到本文。我上文说的:创造新文学的第一步是工具,第二步是方法。方法的大致,我刚才说了。如今且问,怎样预备方才可得着一些高明的文学方法?我仔细想来,只有一条法子:就是赶紧多多的翻译西洋的文学名著做我们的模范。我这个主张,有两层理由:

第一,中国文学的方法实在不完备,不够做我们的模范。即以体裁而论,散文只有短篇,没有布置周密,论理精严,首尾不懈的长篇;韵文只有抒情诗,绝少纪事诗,长篇诗更不曾有过;戏本更在幼稚时代,但略能纪事掉文,全不懂结构;小说好的,只不过三四部,这三四部之中,还有许多疵病;至于最精彩的"短篇小说"、"独幕戏",更没有了。若从材料一方面看来,中国文学更没有做模范的价值。才子佳人,封王挂帅的小说;风花雪月,涂脂抹粉的诗;不能说理,不能言情的"古文";学这个,学那个的一切文学:这些文字,简直无一毫材料可说。至于布局一方面,除了几首实在好的诗之外,几乎没有一篇东西当得"布局"两个字!——所以我说,从文学方法一方面看去,中国的文学实在不够给我们作模范。

第二,西洋的文学方法,比我们的文学,实在完备得多,高明得多,不可不取例。即以散文而论,我们的古文家至多比得上英国的倍根(Bacon)和法国的孟太恩(Montaigne),至于像柏拉图(Plato)的"主客体",赫胥黎(Huxley)等的科学文字,包士威尔(Boswell)和莫烈(Morley)等的长篇传记,弥儿(Mill)、弗林克令(Franklin)、吉朋(Gibbon)等的《自传》,太恩(Taine)和白克儿(Buckle)等的史论……都是中国从不曾梦见过的体裁。更以戏剧而论,二千五百年前的希腊戏曲,一切结构的工夫,描写的工夫,高出元曲何止十倍。近代的萧士比亚(Shakespeare)和莫逆尔(Molière),更不用说了。最近六十年来,欧洲的散文戏本,千变万化,远胜古代,体裁也更发达了,最重要的,如"问题戏",专研究社会的种种重要问题;"象征戏"(symbolic drama),专以美术的手段作的"意在言外"的戏本;"心理戏",专描写种种复杂的心境,作极精密的解剖;"讽刺戏",用嬉笑怒骂的文章,达愤世救世的苦心。——我写到这里,忽然想起今天梅兰芳正在唱新编的《天女散花》,上海的人还正在等着看新排的《多尔衮》呢!我也不往下数了。——更以小说而论,那材料之精确,体裁之完备,命意之高超,描写之工切,心理解剖之细密,社会问题讨论之透彻……真是美不胜收。至于近百年新创的"短篇小说",真如芥子里面藏着大千世界;真如百炼的精金,曲折委婉,无所不可;真可说是开千古未有的创局,掘百世不竭的宝藏。——以上所说,大旨只在约略表示西洋文学方法的完备,因为西洋文学真有许多可给我们作模范的好处,所以我说:我们如果真要研究文学的方法,不可不赶紧翻译西洋的文学名著,做我们的模范。

现在中国所译的西洋文学书,大概都不得其法,所以收效甚少。我且拟几条翻译西洋文学名著的办法如下:

(1)只译名家著作,不译第二流以下的著作　我以为国内真懂得西洋文学的学者应该开一会议,公共选定若干种不可不译的第一流文学名著:约数如一百种长篇小说,五百篇短篇小说,三百种戏剧,五十家散文,为第一部"西洋文学丛书",期五年译完,再选第二部。译成之稿,由这几位学者审查,并一一为作长序及著者略传,然后付印。其第二流以下,如哈葛得之流,一概不选。诗歌一类,不易翻译,只可从缓。

(2)全用白话韵文之戏曲,也都译为白话散文　用古文译书,必失原文的好处。如林琴南的"其女珠,其母下之",早成笑柄,且不必论。前天看见一部侦探小说《圆室案》中,写一位侦探"勃然大怒,拂袖而起"。不知道这位侦探穿的是不是康桥大学的广袖制服!——这样译书,不如不译。又如,林琴南把萧士比亚的戏曲,译成了记叙体的古文!这真是萧士比亚的大罪人,罪在《圆室案》译者之上!

(3)创造　上面所说工具与方法两项,都只是创造新文学的预备。工具用得纯熟自然了,方法也懂了,方才可以创造中国的新文学。至于创造新文学是怎样一回事,我可不配开口了。我以为现在的中国,还没有做到实行预备创造新文学的地步,尽可不必空谈创造的方法和创造的手段,我们现在且先去努力做那第一第二两步预备的工夫罢!

民国七年四月

多研究些问题，少谈些主义*

本报（《每周评论》）第 28 号里，我曾说过：

  现在舆论界大危险，就是偏向纸上的学说，不去实地考察中国今日的社会需要究竟是什么东西。那些提倡尊孔祀天的人，固然是不懂得现时社会的需要。那些迷信军国民主义或无政府主义的人，就可算是懂得现时社会的需要么？
  要知道舆论家的第一天职，就是细心考察社会的实在情形。一切学理，一切"主义"，都是这种考察的工具。有了学理作参考材料，便可使我们容易懂得所考察的情形，容易明白某种情形有什么意义，应该用什么救济的方法。

我这种议论，有许多人一定不愿意听。但是前几天北京《公言报》、《新民国报》、《新民报》（皆安福部的报），和日本文的《新支那报》，都极力恭维安福部首领王揖唐主张民生主义的演说，并且恭维安福部设立"民生主义的研究会"的办法。有许多人自然嘲笑这种假充时髦的行为。但是我看了这种消息，发生一种感想。这种感想是："安福部也来高谈民生主义了，这不够给我们这班新舆论家一个教训吗？"什么教训呢？这可分三层说：
  第一，空谈好听的"主义"，是极容易的事，是阿猫阿狗都能做的事，是鹦鹉和留声机器都能做的事。

---

* 本文原载 1919 年 7 月 20 日《每周评论》第 31 号。——编者

第二，空谈外来进口的"主义"，是没有什么用处的。一切主义都是某时某地的有心人，对于那时那地的社会需要的救济方法。我们不去实地研究我们现在的社会需要，单会高谈某某主义，好比医生单记得许多汤头歌诀，不去研究病人的症候，如何能有用呢？

第三，偏向纸上的"主义"，是很危险的。这种口头禅很容易被无耻政客利用来做种种害人的事。欧洲政客和资本家利用国家主义的流毒，都是人所共知的。现在中国的政客，又要利用某种某种主义来欺人了。罗兰夫人说："自由自由，天下多少罪恶，都是借你的名做出的！"一切好听的主义，都有这种危险。

这三条合起来看，可以看出"主义"的性质。凡"主义"都是应时势而起的。某种社会，到了某时代，受了某种的影响，呈现某种不满意的现状。于是有一些有心人，观察这种现象，想出某种救济的法子。这是"主义"的原起。主义初起时，大都是一种救时的具体主张。后来这种主张传播出去，传播的人要图简便，便用一两个字来代表这种具体的主张，所以叫他做"某某主义"。主张成了主义，便由具体的计划，变成一个抽象的名词。"主义"的弱点和危险，就在这里。因为世间没有一个抽象名词能把某人某派的具体主张都包括在里面。比如"社会主义"一个名词，马克思的社会主义，和王揖唐的社会主义不同；你的社会主义，和我的社会主义不同：绝不是这一个抽象名词所能包括。你谈你的社会主义，我谈我的社会主义，王揖唐又谈他的社会主义，同用一个名词，中间也许隔开七八个世纪，也许隔开两三万里路，然而你和我和王揖唐都可自称社会主义家，都可用这一个抽象名词来骗人。这不是"主义"的大缺点和大危险吗？

我再举现在人人嘴里挂着的"过激主义"做一个例。现在中国有几个人知道这一个名词做何意义？但是大家都痛恨痛骂"过激主义"，内务部下令严防"过激主义"，曹锟也行文严禁"过激主义"，卢永祥也出示查禁"过激主义"。前两个月，北京有几个老官僚在酒席上叹气，说："不好了，过激派到了中国了。"前两天有一个小官僚，看见我写的一把扇子，大诧异道："这不是过激党胡适吗？"哈哈，这就是"主义"的用处！

我因为深觉得高谈主义的危险,所以我现在奉劝新舆论界的同志道:"请你们多提出一些问题,少谈一些纸上的主义。"

更进一步说:"请你们多多研究这个问题如何解决,那个问题如何解决,不要高谈这种主义如何新奇,那种主义如何奥妙。"

现在中国应该赶紧解决的问题,真多得很。从人力车夫的生计问题,到大总统的权限问题;从卖淫问题到卖官卖国问题;从解散安福部问题到加入国际联盟问题;从女子解放问题到男子解放问题……那一个不是火烧眉毛紧急问题?

我们不去研究人力车夫的生计,却去高谈社会主义;不去研究女子如何解放,家庭制度如何救正,却去高谈公妻主义和自由恋爱;不去研究安福部如何解散,不去研究南北问题如何解决,却去高谈无政府主义;我们还要得意扬扬夸口道,"我们所谈的是根本解决"。老实说罢,这是自欺欺人的梦话,这是中国思想界破产的铁证,这是中国社会改良的死刑宣告!

为什么谈主义的人那么多,为什么研究问题的人那么少呢？这都由于一个懒字。懒的定义是避难就易。研究问题是极困难的事,高谈主义是极容易的事。比如研究安福部如何解散,研究南北和议如何解决,这都是要费工夫,挖心血,收集材料,征求意见,考察情形,还要冒险吃苦,方才可以得一种解决的意见。又没有成例可援,又没有黄梨洲、柏拉图的话可引,又没有《大英百科全书》可查,全凭研究考察的工夫:这岂不是难事吗？高谈"无政府主义"便不同了。买一两本实社《自由录》,看一两本西文无政府主义的小册子,再翻一翻《大英百科全书》,便可以高谈无忌了:这岂不是极容易的事吗？

高谈主义,不研究问题的人,只是畏难求易,只是懒。

凡是有价值的思想,都是从这个那个具体的问题下手的。先研究了问题的种种方面的种种事实,看看究竟病在何处,这是思想的第一步工夫。然后根据于一生经验学问,提出种种解决的方法,提出种种医病的丹方,这是思想的第二步工夫。然后用一生的经验学问,加上想象的能力,推想每一种假定的解决法,该有什么样的效果,推想这种效果,是否真能解决眼前这个困难问题。推想的结果,拣定一种假定的解决,认为我的主张,这是思想的第三步工夫。凡是有价值的主张,都是先经过这三步工夫来的。不如此,不算舆论家,只可算是抄书手。

　　读者不要误会我的意思。我并不是劝人不研究一切学说和一切"主义"。学理是我们研究问题的一种工具。没有学理做工具,就如同王阳明对着竹子痴坐,妄想"格物",那是做不到的事。种种学说和主义,我们都应该研究。有了许多学理做材料,见了具体的问题,方才能寻出一个解决的方法。但是我希望中国的舆论家,把一切"主义"摆在脑背后,做参考资料,不要挂在嘴上做招牌,不要叫一知半解的人拾了这些半生不熟的主义,去做口头禅。

　　"主义"的大危险,就是能使人心满意足,自以为寻着包医百病的"根本解决",从此用不着费心力去研究这个那个具体问题的解决法了。

民国八年七月

三论问题与主义

我那篇《多研究些问题，少谈些主义》，承蓝知非、李守常两先生，做长篇的文章，同我讨论，把我的一点意思，发挥的更透澈明了，还有许多匡正的地方，我很感激他们两位。

蓝君和李君的意思，有很相同的一点：他们都说主义是一个"共同趋向的理想"（李君的话），是"多数人共同行动的标准，或是对于某种问题的进行趋向或态度"（蓝君的话）。这种界说，和我原文所说的话，并没有冲突。我说，"主义初起时，大都是一种救时的具体主张。后来这种主张传播出去，传播的人要图简便，便用一两个字来代表这种具体的主张，所以叫他做'某某主义'。主张成了主义，便由具体的计划，变成一个抽象的名词"。我所说的是主义的历史，他们所说的是主义的现在的作用。试看一切主义的历史，从老子的无为主义，到现在的布尔札维主义，那一个主义起初不是一种"救时的具体主张"？

蓝李两君的误会，由于他们错解我所用的"具体"两个字。凡是可以指为这个或那个的，凡是关于个体的及特别的事物的，都是具体的。譬如俄国新宪法，主张把私人所有的土地、森林、矿产、水力、银行，收归国有；把制造和运输等事，归工人自己管理；无论何人，必须工作；一切遗产制度，完全废止；一切秘密的国际条约，完全无效……这都是个体的政策，这都是这个那个政治或社会问题的解决法。——这都是"具体的主张"。现在世界各国，有一班"把耳朵当眼睛"的妄人，耳朵里听见一个"布尔札维主义"的名词，或只是记得一个"过激主义"的名词，全不懂得这一个抽象名词所代表的是什么具体的主张，便大起恐慌，便出告示捉拿"过激党"，便硬把"过激党"三个字套在某人某人的头上。这种妄人,脑筋里的主义,便是我所攻击的"抽象名词"的主义。我所说的"主义的危险",便是指这种危险。

蓝君的第二个大误会,是把我所用的"抽象"两个字解错了。我所攻击的"抽象的主义",乃是指那些空空荡荡,没有具体的内容的全称名词。如现在官场所用的"过激主义",便是一例;如现在许多盲目文人心里的"文学革命"大恐慌,便是二例。蓝君误会我的意思,把"抽象"两个字,解作"理想",这便是大错了。理想不是抽象的,是想象的。譬如一个科学家,遇着一个困难的问题,他脑子里推想出几种解决方法,又把每种假设的解决所涵的结果,一一想象出来,这都是理想的。但这些理想的内容,都是一个个具体的想象,并不是抽象的。我那篇原文自始至终,不但不曾反对理想,并且极力恭维理想。我说:

> 凡是有价值的思想,都是从这个那个具体的问题下手的。先研究了问题的种种方面的种种的事实,看看究竟病在何处,这是思想的第一步工夫。然后根据于一生经验学问,提出种种解决的方法,提出种种医病的丹方,这是思想的第二步工夫。然后用一生的经验学问,加上想象的能力,推想每一种假定的解决法,该有什么样的效果,推想这种效果,是否真能解决眼前这个困难问题。推想的结果,拣定一种假定的解决,认为我的主张,这是思想的第三步工夫。凡是有价值的主张,都是先经过这三步工夫来的。不如此,不算舆论家,只可算是抄书手。

这不是极力恭维理想的作用吗?

但是我所说的理想的作用,乃是这一种根据于具体事实和学问的创造的想象力,并不是那些抄袭现成的抽象的口头禅的主义。我所攻击的,也是这种不根据事实的,不从研究问题下手的抄袭成文的主义。

蓝李两君所辩护的主义,其实乃是些抽象名词所代表的种种具体的主张(这个分别,请两君及一切读者,不要忘记了)。如此所说的主义,我并不曾轻视。我屡次说过,"一切学理,一切主义,都只是我们研究问题的工具"。我又屡次说过,"有了学理做参考的材料,便可使我们容易懂得所考察的情形,看什么意义,应该用什么救济方法"。我这种议论,和李君所说的"应该使社会上多数人,先有一个共同趋向的理想主义,作他们实验自己生活上满意不满意的态度",并没有什么冲突的地方。和蓝君所说的"我们要提出一种具体的方法来解决问题,必定先要鼓吹这问题的意义,以及理论上的根据,引起一般人的反省",也没有甚么冲突的地方。因为蓝李两君这两段话,所含的意思,都是要用主义学理作解决问题的工具,和参考材料,所以同我的意见相合。如果蓝李两君认定主义学理的用处,不过是能供给"这问题"的意义,以及理论上的根据,——如果两君认定这观点,我绝没有话可以驳回了。

但是蓝君把"抽象"和理想混作一事,故把我所反对的和我所恭维的,也混作一事。如他说"问题愈广,理想的分子亦愈多;问题愈狭,现实的色彩亦愈甚",这是我所承认的。但是此处所谓"理想的分子",乃是上文我所说的"推想"、"假设"、"想象"几步工夫,并不是说问题的本身是"抽象的"。凡是能成问题的问题,都是具体的,都只是这个问题或那个问题。决没有空空荡荡,不能指定这个那个的问题,而可以成为问题的。

蓝君说,"问题的范围愈大,那抽象性亦愈加"。这里他把"抽象性"三字,代替上文的"理想的分子"五字,便容易使人误解了。试看他所举的例,如法国大革命所标的自由平等,如中国辛亥革命所标示的排满,都不是问题本身,都是具体问题的解决。为什么要排满呢?因为满清末年的种种具体的腐败情形,种种具体的民生痛苦,和政治黑暗,刺激一般有思想的志士,成了具体的问题,所以他们提出排满的目标,作为解决当时的问题的计划。这问题是具体的,这解决也是具体的。法国革命以前的情形,社会不平等,人民不自由,痛苦的刺激,引起一般学者的研究。一般学者的答案说:人类本生来自由平等的,一切不平等不自由,都只是不自然的政治社会的结果。故法国大革命所标示的自由平等,乃是对于法国当日情形的具体解决。法国大革命所要解决的问题,都是具体的。大革命所提出的自由平等,在我们眼里,自然很抽象了，在当日都是具体的主张，因为这些抽象名词，在当日所代表的政策，如废王室，废贵族制度，行民主政体，人人互称"同胞"……那一件不是具体的主张？

所以我要说：蓝君说的"问题的范围愈大，那抽象性亦愈增加"，是错了。他应该说，"问题的范围愈大，我们研究这种问题时所需要的思想作用格外繁难，格外复杂，思想的方法，应该格外小心，格外精密"。更进一步，他应该说："问题的范围愈大，里面的具体小问题愈多。我们研究时，决不可单靠几个好听的抽象名词，就可敷衍过去；我们应该把那太大的范围缩小下来，把那复杂的分子分析出来，使他们都成一个一个的具体的简单问题，如此然后可以做研究的工夫。"

我且举几个例。譬如手指割破了，牙齿虫蛀了，这都是很简单的病，可以随手解决。假如你生了肠热症（Typhoid），病状一时不容易明了，因为里面的分子太复杂了。你的医生，必须用种种精密的试验方法，每时记载你的热度，每日画成曲线表，表示热度的升降，诊察你的脉，看你的舌苔，化验你的大小便，取出你的血来，化验血里的微菌……如此方才可以断定你的病是否肠热症。断定之后，方才可以用疗治的方法。一切大问题，一切复杂的问题，并不是"抽象性增加"，乃是里面所含的具体分子太多了，所以研究的时候，所需要的思想作用，也更复杂繁难了。补救这种繁难，没有别法子，只有用"分析"，把具体的大问题，分作许多更具体的小问题。

分析之后，然后把各分子的现象，综合起来，看他们有什么共同的意义。譬如医生把病人的脉、血、小便、热度等现象综合起来，寻出肠热症的意义，这便是"综合"。但是这种综合的结果，仍旧是一个具体的问题（肠热病），仍旧要用一种具体的解决法（肠热病的疗法）。并不是如蓝君所说"从许多要求中，抽出几种共同性，加上理想的色彩，成一种抽象性的问题"。

以上所说，泛论"问题与主义"，大旨只有几句话："凡是能成问题的问题，无论范围大小，都是具体的，绝不是抽象的；凡是一种主义的起初，都是一些具体的主张，绝不是空空荡荡，没有具体的内容的。问题本身，并没有什么抽象性；但是研究问题的时候，往往必须经过一番理想的作用；这一层理想的作用，不可错认作问题本身的抽象性。主义本来都是具体问题的具体解决法。但是一种问题的解决法，在大同小异的别国别时代，往往可以借做参考材料。所以我们可以说主义的原起，虽是个体的、主义的应用，有时带着几分普遍性。但不可因为这或有或无的几分普遍性，就说主义本来只是一种抽象的理想。"

蓝君和我有一个根本不同的地方。我认定主义起初都是一些具体的主张。蓝君便不然。他说：

> 一种主张能成为标准趋向态度，与具体的方法却成反比例。（因为愈具体，各部分利害愈不一致。）……故主义是一件事，实行的方法又是一件事……主义并不一定含着实行的方法，那实行的方法也并不是一定要从主义中推演出来的。……故往往有一种主义，在主义进行的时候，效力非常之大，各部分的团结也非常坚强；一到具体问题的时候，主张纷歧，立刻成一种扰攘的现象。

蓝君这几段话，简直是自己证明主义决不可和具体的方法分开。因为有些人，用了几个抽象名词，来号召大众，因为他们的"主义"里面，不幸不曾含有"实行的方法"和"具体的主张"，所以当鼓吹的时候，未尝不能轰轰烈烈的哄动了无数信徒，一到了实行解决具体问题的时候，便闹糟了，便闹出"主张纷歧，立刻扰攘"的笑柄来了。所以后来扰乱的原因，正为当初所"鼓吹"的，只不过是几个糊涂的抽象名词，里面并不曾含有具体的主张。最大最明的例，就是这一次威尔逊先生在巴黎和会的大失败。威总统提出了许多好听的抽象名词——人道，民族自决，永久和平，公道正谊，等等——受了全世界人的崇拜，他的信徒，比释迦、耶稣在日多了无数倍，总算"效力非常之大"了。但是他一到了巴黎，遇着了克里蒙梭、鲁意乔治、牧野、奥兰多等一班大奸雄，他们袖子里抽出无数现成的具体的方法，贴上"人道"，"民族自决"，"永久和平"的签条，于是威总统大失败了，连口都开不得。这就可证明主义决不可不含具体的主张。没有具体主张的"主义",必致闹到扰乱失败的地位。所以我说蓝君的"主义是一件事,实行的方法又是一件事",只是人类一桩大毛病,只是世界一个大祸根,并不是主义应该如此的。

请问我们为什么要提倡一个主义呢?难道单是为了"号召党徒"吗?还是要想收一点实际的效果,做一点实际的改良呢?如果是为了实际的改革,那就应该使主义和实行的方法,合为一件事,决不可分为两件不相关的事。我常说中国人(其实不单是中国人)有一个大毛病,这病有两种病征:一方面是"目的热",一方面是"方法盲"。蓝君所说的"主义并不一定含着实行的方法",便是犯了这两种病。只管提出"涵盖力大"的主义,便是目的热;不管实行的方法如何,便是方法盲。

李君的话,也带着这个毛病。他说:

> 大凡一个主义,都有理想与实际两方面。例如民主主义的理想,不论在那一国,大致都很相同。把这个理想适用到实际的政治上去,那就因时,因所,因事的性质情形,有些不同。……我们只要把这个那个的主义拿来作工具,用以为实际的运动,他会因时,因所,因事的性质情形,生一种适用环境的变化。

这是一种不负责任的主义论。前次杜威先生在教育部讲演,也曾说民治主义在法国便偏重平等;在英国便偏重自由,不认平等;在美国并重自由与平等,但美国所谓自由,又不是英国的消极自由,所谓平等,也不是法国的天然平等。但是我们要知道这并不是民治主义的自然适应环境,这都是因为英国、法国、美国的先哲,当初都能针对当日本国的时势需要,提出具体的主张,故三国的民治各有特别的性质。(试看法国革命的第一、二次宪法,和英国边沁等人的驳议,便可见两国本来主张不同。)这一个例,应该给我们一个很明显的教训:我们应该先从研究中国社会上、政治上,种种具体问题下手,有什么病,下什么药;诊察的时候,可以参用西洋先进国的历史和学说,用作一种"临症须知";开药方的时候,也可以参考西洋先进国的历史和学说,用作一种"验方新编"。

不然，我们只记得几首汤头歌诀，便要开方下药，妄想所用的药进了病人肚里，自然"会"起一种适用环境的变化，那就要犯一种"庸医杀人"的大罪了。

蓝君对于主义的抽象性，极力推崇，他认为最合于人类的一种神秘性；又说："抽象性大，涵盖力可以增大。涵盖力大，归依的人数自然愈增多。"这种议论，自然有一部分真理。但是我们同时也该承认人类的这种"神秘性"，实在是人类的一点大缺陷。蓝君所谓"神秘性"，老实说来，只是人类的愚昧性。因为愚昧不明，故容易被人用几个抽象名词骗去赴汤蹈火，牵去为牛为马，为鱼为肉。历史上许多奸雄政客，懂得人类有这一种劣根性，故往往用一些好听的抽象名词，来哄骗大多数的人民，去替他们争权夺利，去做他们的牺牲。不要说别的，试看一个"忠"字，一个"节"字，害死了多少中国人？试看现今世界上多少黑暗无人道的制度，那一件不是全靠几个抽象名词，在那里替他做护法门神的？人类受这种劣根性的遗毒，也尽够了。我们做学者事业的，做舆论家的生活的，正应该可怜人类的弱点，打破他们对于抽象名词的迷信，使他们以后不容易受这种抽象的名词的欺骗。所以我对于蓝君的推崇抽象性和人类的"神秘性"，实在很不满意。蓝君是很有学者态度的人，他将来也许承认我这种不满意是不错的。

但是我们对于人类迷信抽象名词的弱点，该用什么方法去补救他呢？我的答案是：

多研究些具体的问题，少谈些抽象的主义。一切主义，一切学理，都该研究，但是只可认作一些假设的见解，不可认作天经地义的信条；只可认作参考印证的材料，不可奉为金科玉律的宗教；只可用作启发心思的工具，切不可用作蒙蔽聪明，停止思想的绝对真理。如此方才可以渐渐养成人类的创造的思想力，方才可以渐渐使人类有解决具体问题的能力，方才可以渐渐解放人类对于抽象名词的迷信。

民国八年七月

四论问题与主义[*]
——论输入学理的方法

上一期里,我已做了五千多字的《三论问题与主义》一篇文章。后来我觉得还有几点小意思,不曾发挥明白,故再说几句。

我虽不赞成现在的人空谈抽象的主义,但是我对于输入学说和思潮的事业,是极赞成的。我曾说过:

> 我们应该先从研究中国社会上、政治上,种种具体问题下手,有什么病,下什么药;诊察的时候,可以参用西洋先进国的历史和学说,用作一种"临症须知";开药方的时候,也可以参考西洋先进国的历史和学说,用作一种"验方新编"。

若要用这种参考的材料,我们自然不能不做一些输入的事业。但是输入学理,不是一件容易做到的事,做的不好,不但无益,反有大害。我对于输入学理的方法,颇有一点意见,写出来请大家研究是否可用。

(1)**输入学说时应该注意那发生这种学说的时势情形** 凡是有生命的学说,都是时代的产儿,都是当时的某种不满意的情形所发生的。这种时势情形,乃是那学说所以出世的一个重要原因。若不懂得这种原因,便不能明白某人为什么要提倡某种主义。当时不满意的时势情形便是病症,当时发生的各种学说便是各位医生拟的脉案和药方。每种主义初起时,无论理想如何高超,无论是何种高远的乌托邦(例如柏

---

[*] 本文原载1919年8月31日《每日评论》第37号。——编者

拉图的《共和国》，都只是一种对症下药的药方。这些药方，有些是后来试验过的，有些是从来不曾试验过的。那些试验过的（或是大试，或是小试）药方，遇着别时别国大同小异的症状，也许可以适用，至少可以供一种参考。那些没有试验过的药方，功用还不能决定，至多只可以在大同小异的地方与时代，做一种参考的材料。但是若要知道一种主义，在何国何时是适用的，在何国何时是不适用的，我们须先知道那种主义发生的时势情形和社会政治的状态是个什么样子，然后可以有比较，然后可以下判断。譬如药方，若要知道某方是否可适用于某病，总得先知道当初开这方时的病状，究竟是个什么样子。当初诊察时的情形，写的越详细完备，那个药方的参考作用便越大。单有一个药方，或仅仅加上一个病名，是没有什么大用的，是有时或致误事的。一切学理主义，也是如此。一种主义发生时的社会政治情形越记的明白详细，那种主义的意义越容易懂得完全，那种主义的参考作用也就越大。所以我说输入学说时，应该注意那发生这种学说的时势情形。

（2）输入学说时应该注意"论主"的生平事实和他所受的学术影响 "论主"两个字，是从佛书上借来的，论主就是主张某种学说的人。例如"马克思主义"的论主，便是马克思。学说是时代的产儿，但是学说又还代表某人某人的心思见解。一样的病状，张医生说是肺炎，李医生说是肺痨。为什么呢？因张先生和李先生的经验不同，学力不齐，所受的教育不同，故见解不同。诊察时的判断不同，故药方也不同了。一样的时代，老聃的主张和孔丘不同。为什么呢？因为老聃和孔丘的个人才性不同，家世不同，所受教育经验不同，故他们的见解也不同。见解不同，故解决的方法也不同了。即如马克思一个人的事迹，就是一个明显的例。我们研究马克思主义的人，知道马克思的学说，不但和当时的实业界情形，政治现状，法国的社会主义运动等等，有密切关系，并且和他一生的家世（如他是一个叛犹太教的犹太人等事实），所受的教育影响（如他少时研究历史法律，后来受海智儿一派的历史哲学影响等），都有绝大的关系。还有马克思以前一百年中的哲学思想，如十八世纪的进化论及唯物论等，都是马克思主义的无形元素，我们也不能不研究。我们须要知道凡是一种主义,一种学说,里面有一部分是当日时势的产儿,一部分是论主个人的特别性情家世的自然表现,一部分是论主所受古代或同时的学说影响的结果。我们若不能仔细分别,必致把许多不相干的偶然的个人怪僻的分子,当作有永久价值的真理,那就上了古人的当了。我们对于论主的时势,固然应该注意,但是对于论主个人的事实与教育,也不可不注意。我们雇一个厨子,尚且要问他的家世经验,讨一个媳妇,尚且要打听他的性情家教,何况现在介绍关于人生社会的重要主张,岂可不仔细研究论主的一生性情事实吗?

　　(3)输入学说时应该注意每种学说所已经发生的效果　上面所说的两种条件,都只是要我们注意所以发生某种学说的因缘。懂得这两层因缘,便懂得论主何以要提倡这种学说。但是这样还算不得真懂得这种主义的价值和功用。凡是主义,都是想应用的,无论是老聃的无为,或是佛家的四大皆空,都是想世间人信仰奉行的。那些已经充分实行,或是局部实行的主义,他们的价值功用,都可在他们实行时所发生的效果上分别出来。那些不曾实行的主义,虽然表面上没有效果可说,其实也有了许多效果,也发生许多影响,不过我们不容易看出来罢了。因为一种主张,到了成为主义的地步,自然在思想界、学术界,发生了一种无形的影响,范围许多人的心思,变化许多人的言论行为,改换许多制度风俗的性质。这都是效果,并且是很重要的效果。即如老聃的学说未通行的时候,已能使孔丘不知不觉的承认"无为之治"的理想;墨家的学说虽然衰灭了,无形之中,已替民间的鬼神迷信,添了一种学理上的辩护,又把儒家提倡"乐教"的势力减了许多;又如法家的势力,虽然被儒家征服了,但以后的儒家,便不能不承认刑法的功用。这种效果,无论是好是坏的,都极重要,都是各种主义的意义之真实表现。我们观察这种效果,便可格外明白各种学说所涵的意义,便可格外明白各种学说的功用价值。即如马克思主义的两个重要部分:一是唯物的历史观,一是阶级竞争说。(他的"赢余价值说",是经济学的专门问题,此处不易讨论。)唯物的历史观,指出物质文明与经济组织在人类进化社会史上的重要,在史学上开一个新纪元,替社会学开无数门径,替政治学说开许多生路：这都是这种学说所涵意义的表现，不单是这学说本身在社会主义运动史上的关系了。这种唯物的历史观，能否证明社会主义的必然实现，现在已不成问题，因为现在社会主义的根据地，已不靠这种带着海智儿臭味的历史哲学了。但是这种历史观的附带影响——真意义——是不可埋没的。又如阶级竞争说指出有产阶级与无产阶级不能并立的理由，在社会主义运动史与工党发展史上固然极重要。但是这种学说，太偏向申明"阶级的自觉心"一方面，无形之中养成一种阶级的仇视心，不但使劳动者认定资本家为不能并立的仇敌，并且使许多资本家也觉劳动者真是一种敌人。这种仇视心的结果，使社会上本来应该互助而且可以互助的两种大势力，成为两座对垒的敌营，使许多建设的救济方法成为不可能，使历史上演出许多本不须有的惨剧。这种种效果固然是阶级竞争说本来的涵义，但是这些涵义实际表现的效果，都应该有公平的研究和评判，然后能把原来的主义的价值与功用一一的表示出来。

以上所说的三种方法，总括起来，可叫做"历史的态度"。凡对于每一种事物制度，总想寻出他的前因与后果，不把他当作一种来无踪去无影的孤立东西，这种态度就是历史的态度。我希望中国的学者，对于一切学理，一切主义，都能用这种历史的态度去研究他们。

我且把上文所说三条作一个表：

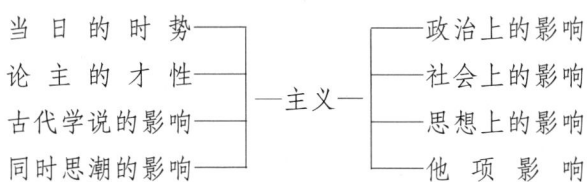

这样输入的主义，一个个都是活人对于活问题的解释与解决，一个个都有来历可考，都有效果可寻。我们可拿每种主义的前因来说明那主义性质，再拿那主义所发生的种种效果来评判他的价值与功用。不明前因，便不能知道那主义本来是作什么用的；不明后果，便不能知道那主义是究竟能不能作什么用的。

输入学说的人,若能如此存心,也许可以免去现在许多一知半解、半生不熟、生吞活剥的主义的弊害。

民国八年七月

杜威先生与中国*

杜威先生今天离开北京,起程归国了。杜威先生于民国八年五月一日——"五四"的前三天——到上海,在中国共住了两年零两月。中国的地方他到过并且讲演过的,有奉天、直隶、山西、山东、江苏、江西、湖北、湖南、浙江、福建、广东十一省。他在北京的五种长期讲演录已经过第十版了,其余各种小讲演录——如山西的,南京的,北京学术讲演会的——几乎数也数不清楚了!我们可以说,自从中国与西洋文化接触以来,没有一个外国学者在中国思想界的影响有杜威先生这样大的。

我们还可以说,在最近的将来几十年中,也未必有别个西洋学者在中国的影响可以比杜威先生还大的。这句预言初听了似乎太武断了。但是我们可以举两个理由:

第一,杜威先生最注重的是教育的革新,他在中国的讲演也要算教育的讲演为最多。当这个教育破产的时代,他的学说自然没有实行的机会。但他的种子确已散布不少了。将来各地的"试验学校"渐渐的发生,杜威的教育学说有了试验的机会,那才是杜威哲学开花结子的时候呢!现在的杜威,还只是一个盛名;十年二十年后的杜威,变成了无数杜威式的试验学校,直接或间接影响全中国的教育,那种影响不应该比现在更大千百倍吗?

第二,杜威先生不曾给我们一些关于特别问题的特别主张——如

---

* 本文原载1921年7月11日《晨报》,又载1921年7月13日上海《民国日报·觉悟副刊》。——编者

共产主义,无政府主义,自由恋爱之类——他只给了我们一个哲学方法,使我们用这个方法去解决我们自己的特别问题。他的哲学方法,总名叫做"实验主义",分开来可作两步说:

一、历史的方法——"祖孙的方法" 他从来不把一个制度或学说看作一个孤立的东西,总把他看作一个中段:一头是他所以发生的原因,一头是他自己发生的效果;上头有他的祖父,下面有他的子孙。捉住了这两头,他再也逃不出去了!这个方法的应用,一方面是很忠厚宽恕的,因为他处处指出一个制度或学说所以发生的原因,指出他的历史的背景,故能了解他在历史上占的地位与价值,故不致有过分的苛责。一方面,这个方法又是最严厉的,是带有革命性质的,因为他处处拿一个学说或制度所发生的结果来评判他本身的价值,故最公平,又最厉害。这种方法是一切带有评判(Critical)精神的运动的一个重要武器。

二、实验的方法 实验的方法至少注重三件事:(一)从具体的事实与境地下手;(二)一切学说理想,一切知识,都只是待证的假设,并非天经地义;(三)一切学说与理想都须用实行来试验过;实验是真理的唯一试金石。第一件,——注意具体的境地,——使我们免去许多无谓的假问题,省去许多无意义的争论。第二件,——一切学理都看作假设,——可以解放许多"古人的奴隶"。第三件,——实验,——可以稍稍限制那上天下地的妄想冥思。实验主义只承认那一点一滴做到的进步——步步有智慧的指导,步步有自动的实验——才是真进化。

特别主张的应用是有限的,方法的应用是无穷的。杜威先生虽去了,他的方法将来一定会得更多的信徒。国内敬爱杜威先生的人若都能注意于推行他所提倡的这两种方法,使历史的观念与实验的态度渐渐的变成思想界的风尚与习惯,那时候,这种哲学的影响之大,恐怕我们最大胆的想象力也还推测不完呢。

因为这两种理由,我敢断定:杜威先生虽去,他的影响仍旧永永存在,将来还要开更灿烂的花,结更丰盛的果。

杜威先生真爱中国，真爱中国人。他这两年之中，对我们中国人，他是我们的良师好友；对于国外，他还替我们做了两年的译人与辩护士。他在《新共和国》(*The New Republic*)和《亚细亚》(*Asia*)两个杂志上发表的几十篇文章，都是用最忠实的态度对于世界为我们作解释的。因为他的人格高尚，故世界的人对于他的评判几乎没有异议（除了朴兰德 Bland 一流的妄人）！杜威这两年来对于中国尽的这种义务，真应该受我们很诚恳的感谢。

我们对于杜威先生一家的归国，都感觉很深挚的别意。我们祝他们海上平安！

十，七，十一

易卜生主义*

一

易卜生最后所作的《我们死人再生时》(When We Dead Awaken)一本戏里面有一段话，很可表出易卜生所作文学的根本方法。这本戏的主人翁是一个美术家，费了全副精神，雕成一副像，名为"复活日"。这位美术家自己说他这副雕像的历史道：

> 我那时年纪还轻，不懂得世事。我以为这"复活日"应该是一个极精致，极美的少女像，不带着一毫人世的经验，平空地醒来，自然光明庄严，没有什么过恶可除。……但是我后来那几年，懂得些世事了，才知道这"复活日"不是这样简单的，原来是很复杂的。……我眼里所见的人情世故，都到我理想中来，我不能不把这些现状包括进去。我只好把这像的座子放大了，放宽了。
>
> 我在那座子上雕了一片曲折爆裂的地面。从那地的裂缝里，钻出来无数模糊不分明，人身兽面的男男女女。这都是我在世间亲自见过的男男女女。（二幕）

这是"易卜生主义"的根本方法。那不带一毫人世罪恶的少女像，是指那盲目的理想派文学。那无数模糊不分明，人身兽面的男男女女，是指写实派的文学。易卜生早年和晚年的著作虽不能全说是写实

---

* 本文原载1918年6月15日《新青年》第四卷第6号。——编者

主义,但我们看他极盛时期的著作,尽可以说,易卜生的文学,易卜生的人生观,只是一个写实主义。一八八二年,他有一封信给一个朋友,信中说道:

> 我做书的目的,要使读者人人心中都觉得他所读的全是实事。(《尺牍》第 159 号)

人生的大病根在于不肯睁开眼睛来看世间的真实现状。明明是男盗女娼的社会,我们偏说是圣贤礼义之邦;明明是赃官污吏的政治,我们偏要歌功颂德;明明是不可救药的大病,我们偏说一点病都没有!却不知道:若要病好,须先认有病;若要政治好,须先认现今的政治实在不好;若要改良社会,须先知道现今的社会实在是男盗女娼的社会!易卜生的长处,只在他肯说老实话,只在他能把社会种种腐败龌龊的实在情形写出来叫大家仔细看。他并不是爱说社会的坏处,他只是不得不说。一八八〇年,他对一个朋友说:

> 我无论作什么诗,编什么戏,我的目的只要我自己精神上的舒服清净。因为我们对于社会的罪恶,都脱不了干系的。(《尺牍》第 148 号)

因为我们对于社会的罪恶都脱不了干系,故不得不说老实话。

二

我们且看易卜生写近世的社会,说的是一些什么样的老实话。第一,先说家庭。

易卜生所写的家庭,是极不堪的。家庭里面,有四种大恶德:一是自私自利;二是倚赖性,奴隶性;三是假道德,装腔作戏;四是懦怯没有胆子。做丈夫的便是自私自利的代表。他要快乐,要安逸,还要体面,所以他要娶一个妻子。正如《娜拉》戏中的郝尔茂，他觉得同他的妻子有爱情是很好玩的。他叫他妻子做"小宝贝"，"小鸟儿"，"小松鼠儿"，"我的最亲爱的"等等肉麻名字。他给他妻子一点钱去买糖吃，买粉搽，买好衣服穿。他要他妻子穿得好看，打扮的标致。做妻子的完全是一个奴隶。他丈夫喜欢什么，他也该喜欢什么；他自己是不许有什么选择的。他的责任在于使丈夫欢喜。他自己不用有思想：他丈夫会替他思想。他自己不过是他丈夫的玩意儿，很像叫化子的猴子专替他变把戏引人开心的（所以《娜拉》又名《玩物之家》）。丈夫要妻子守节，妻子却不能要丈夫守节，正如《群鬼》(Ghosts) 戏里的阿尔文夫人受不过丈夫的气，跑到一个朋友家去；那位朋友是个牧师，很教训了他一顿，说他不守妇道。但是阿尔文夫人的丈夫专在外面偷妇人，甚至淫乱他妻子的婢女；人家都毫不介意，那位牧师朋友也觉得这是男人常有的事，不足为奇！妻子对丈夫，什么都可以牺牲；丈夫对妻子，是不犯着牺牲什么的，《娜拉》戏内的娜拉因为要救他丈夫的生命，所以冒他父亲的名字，签了借据去借钱。后来事体闹穿了，他丈夫不但不肯替娜拉分担冒名的干系，还要痛骂他带累他自己的名誉。后来和平了结了，没有危险了，他丈夫又装出大度的样子，说不追究他的错处了。他得意扬扬的说道："一个男人赦了他妻子的过犯是很畅快的事！"（《娜拉》三幕）

这种极不堪的情形，何以居然忍耐得住呢？第一，因为人都要顾面子，不得不装腔做戏，做假道德遮着面孔。第二，因为大多数的人都是没有胆子的懦夫。因为要顾面子，故不肯闹翻；因为没有胆子，故不敢闹翻。那《娜拉》戏里的娜拉忽然看破家庭是一座做猴子戏的戏台，他自己是台上的猴子。他有胆子，又不肯再装假面子，所以告别了掌班的，跳下了戏台，去干他自己的生活。那《群鬼》戏里的阿尔文夫人没有娜拉的胆子，又要顾面子，所以被他的牧师朋友一劝，就劝回头了，还是回家去尽他的"天职"，守他的"妇道"。他丈夫仍旧做那种淫荡的行为。阿尔文夫人只好牺牲自己的人格，尽力把他羁縻在家。后来生下一个儿子，他母亲恐怕他在家学了他父亲的坏榜样，所以到了七岁便把他送到巴黎去。他一面要哄他丈夫在家,一面要在外边替他丈夫修名誉,一面要骗她儿子说他父亲是怎样一个正人君子。这种情形,过了十九个足年,他丈夫才死。死后,他妻子还要替他装面子,花了许多钱,造了一所孤儿院,作他亡夫的遗爱。孤儿院造成了,他把儿子唤回来参预孤儿院落成的庆典。谁知他儿子从胎里就得了他父亲的花柳病的遗毒,变成一种脑腐症,到家没几天,那孤儿院也被火烧了,他儿子的遗传病发作,脑子坏了,就成了疯人了。这是没有胆子,又要顾面子的结局。这就是腐败家庭的下场!

三

其次,且看易卜生的社会的三种大势力。那三种大势力:一是法律,二是宗教,三是道德。

第一,**法律** 法律的效能在于除暴去恶,禁民为非。但是法律有好处也有坏处。好处在于法律是无有偏私的,犯了什么法,就该得什么罪。坏处也在于此。法律是死板板的条文,不通人情世故;不知道一样的罪名却有几等几样的居心,有几等几样的境遇情形;同犯一罪的人却有几等几样的知识程度。法律只说某人犯了某法的某某篇某某章某某节,该得某某罪,全不管犯罪的人的知识不同,境遇不同,居心不同。《娜拉》戏里有两件冒名签字的事:一件是一个律师做的,一件是一个不懂法律的妇人做的。那律师犯这罪全由于自私自利,那妇人犯这罪全因为他要救他丈夫的性命。但是法律全不问这些区别。请看这两个"罪人"讨论这个问题:

> 律师 郝夫人,你好像不知道你犯了什么罪,我老实对你说,我犯的那桩使我一生声名扫地的事,和你所做的事恰恰相同,一毫也不多,一毫也不少。
>
> 娜拉 你!难道你居然也敢冒险去救你妻子的命吗?
>
> 律师 法律不管人的居心如何。

娜拉　如此说来,这种法律是笨极了。

律师　不问他笨不笨,你总要受他的裁判。

娜拉　我不相信。难道法律不许做女儿的想个法子免得他临死的父亲烦恼吗?难道法律不许做妻子的救他丈夫的命吗?我不大懂得法律,但是我想总该有这种法律承认这些事的。你是一个律师,你难道不知道有这样的法律吗?柯先生,你真是一个不中用的律师了。(《娜拉》一幕)

最可怜的是世上真没有这种入情入理的法律!

第二,宗教　易卜生眼里的宗教久已失了那种可以感化人的能力;久已变成毫无生气的仪节信条,只配口头念得烂熟,却不配使人奋发鼓舞了。《娜拉》戏里说:

郝尔茂　你难道没有宗教吗?

娜　拉　我不很懂得究竟宗教是什么东西。我只知道我进教是那位牧师告诉我的一些话。他对我说宗教是这个,是那个,是这样,是那样。(三幕)

如今人的宗教,都是如此,你问他信什么教,他就把他的牧师或是他的先生告诉他的话背给你听。他会背耶稣的祈祷文,他会念阿弥陀佛,他会背一部《圣谕广训》。这就是宗教了!

宗教的本意,是为人而作的,正如耶稣说的,"礼拜是为人造的,不是人为礼拜造的"。不料后世的宗教处处与人类的天性相反,处处反乎人情。如《群鬼》戏中的牧师,逼着阿尔文夫人回家去受那荡子丈夫的待遇,去受那十九年极不堪的惨痛。那牧师说,宗教不许人求快乐;求快乐便是受了恶魔的魔力了。他说,宗教不许做妻子的批评他丈夫的行为。他说,宗教教人无论如何总要守妇道,总须尽责任。那牧师口口声声所说是"是"的,阿尔文夫人心中总觉得都是"不是"的。后来阿尔文夫人仔细去研究那牧师的宗教,忽然大悟。原来那些教条都是

假的,都是"机器造的"!(《群鬼》二幕)

但是这种机器造的宗教何以居然能这样兴旺呢？原来现在的宗教虽没有精神上的价值,却极有物质上的用场。宗教是可以利用的,是可以使人发财得意的。那《群鬼》戏里的木匠,本是一个极下流的酒鬼,卖妻卖女都肯干的。但是他见了那位道学的牧师,立刻就装出宗教家的样子,说宗教家的话,做宗教家的唱歌祈祷,把这位蠢牧师哄得滴溜溜的转(二幕)。那《罗斯马庄》(Rosmersholm)戏里面的主人翁罗斯马本是一个牧师,后来他的思想改变了,遂不信教了。他那时想加入本地的自由党,不料党中的领袖却不许罗斯马宣告他脱离教会的事。为什么呢？因为他们党里很少信教的人,故想借罗斯马的名誉来号召那些信教的人家。可见宗教的兴旺,并不是因为宗教真有兴旺的价值,不过是因为宗教有可以利用的好处罢了。

第三,道德　法律宗教既没有裁制社会的本领,我们且看"道德"可有这种本事。据易卜生看来,社会上所谓"道德"不过是许多陈腐的旧习惯。合于社会习惯的,便是道德；不合于社会习惯的,便是不道德。正如我们中国的老辈人看见少年男女实行自由结婚,便说是"不道德",为什么呢？因为这事不合于"父母之命,媒妁之言"的社会习惯。但是这班老辈人自己讨许多小老婆,却以为是很平常的事,没有什么不道德。为什么呢？因为习惯如此。又如中国人死了父母,发出讣书,人人都说"泣血稽颡","苫块昏迷"。其实他们何尝泣血？又何尝"寝苫枕块"？这种自欺欺人的事,人人都以为是"道德",人人都不以为羞耻,为什么呢？因为社会的习惯如此,所以不道德的也觉得道德了。

这种不道德的道德,在社会上,造出一种诈伪不自然的伪君子。面子上都是仁义道德,骨子里都是男盗女娼。易卜生最恨这种人。他有一本戏,叫作《社会的栋梁》(Pillars of Society)。戏中的主人名叫褒匿,是一个极坏的伪君子。他犯了一桩奸情,却让他兄弟受这恶名,还要诬赖他兄弟偷了钱跑脱了。不但如此,他还雇了一只烂脱底的船送他兄弟出海,指望把他兄弟和一船的人都沉死在海底,可以灭口。

这样一个大奸,面子上却做得十分道德,社会上都尊敬他,称他做"全市第一个公民","公民的模范","社会的栋梁"!他谋害他兄弟的那一天,本城的公民,聚了几千人,排起队来,打着旗,奏着军乐,上他的门来表示社会的敬意,高声喊道:"褒匿万岁!社会的栋梁褒匿万岁!"

这就是道德!

四

其次,我们且看易卜生写个人与社会的关系。

易卜生的戏剧中,有一条极显而易见的学说,是说社会与个人互相损害。社会最爱专制,往往用强力摧折个人的个性,压制个人自由独立的精神;等到个人的个性都消灭了,等到自由独立的精神都完了,社会自身也没有生气了,也不会进步了。社会里有许多陈腐的习惯,老朽的思想,极不堪的迷信,个人生在社会中,不能不受这些势力的影响。有时有一两个独立的少年,不甘心受这种陈腐规矩的束缚,于是东冲西突想与社会作对。上文所说的褒匿,当少年时,也曾想和社会反抗。但是社会的权力很大,网罗很密;个人的能力有限,如何是社会的敌手?社会对个人道:"你们顺我者生,逆我者死;顺我者有赏,逆我者有罚。"那些和社会反对的少年,一个一个的都受家庭的责备,遭朋友的怨恨,受社会的侮辱驱逐。再看那些奉承社会意旨的人,一个个的都升官发财,安富尊荣了。当此境地,不是顶天立地的好汉,决不能坚持到底。所以像褒匿那般人,做了几时的维新志士,不久也渐渐的受社会同化,仍旧回到旧社会去做"社会的栋梁"了。社会如同一个大火炉,什么金银铜铁锡,进了炉子,都要熔化。易卜生有一本戏叫作《雁》(*The Wild Duck*),写一个人捉到一只雁,把他养在楼上半阁里,每天给他一桶水,让他在水里打滚游戏。那雁本是一个海阔天空逍遥自得的飞鸟,如今在半阁里关久了,也会生活,也会长得胖胖的,后来竟完全忘记了他从前那种海阔天空来去自由的乐处了!个人在社会里,就同这雁在人家半阁上一般,起初未必满意,久而久之,也就惯了,也渐渐的把黑暗世界当作安乐窝了。

社会对于那班服从社会命令,维持陈旧迷信,传播腐败思想的人,一个一个的都有重赏。有的发财了,有的升官了,有的享大名誉了。这些人有了钱,有了势,有了名誉,就像老虎长了翅膀,更可横行无忌了,更可借着"公益"的名义去骗人钱财,害人生命,做种种无法无天的行为。易卜生的《社会的栋梁》和《博克曼》(John Gabriel Borkman)两本戏的主人翁都是这种人物。他们钱赚得够了,然后掏出几个小钱来,开一个学堂,造一所孤儿院,立一个公共游戏场,"捐二十镑金去买面包给贫人吃"(用《社会的栋梁》二幕中语)。于是社会格外恭维他们,打着旗子,奏着军乐,上他们家来,大喊"社会的栋梁万岁"!

那些不懂事又不安分的理想家,处处和社会的风俗习惯反对,是该受重罚的。执行这种重罚的机关,便是"舆论",便是大多数的"公论"。世间有一种最通行的迷信,叫作"服从多数的迷信"。人都以为多数人的公论总是不错的。易卜生绝对的不承认这种迷信。他说"多数党总在错的一边,少数党总在不错的一边"(《国民公敌》五幕)。一切维新革命,都是少数人发起的,都是大多数人所极力反对的。大多数人总是守旧麻木不仁的;只有极少数人,有时只有一个人,不满意于社会的现状,要想维新,要想革命。这种理想家是社会所最忌的。大多数人都骂他是"捣乱分子",都恨他"扰乱治安",都说他"大逆不道"。所以他们用大多数的专制威权去压制那"捣乱"的理想志士,不许他开口,不许他行动自由;把他关在监牢里,把他赶出境去,把他杀了,把他在十字架上活活的钉死,把他捆在柴草上活活的烧死。过了几十年几百年,那少数的人主张渐渐的变成多数人的主张了,于是社会的多数人又把他们从前杀死钉死烧死的那些"捣乱分子"一个一个的重新推崇起来,替他们修墓,替他们作传,替他们立庙,替他们铸铜像。却不知道从前那种"新"思想,到了这时候,又早已成了"陈腐"的迷信!当他们替从前那些特立独行的人修墓铸铜像的时候,社会里早已发生了几个新派少数人,又要受他们杀死钉死烧死的刑罚了! 所以说"多数党总是错的,少数党总是不错的"。

易卜生有一本戏叫作《国民公敌》,里面写的就是这个道理。这本戏的主人翁斯铎曼医生从前发现本地的水可以造成几处卫生浴池。本地的人听了他的话,觉得有利可图,便集了资本造了几处卫生浴池。后来四方人闻了这浴池之名,纷纷来这里避暑养病。来的人多了,本地的商业市面便渐渐发达兴旺。斯铎曼医生便做了浴池的官医。后来洗浴的人之中,忽然发生一种流行病症;经这位医生仔细考察,知道这病症是从浴池的水里来的,他便装了一瓶水寄与大学的化学师请他化验。化验出来,才知道浴池的水管安的太低了,上流的污秽,停积在浴池里,发生一种传染病的微生物,极有害于公众卫生。斯铎曼医生得了这种科学证据,便做了一篇切切实实的报告书,请浴池的董事会把浴池的水管重行改造,以免妨碍卫生。不料改造浴池须要花费许多钱,又要把浴池闭歇一两年;浴池一闭歇,本地的商务便要受许多损失。所以本地的人全体用死力反对斯铎曼医生的提议。他们宁可听那些来避暑养病的人受毒病死,却不情愿受这种金钱的损失,所以他们用大多数的专制威权压制这位说老实话的医生,不许他开口。他做了报告,本地的报馆都不肯登载。他要自己印刷,印刷局也不肯替他印。他要开会演说,全城的人都不把空屋借他做会场。后来好容易找到了一所会场,开了一个公民会议,会场上的人不但不听他的老实话,还把他赶下台去,由全体一致表决,宣告斯铎曼医生从此是国民的公敌。他逃出会场,把裤子都撕破了,还被众人赶到他家,用石头掷他,把窗户都打碎了。到了明天,本地政府革了他的官医;本地商民发了传单不许人请他看病;他的房东请他赶快搬出屋去;他的女儿在学堂教书,也被校长辞退了。这就是"特立独行"的好结果!这就是大多数惩罚少数"捣乱分子"的辣手段!

五

其次,我们且说易卜生的政治主义。易卜生的戏剧不大讨论政治问题，所以我们须要用他的《尺牍》(Letters, ed. by his son, Sigurd Ibsen, English Trans, 1905)做参考的材料。

易卜生起初完全是一个主张无政府主义的人。当普法之战(1870至1871年)时，他的无政府主义最为激烈。一八七一年，他有信与一个朋友道：

> ……个人绝无做国民的需要。不但如此，国家简直是个人的大害。请看普鲁士的国力，不是牺牲了个人的个性去买来的吗？国民都成了酒馆里跑堂的了，自然个个是好兵了。再看犹太民族：岂不是最高贵的人类吗？无论受了何种野蛮的待遇，那犹太民族还能保存本来的面目。这都因为他们没有国家的原故。国家总得毁去。这种毁除国家的革命，我也情愿加入。毁去国家观念，单靠个人的情愿和精神上的团结做人类社会的基本，——若能做到这步田地，这可算得有价值的自由起点。那些团体的变迁，换来换去，都不过是弄把戏，——都不过是全无道理的胡闹。

（《尺牍》第 79）

易卜生的纯粹无政府主义，后来渐渐的改变了。他亲自看见巴黎"市民政府"(commune)的完全失败(1871)，便把他主张无政府主义的热心减了许多(《尺牍》第 81)。到了一八八四年，他写信给他的朋友说，他在本国若有机会，定要把国中无权的人民联合成一个大政党，主张极力推广选举权，提高妇女的地位，改良国家教育，要使脱除一切中古陋习(《尺牍》第 178)。这就不是无政府的口气了。但是他自己到底不曾加入政党。他以为加入政党是很下流的事(《尺牍》第 158)。他最恨那班政客，他以为"那班政客所力争的，全是表面上的权利，全是胡闹。最要紧的是人心的大革命"(《尺牍》第 77)。

易卜生从来不主张狭义的国家主义，从来不是狭义的爱国者。一八八八年，他写信给一个朋友说道：

> 知识思想略为发达的人,对于旧式的国家观念,总不满意。我们不能以为有了我们所属的政治团体便足够了。据我看来,国家观念不久就要消灭了,将来定有人种观念起来代他。即以我个人而论,我已经过这种变化。我起初觉得我是那威国人,后来变成斯堪丁纳维亚人(那威与瑞典总名斯堪丁纳维亚),我现在已成了条顿人了。(《尺牍》第208)

这是一八八八年的话。我想易卜生晚年临死的时候(1906),一定已进到世界主义的地步了。

六

我开篇便说过易卜生的人生观只是一个写实主义。易卜生把家庭、社会的实在情形都写了出来,叫人看了动心,叫人看了觉得我们的家庭社会原来是如此黑暗腐败,叫人看了觉得家庭社会真正不得不维新革命:——这就是"易卜生主义"。表面上看去,像是破坏的,其实完全是建设的。譬如医生诊了病,开了一个脉案,把病状详细写出,这难道是消极的破坏的手续吗?但是易卜生虽开了许多脉案,却不肯轻易开药方。他知道人类社会是极复杂的组织,有种种绝不相同的境地,有种种绝不相同的情形。社会的病,种类纷繁,绝不是什么"包医百病"的药方所能治得好的。因此他只好开了脉案,说出病情,让病人各人自己去寻医病的药方。

虽然如此,但是易卜生生平却也有一种完全积极的主张。他主张个人须要充分发达自己的天才性,须要充分发展自己的个性。他有一封信给他的朋友白兰戴说道:

> 我所最期望于你的是一种真益纯粹的为我主义。要使你有时觉得天下只有关于我的事最要紧,其余的都算不得什么。……你要想有益于社会,最好的法子莫如把你自己这块材料铸造成

器。……有的时候我真觉得全世界都像海上撞沉了船,最要紧的还是救出自己。(《尺牍》第84)

最可笑的是有些人明知世界"陆沉",却要跟着"陆沉",跟着堕落,不肯"救出自己"!却不知道社会是个人组成的,多救出一个人便是多备下一个再造新社会的分子。所以孟轲说"穷则独善其身",这便是易卜生所说"救出自己"的意思。这种"为我主义",其实是最有价值的利人主义。所以易卜生说:"你要想有益于社会,最好的法子莫如把你自己这块材料铸造成器。"《娜拉》戏里,写娜拉抛了丈夫儿女飘然而去,也只为要"救出自己"。那戏中说:

郝尔茂　……你就是这样抛弃你的最神圣的责任吗?
娜　拉　你以为我的最神圣的责任是什么?
郝　　　还等我说吗?可不是你对于你的丈夫和你的儿女的责任吗?
娜　　　我还有别的责任同这些一样的神圣。
郝　　　没有的。你且说,那些责任是什么?
娜　　　是我对于我自己的责任。
郝　　　最要紧的,你是一个妻子,又是一个母亲。
娜　　　这种话我现在不相信了。我相信第一我是一个人正同你一样。——无论如何,我务必努力做一个人。

(三幕)

一八八二年,易卜生有信给朋友道:

这样生活,须使各人自己充分发展:——这是人类功业顶高的一层;这是我们大家都应该做的事。(《尺牍》第164)

社会最大的罪恶莫过于摧折个人的个性,不使他自由发展。那本

《雁》戏所写的只是一件摧残个人才性的惨剧。那戏写一个人少年时本极有高尚的志气,后来被一个恶人害得破家荡产,不能度日。那恶人又把他自己通奸有孕的下等女子配给他做妻子,从此家累日重一日,他的志气便日低一日。到了后来,他堕落深了,竟变成了一个懒人懦夫,天天受那下贱妇人和两个无赖的恭维,他洋洋得意的觉得这种生活很可以终身了。所以那本戏借一个雁做比喻:那雁在半阁上关得久了,他从前那种高飞远举的志气全消灭了,居然把人家的半阁做他的极乐国了!

发展个人的个性,须要有两个条件。第一,须使个人有自由意志。第二,须使个人担干系,负责任。《娜拉》戏中写郝尔茂的最大错处只在他把娜拉当作"玩意儿"看待,既不许他有自由意志,又不许他担负家庭的责任,所以娜拉竟没有发展他自己个性的机会。所以娜拉一旦觉悟时,恨极他的丈夫,决意弃家远去。也正为这个原故,易卜生又有一本戏,叫作《海上夫人》(The Lady from the Sea),里面写一个女子哀梨姐少年时嫁给人家做后母,他丈夫和前妻的两个女儿看他年纪轻,不让他管家务,只叫他过安闲日子。哀梨姐在家觉得做这种不自由的妻子,不负责任的后母,是极没趣的事。因此他天天想跟人到海外去过那海阔天空的生活。他丈夫越不许他自由,他偏越想自由。后来他丈夫知道留他不住,只得许他自由出去。他丈夫说道:

> 丈　夫　……我现在立刻和你毁约,现在你可以有完全自由拣定你自己的路子。……现在你可以自己决定,你有完全的自由,你自己担干系。
>
> 哀梨姐　完全自由!还要自己担干系!还担干系咧!有这么一来,样样事都不同了。

哀梨姐有了自由又自己负责任了,忽然大变了,也不想那海上的生活了,决意不跟人走了(《海上夫人》第五幕)。这是为什么呢?因为世间只有奴隶的生活是不能自由选择的,是不用担干系的。个人若没有自由权,又不负责任,便和做奴隶一样,所以无论怎样好玩,无论怎样高兴,到底没有真正乐趣,到底不能发展个人的人格。所以哀梨妲说,有了完全自由,还要自己担干系,有这么一来,样样事都不同了。

家庭是如此,社会国家也是如此。自治的社会,共和的国家,只是要个人有自由选择之权,还要个人对于自己所行所为都负责任。若不如此,决不能造出自己独立的人格。社会国家没有自由独立的人格,如同酒里少了酒曲,面包里少了酵,人身上少了脑筋:那种社会国家绝没有改良进步的希望。

所以易卜生的一生目的只是要社会极力容忍,极力鼓励斯铎曼医生一流的人物(斯铎曼事见上文四节);要想社会上生出无数永不知足,永不满意,敢说老实话攻击社会腐败情形的"国民公敌";要想社会上有许多人都能像斯铎曼医生那样宣言道:"世上最强有力的人就是那个最孤立的人!"

社会国家是时刻变迁的,所以不能指定那一种方法是救世的良药:十年前用补药,十年后或者须用泻药了;十年前用凉药,十年后或者须用热药了。况且各地的社会国家都不相同,适用于日本的药,未必完全适用于中国;适用于德国的药,未必适用于美国。只有康有为那种"圣人",还想用他们的"戊戌政策"来救戊午的中国;只有辜鸿铭那班怪物,还想用二千年前的"尊王大义"来施行于二十世纪的中国。易卜生是聪明人,他知道世上没有"包医百病"的仙方,也没有"施诸四海而皆准,推之百世而不悖"的真理。因此他对于社会的种种罪恶污秽,只开脉案,只说病状,却不肯下药。但他虽不肯下药,却到处告诉我们一个保卫社会健康的卫生良法。他仿佛说道:"人的身体全靠血里面有无量数的白血轮时时刻刻与人身的病菌开战,把一切病菌扑灭干净,方才可使身体健全,精神充足。社会国家的健康也全靠社会中有许多永不知足,永不满意,时刻与罪恶分子龌龊分子宣战的白血轮,方才有改良进步的希望。我们若要保卫社会的健康,须要使社会里时时刻刻有斯铎曼医生一般的白血轮分子。但使社会常有这种白血轮精神,社会绝没有不改良进步的道理。"一八八三年,易卜生写信给朋友道：

　　十年之后，社会的多数人大概也会到了斯铎曼医生开公民大会时的见地了。

　　但是这十年之中，斯铎曼自己也刻刻向前进；所以到了十年之后，他的见地仍旧比社会的多数人还高十年。即以我个人而论，我觉得时时刻刻总有进境。我从前每作一本戏时的主张，如今都已渐渐变成了很多数人的主张，但是等到他们赶到那里时，我久已不在那里了。我又到别处去了。我希望我总是向前去了。

（《尺牍》第172）

民国七年五月十六日作于北京
民国十年四月二十六日改稿

不 朽*
——我的宗教

不朽有种种说法，但是总括看来，只有两种说法是真有区别的。一种是把"不朽"解作灵魂不灭的意思。一种就是《春秋左传》上说的"三不朽"。

一、神不灭论　宗教家往往说灵魂不灭，死后须受末日的裁判：做好事的享受天国天堂的快乐，做恶事的要受地狱的苦痛。这种说法，几千年来不但受了无数愚夫愚妇的迷信，居然还受了许多学者的信仰。但是古今来也有许多学者对于灵魂是否可离形体而存在的问题，不能不发生疑问。最重要的如南北朝人范缜的《神灭论》说："形者神之质，神者形之用……神之于形，犹利之于刀；形之于用，犹刀之于利。……舍利无刀，舍刀无利。未闻刀没而利存，岂容形亡而神在？"宋朝的司马光也说："形既朽灭，神亦飘散，虽有锉烧舂磨，亦无所施。"但是司马光说的"形既朽灭，神亦飘散"，还不免把形与神看作两件事，不如范缜说的更透彻。范缜说人的神灵即是形体的作用，形体便是神灵的形质。正如刀子是形质，刀子的利钝是作用；有刀子方才有利钝，没有刀子便没有利钝。人有形体方才有作用：这个作用，我们叫做"灵魂"。若没有形体，便没有作用了，便没有灵魂了。范缜这篇《神灭论》出来的时候，惹起了无数人的反对。梁武帝叫了七十几个名士作论驳他，都没有什么真有价值的议论。其中只有沈约的《难神灭论》说："利若遍施四方，则利体无处复立；利之为用正存一边毫毛处耳。神之与形，举体若合，又安得同乎？若以此譬为尽耶，则不尽；若谓本不尽耶，

---

* 本文原载 1919 年 2 月 15 日《新青年》第六卷第 2 号。——编者

则不可以为譬也。"这一段是说刀是无机体,人是有机体,故不能彼此相比。这话固然有理,但终不能推翻"神者形之用"的议论。近世唯物派的学者也说人的灵魂并不是什么无形体、独立存在的物事,不过是神经作用的总名:灵魂的种种作用都即是脑部各部分的机能作用;若有某部被损伤,某种作用即时废止;人年幼时,脑部不曾完全发达,神灵作用也不能完全,老年人脑部渐渐衰耗,神灵作用也渐渐衰耗。这种议论的大旨,与范缜所说"神者形之用"正相同。但是有许多人总舍不得把灵魂打消了,所以咬住说灵魂另是一种神秘玄妙的物事,并不是神经的作用。这个"神秘玄妙"的物事究竟是什么,他们也说不出来,只觉得总应该有这么一件物事。既是"神秘玄妙",自然不能用科学试验来证明他,也不能用科学试验来驳倒他。既然如此,我们只好用实验主义(Pragmatism)的方法,看这种学说的实际效果如何,以为评判的标准。依此标准看来,信神不灭论的固然也有好人,信神灭论的也未必全是坏人。即如司马光、范缜、赫胥黎一类的人,说不信灵魂不灭的话,何尝没有高尚的道德?更进一层说,有些人因为迷信天堂、天国、地狱、末日裁判,方才修德行善,这种修行全是自私自利的,也算不得真正道德。总而言之,灵魂灭不灭的问题,于人生行为上实在没有什么重大影响;既没有实际的影响,简直可说是不成问题了。

二、三不朽说 《左传》说的三种不朽是:(1)立德的不朽,(2)立功的不朽,(3)立言的不朽。"德"便是个人人格的价值,像墨翟、耶稣一类的人,一生刻意孤行,精诚勇猛,使当时的人敬爱信仰,使千百年后的人想念崇拜。这便是立德的不朽。"功"便是事业,像哥仑布发现美洲,像华盛顿造成美洲共和国,替当时的人开一新天地,替历史开一新纪元,替天下后世的人种下无量幸福的种子。这便是立功的不朽。"言"便是语言著作,像那《诗经》三百篇的许多无名诗人,又像陶潜、杜甫、萧士比亚、易卜生一类的文学家,又像柏拉图、卢骚、弥儿一类的哲学家,又像牛敦、达尔文一类的科学家,或是做了几首好诗使千百年后的人欢喜感叹;或是做了几本好戏使当时的人鼓舞感动,使后世的人发愤兴起;或是创出一种新哲学,或是发明了一种新学说,或在当时发生思想的革命,或在后世影响无穷。这便是立言的不朽。总而言之,这种不朽说,不问人死后灵魂能不能存在,只问他的人格、他的事业、他的著作有没有永远存在的价值。即如基督教徒说耶稣是上帝的儿子,他的神灵永永存在,我们正不用驳这种无凭据的神话,只说耶稣的人格、事业和教训都可以不朽,又何必说那些无谓的神话呢?又如孔教会的人每到了孔丘的生日,一定要举行祭孔的典礼,还有些人学那"朝山进香"的法子,要赶到曲阜孔林去对孔丘的神灵表示敬意!其实孔丘的不朽全在他的人格与教训,不在他那"在天之灵"。大总统多行两次丁祭,孔教会多行两次"朝山进香",就可以使孔丘格外不朽了吗。更进一步说,像那《三百篇》里的诗人,也没有姓名,也没有事实,但是他们都可说是立言的不朽。为什么呢?因为不朽全靠一个人的真价值,并不靠姓名事实的流传,也不靠灵魂的存在。试看古今来的多少大发明家,那发明火的,发明养蚕的,发明缫丝的,发明织布的,发明水车的,发明舂米的水碓的,发明规矩的,发明秤的……虽然姓名不传,事实湮没,但他们的功业永远存在,他们也就都不朽了。这种不朽比那个人的小小灵魂的存在,可不是更可宝贵,更可羡慕吗?况且那灵魂的有无还在不可知之中,这三种不朽——德,功,言——可是实在的。这三种不朽可不是比那灵魂的不灭更靠得住吗?

以上两种不朽论,依我个人看来,不消说得,那"三不朽说"是比那"神不灭说"好得多了。但是那"三不朽说"还有三层缺点,不可不知。第一,照平常的解说看来,那些真能不朽的人只不过那极少数有道德,有功业,有著述的人。还有那无量平常人难道就没有不朽的希望吗?世界上能有几个墨翟、耶稣,几个哥仑布、华盛顿,几个杜甫、陶潜,几个牛敦、达尔文呢?这岂不成了一种"寡头"的不朽论吗?第二,这种不朽论单从积极一方面着想,但没有消极的裁制。那种灵魂的不朽论既说有天国的快乐,又说有地狱的苦楚,是积极消极两方面都顾着的。如今单说立德可以不朽,不立德又怎样呢?立功可以不朽,有罪恶又怎样呢?第三,这种不朽论所说的"德,功,言"三件,范围都很含糊。

究竟怎样的人格方才可算是"德"呢？怎样的事业方才可算是"功"呢？怎样的著作方才可算是"言"呢？我且举一个例。哥伦布发现美洲固然可算得立了不朽之功，但是他船上的水手火头又怎样呢？他那只船的造船工人又怎样呢？他船上用的罗盘器械的制造工人又怎样呢？他所读的书的著作者又怎样呢？……举这一条例，已可见"三不朽"的界限含糊不清了。

因为要补足这三层缺点，所以我想提出第三种不朽论来请大家讨论。我一时想不起别的好名字，姑且称他做"社会的不朽论"。

三、社会的不朽论　社会的生命，无论是看纵剖面，是看横截面，都像一种有机的组织。从纵剖面看来，社会的历史是不断的；前人影响后人，后人又影响更后人。没有我们的祖宗和那无数的古人，又那里有今日的我和你？没有今日的我和你，又那里有将来的后人？没有那无量数的个人，便没有历史，但是没有历史，那无数的个人也绝不是那个样子的个人：总而言之，个人造成历史，历史造成个人。从横截面看来，社会的生活是交互影响的：个人造成社会，社会造成个人；社会的生活全靠个人分工合作的生活，但个人的生活，无论如何不同，都脱不了社会的影响；若没有那样这样的社会，绝不会有这样那样的我和你；若没有无数的我和你，社会也绝不是这个样子。来勃尼慈(Leibnitz)说得好：

> 这个世界乃是一片大充实(plenum，为真空 vacuum 之对)，其中一切物质都是接连着的。一个大充实里面有一点变动，全部的物质都要受影响，影响的程度与物体距离的远近成正比例。世界也是如此。每一个人不但直接受他身边亲近的人的影响，并且间接又间接的受距离很远的人的影响。所以世间的交互影响，无论距离远近，都受得着的。所以世界上的人，每人受着全世界一切动作的影响。如果他有周知万物的智慧，他可以在每人的身上看出世间一切施为，无论过去未来都可看得出，在这一个现在里面便有无穷时间空间的影子。(见 *Monadology* 第 61 节)

从这个交互影响的社会观和世界观上面，便生出我所说的"社会的不朽论"来。我这"社会的不朽论"的大旨是：

我这个"小我"不是独立存在的，是和无量数小我有直接或间接的交互关系的；是和社会的全体和世界的全体都有互为影响的关系的；是和社会世界的过去和未来都有因果关系的。种种从前的因，种种现在无数"小我"和无数他种势力所造成的因，都成了我这个"小我"的一部分。我这个"小我"，加上了种种从前的因，又加上了种种现在的因，传递下去，又要造成无数将来的"小我"。这种种过去的"小我"，和种种现在的"小我"，和种种将来无穷的"小我"，一代传一代，一点加一滴；一线相传，连绵不断；一水奔流，滔滔不绝——这便是一个"大我"。"小我"是会消灭的，"大我"是永远不灭的。"小我"是有死的，"大我"是永远不死，永远不朽的。"小我"虽然会死，但是每一个"小我"的一切作为，一切功德罪恶，一切语言行事，无论大小，无论是非，无论善恶，一一都永远留存在那个"大我"之中。那个"大我"，便是古往今来一切"小我"的纪功碑，彰善祠，罪状判决书，孝子慈孙百世不能改的恶谥法。这个"大我"是永远不朽的，故一切"小我"的事业，人格，一举一动，一言一笑，一个念头，一场功劳，一桩罪过，也都永远不朽。这便是社会的不朽，"大我"的不朽。

那边"一座低低的土墙，遮着一个弹三弦的人"。那三弦的声浪，在空间起了无数波澜；那被冲动的空气质点，直接间接冲动无数旁的空气质点；这种波澜，由近而远，至于无穷空间；由现在而将来，由此刹那以至于无量刹那，至于无穷时间——这已是不灭不朽了。那时间，那"低低的土墙"外边来了一位诗人，听见那三弦的声音，忽然起了一个念头；由这一个念头，就成了一首好诗；这首好诗传诵了许多人；人读了这诗，各起种种念头；由这种种念头，更发生无量数的念头，更发生无数的动作，以至于无穷。然而那"低低的土墙"里面那个弹三弦的人又如何知道他所发生的影响呢？

一个生肺病的人在路上偶然吐了一口痰。那口痰被太阳晒干了，化为微尘,被风吹起空中,东西飘散,渐吹渐远,至于无穷时间,至于无穷空间。偶然一部分的病菌被体弱的人呼吸进去,便发生肺病,由他一身传染一家,更由一家传染无数人家。如此展转传染,至于无穷空间,至于无穷时间。然而那先前吐痰的人的骨头早已腐烂了,他又如何知道他所种的恶果呢?

一千五六百年前有一个人叫范缜说了几句话道:"神之于形,犹利之于刀;未闻刀没而利存,岂容形亡而神在?"这几句话在当时受了无数人的攻击。到了宋朝有个司马光把这几句话记在他的《资治通鉴》里。一千五六百年之后,有一个十一岁的小孩子——就是我——看《通鉴》到这几句话,心里受了一大感动,后来便影响了他半生的思想行事。然而那说话的范缜早已死了一千五百年了!

二千六七百年前,在印度地方有一个穷人病死了,没人收尸,尸首暴露在路上,已腐烂了。那边来了一辆车,车上坐着一个王太子,看见了这个腐烂发臭的死人,心中起了一念;由这一念,展转发生无数念。后来那位王太子把王位也抛了,富贵也抛了,父母妻子也抛了,独自去寻思一个解脱生老病死的方法。后来这位王子便成了一个教主,创了一种哲学的宗教,感化了无数人。他的影响势力至今还在;将来即使他的宗教全灭了,他的影响势力终久还存在,以至于无穷。这可是那腐烂发臭的路毙所曾梦想到的吗?

以上不过是略举几件事,说明上文说的"社会的不朽","大我的不朽"。这种不朽论,总而言之,只是说个人的一切功德罪恶,一切言语行事,无论大小好坏,——都留下一些影响在那个"大我"之中,——都与这永远不朽的"大我"一同永远不朽。

上文我批评那"三不朽论"的三层缺点:(1)只限于极少数的人,(2)没有消极的裁制,(3)所说"功,德,言"的范围太含糊了。如今所说"社会的不朽",其实只是把那"三不朽论"的范围更推广了。既然不论事业功德的大小,一切都可不朽,那第一第三两层短处都没有了。冠绝古今的道德功业固可以不朽,那极平常的"庸言庸行",油盐柴米的琐屑，愚夫愚妇的细事，一言一笑的微细，也都永远不朽。那发现美洲的哥伦布固可以不朽，那些和他同行的水手，火头，造船的工人，造罗盘器械的工人，供给他粮食衣服银钱的人，他所读的书的著作家，生他的父母，生他父母的父母祖宗，以及生育训练那些工人商人的父母祖宗，以及他以前和同时的社会……都永远不朽。社会是有机的组织，那英雄伟人可以不朽，那挑水的，烧饭的，甚至于浴堂里替你擦背的，甚至于每天替你家掏粪倒马桶的，也都永远不朽。至于那第二层缺点，也可免去。如今说立德不朽，行恶也不朽；立功不朽，犯罪也不朽；"流芳百世"不朽，"遗臭万年"也不朽；功德盖世固是不朽的善因，吐一口痰也有不朽的恶果。我的朋友李守常先生说得好："稍一失脚，必致遗留层层罪恶种子于未来无量的人——即未来无量的我，永不能消除，永不能忏悔。"这就是消极的裁制了。

中国儒家的宗教提出一个父母的观念，和一个祖先的观念，来做人生一切行为的裁制力。所以说，"一出言而不敢忘父母，一举足而不敢忘父母"。父母死后，又用丧礼祭礼等等见神见鬼的方法，时刻提醒这种人生行为的裁制力。所以又说，"斋明盛服，以承祭祀，洋洋乎如在其上，如在其左右"。又说，"斋三日，则见其所为斋者；祭之日，入室，僾然必有见乎其位；周还出户，肃然必有闻乎其容声；出户而听，忾然必有闻乎其叹息之声"。这都是"神道设教"，见神见鬼的手段。这种宗教的手段在今日是不中用了。还有那种"默示"的宗教，神权的宗教，崇拜偶像的宗教，在我们心里也不能发生效力，不能裁制我们一生的行为。以我个人看来，这种"社会的不朽"观念很可以作我的宗教了。我的宗教的教旨是：

我这个现在的"小我"，对于那永远不朽的"大我"的无穷过去，须负重大的责任；对于那永远不朽的"大我"的无穷未来，也须负重大的责任。我须要时时想着，我应该如何努力利用现在的"小我"，方才可以不辜负了那"大我"的无穷过去，方才可以不遗害那"大我"的无穷未来？

〔跋〕 这篇文章的主意是民国七年年底当我的母亲丧事里想到的。那时只写成一部分,到八年二月十九日方才写定付印。后来俞颂华先生在报纸上指出我论社会是有机体一段很有语病,我觉得他的批评很有理,故九年二月间我用英文发表这篇文章时,我就把那一段完全改过了。十年五月,又改定中文原稿,并记作文与修改的缘起于此。

新思潮的意义[*]
——研究问题　输入学理
　　整理国故　再造文明

一

近来报纸上发表过几篇解释"新思潮"的文章。我读了这几篇文章,觉得他们所举出的新思潮的性质,或太琐碎,或太笼统,不能算作新思潮运动的真确解释,也不能指出新思潮的将来趋势。即如包士杰先生的《新思潮是什么》一篇长文,列举新思潮的内容,何尝不详细?但是他究竟不曾使我们明白那种种新思潮的共同意义是什么。比较最简单的解释要算我的朋友陈独秀先生所举出的新青年两大罪案——其实就是新思潮的两大罪案——一是拥护德莫克拉西先生(民治主义),一是拥护赛因斯先生(科学)。陈先生说:

> 要拥护那德先生,便不得不反对孔教,礼法,贞节,旧伦理,旧政治。要拥护那赛先生,便不得不反对旧艺术,旧宗教。要拥护德先生,又要拥护赛先生,便不得不反对国粹和旧文学。(《新青年》六卷1号页10)

这话虽然很简明,但是还嫌太笼统了一点。假使有人问:"何以要拥护德先生和赛先生,便不能不反对国粹和旧文学呢?"答案自然是:"因为国粹和旧文学是同德、赛两位先生反对的。"又问:"何以凡同德、赛两位先生反对的东西都该反对呢?"这个问题可就不是几句笼统简

---

[*] 本文原载1919年12月1日《新青年》第七卷第1号。——编者

单的话所能回答的了。

据我个人的观察,新思潮的根本意义只是一种新态度。这种新态度可叫作"评判的态度"。

评判的态度,简单说来,只是凡事要重新分别一个好与不好。仔细说来,评判的态度含有几种特别的要求:

(1)对于习俗相传下来的制度风俗,要问:"这种制度现在还有存在的价值吗?"

(2)对于古代遗传下来的圣贤教训,要问:"这句话在今日还是不错吗?"

(3)对于社会上糊涂公认的行为与信仰,都要问:"大家公认的,就不会错了吗?人家这样做,我也该这样做吗?难道没有别样做法比这个更好,更有理,更有益的吗?"

尼采说现今时代是一个"重新估定一切价值"(transvaluation of all values)的时代。"重新估定一切价值"八个字便是评判的态度的最好解释。从前的人说妇女的脚越小越美。现在我们不但不认小脚为"美",简直说这是"惨无人道"了。十年前,人家和店家都用鸦片烟敬客。现在鸦片烟变成犯禁品了。二十年前,康有为是洪水猛兽一般的维新党。现在康有为变成老古董了。康有为并不曾变换,估价的人变了,故他的价值也跟着变了。这叫作"重新估定一切价值"。

我以为现在所谓"新思潮",无论怎样不一致,根本上同有这公共的一点——评判的态度。孔教的讨论只是要重新估定孔教的价值。文学的评论只是要重新估定旧文学的价值。贞操的讨论只是要重新估定贞操的道德在现代社会的价值。旧戏的评论只是要重新估定旧戏在今日文学上的价值。礼教的讨论只是要重新估定古代的纲常礼教在今日还有什么价值。女子的问题只是要重新估定女子在社会上的价值。政府与无政府的讨论,财产私有与公有的讨论,也只是要重新估定政府与财产等等制度在今日社会的价值。……我也不必往下数了,这些例很够证明这种评判的态度是新思潮运动的共同精神。

二

这种评判的态度，在实际上表现时，有两种趋势。一方面是讨论社会上，政治上，宗教上，文学上种种问题。一方面是介绍西洋的新思想，新学术，新文学，新信仰。前者是"研究问题"，后者是"输入学理"。这两项是新思潮的手段。

我们随便翻开这两三年以来的新杂志与报纸，便可以看出这两种的趋势。在研究问题一方面，我们可以指出：(1)孔教问题，(2)文学改革问题，(3)国语统一问题，(4)女子解放问题，(5)贞操问题，(6)礼教问题，(7)教育改良问题，(8)婚姻问题，(9)父子问题，(10)戏剧改良问题……等等。在输入学理一方面，我们可以指出《新青年》的"易卜生号"，"马克思号"，《民铎》的"现代思潮号"，《新教育》的"杜威号"，《建设》的"全民政治"的学理，和北京《晨报》、《国民公报》、《每周评论》，上海《星期评论》、《时事新报》、《解放与改造》，广州《民风周刊》……等等杂志报纸所介绍的种种西洋新学说。

为什么要研究问题呢？因为我们的社会现在正当根本动摇的时候，有许多风俗制度，向来不发生问题的，现在因为不能适应时势的需要，不能使人满意，都渐渐的变成困难的问题，不能不彻底研究，不能不考问旧日的解决法是否错误；如果错了，错在什么地方；错误寻出了，可有什么更好的解决方法；有什么方法可以适应现时的要求。例如孔教的问题，向来不成什么问题；后来东方文化与西方文化接近，孔教的势力渐渐衰微，于是有一班信仰孔教的人妄想要用政府法令的势力来恢复孔教的尊严；却不知道这种高压的手段恰好挑起一种怀疑的反动。因此，民国四五年的时候，孔教会的活动最大，反对孔教的人也最多。孔教成为问题就在这个时候。现在大多数明白事理的人，已打破了孔教的迷梦，这个问题又渐渐的不成问题了，故安福部的议员通过孔教为修身大本的议案时，国内竟没有人睬他们了！

又如文学革命的问题。向来教育是少数"读书人"的特别权利，于大多数人是无关系的,故文字的艰深不成问题。近来教育成为全国人的公共权利,人人知道普及教育是不可少的,故渐渐的有人知道文言在教育上实在不适用,于是文言白话就成为问题了。后来有人觉得单用白话做教科书是不中用的,因为世间决没有人情愿学一种除了教科书以外便没有用处的文字。这些人主张:古文不但不配做教育的工具,并且不配做文学的利器;若要提倡国语的教育,先须提倡国语的文学。文学革命的问题就是这样发生的。现在全国教育联合会已全体一致通过小学教科书改用国语的议案,况且用国语做文章的人也渐渐的多了,这个问题又渐渐的不成问题了。

为什么要输入学理呢?这个大概有几层解释。一来呢,有些人深信中国不但缺乏炮弹,兵船,电报,铁路,还缺乏新思想与新学术,故他们尽量的输入西洋近世的学说。二来呢,有些人自己深信某种学说,要想他传播发展,故尽力提倡。三来呢,有些人自己不能做具体的研究工夫,觉得翻译现成的学说比较容易些,故乐得做这种稗贩事业。四来呢,研究具体的社会问题或政治问题,一方面做那破坏事业,一方面做对症下药的工夫,不但不容易,并且很遭犯忌讳,很容易惹祸,故不如做介绍学说的事业,借"学理研究"的美名,既可以避"过激派"的罪名,又还可以种下一点革命的种子。五来呢,研究问题的人,势不能专就问题本身讨论,不能不从那问题的意义上着想;但是问题引申到意义上去,便不能不靠许多学理做参考比较的材料,故学理的输入往往可以帮助问题的研究。

这五种动机虽然不同,但是多少总含有一种"评判的态度",总表示对于旧有学术思想的一种不满意,和对于西方的精神文明的一种新觉悟。

但是这两三年新思潮运动的历史应该给我们一种很有益的教训。什么教训呢?就是:这两三年来新思潮运动的最大成绩差不多全是研究问题的结果。新文学的运动便是一个最明白的例。这个道理很容易解释。凡社会上成为问题的问题,一定是与许多人有密切关系的。这许多人虽然不能提出什么新解决,但是他们平时对于这个问题自然不能不注意。若有人能把这个问题的各方面都细细分析出来，加上评判的研究，指出不满意的所在，提出新鲜的救济方法，自然容易引起许多人的注意。起初自然有许多人反对，但是反对便是注意的证据，便是兴趣的表示。试看近日报纸上登的马克思的《赢余价值论》，可有反对的吗？可有讨论的吗？没有人讨论，没有人反对，便是不能引起人注意的证据。研究问题的文章所以能发生效果，正为所研究的问题一定是社会人生最切要的问题，最能使人注意，也最能使人觉悟。悬空介绍一种专家学说，如《赢余价值论》之类，除了少数专门学者之外，绝不会发生什么影响。但是我们可以在研究问题里面做点输入学理的事业，或用学理来解释问题的意义，或从学理上寻求解决问题的方法。用这种方法来输入学理，能使人于不知不觉之中感受学理的影响。不但如此，研究问题最能使读者渐渐的养成一种批评的态度，研究的兴趣，独立思想的习惯。十部"纯粹理性的评判"，不如一点评判的态度；十篇《赢余价值论》，不如一点研究的兴趣；十种"全民政治论"，不如一点独立思想的习惯。

　　总起来说，研究问题所以能于短时期中发生很大的效力，正因为研究问题有这几种好处：(1)研究社会人生切要的问题最容易引起大家的注意；(2)因为问题关切人生，故最容易引起反对，但反对是该欢迎的，因为反对便是兴趣的表示，况且反对的讨论不但给我们许多不要钱的广告，还可使我们得讨论的益处，使真理格外分明；(3)因为问题是逼人的活问题，故容易使人觉悟，容易得人信从；(4)因为从研究问题里面输入的学理，最容易消除平常人对于学理的抗拒力，最容易使人于不知不觉之中受学理的影响；(5)因为研究问题可以不知不觉的养成一班研究的，评判的，独立思想的革新人才。

　　这是这几年新思潮运动的大教训！我希望新思潮的领袖人物以后能了解这个教训，能把全副精力贯注到研究问题上去；能把一切学理不看作天经地义，但看作研究问题的参考材料；能把一切学理应用到我们自己的种种切要问题上去；能在研究问题里面做点输入学理的工夫；能用研究问题的工夫来提倡研究问题的态度，来养成研究问题的人才。

这是我对于新思潮运动的解释。这也是我对于新思潮将来的趋向的希望。

〔参看〕
(1)《多研究些问题,少谈些主义》
(2)《问题与主义》
(3)《再论问题与主义》
(4)《三论问题与主义》

三

以上说新思潮的"评判的精神"在实际上的两种表现。现在要问:"新思潮的运动对于中国旧有的学术思想,持什么态度呢?"

我的答案是:"也是评判的态度。"

分开来说,我们对于旧有的学术思想有三种态度。第一,反对盲从;第二,反对调和;第三,主张整理国故。

盲从是评判的反面,我们既主张"重新估定一切价值",自然要反对盲从。这是不消说的了。

为什么要反对调和呢?因为评判的态度只认得一个是与不是,一个好与不好,一个适与不适,——不认得什么古今中外的调和。调和是社会的一种天然趋势。人类社会有一种守旧的惰性,少数人只管趋向极端的革新,大多数人至多只能跟你走半程路。这就是调和。调和是人类懒病的天然趋势,用不着我们来提倡。我们走了一百里路,大多数人也许勉强走三四十里。我们若先讲调和,只走五十里,他们就一步都不走了。所以革新家的责任只是认定"是"的一个方向走去,不要回头讲调和。社会上自然有无数懒人懦夫出来调和。

我们对于旧有的学术思想,积极的只有一个主张,就是"整理国故"。整理就是从乱七八糟里面寻出一个条理脉络来;从无头无脑里面寻出一个前因后果来；从胡说谬解里面寻出一个真意义来；从武断迷信里面寻出一个真价值来。为什么要整理呢？因为古代的学术思想向来没有条理，没有头绪，没有系统，故第一步是条理系统的整理。因为前人研究古书，很少有历史进化的眼光的，故从来不讲究一种学术的渊源，一种思想的前因后果，所以第二步是要寻出每种学术思想怎样发生，发生之后有什么影响效果。因为前人读古书，除极少数学者以外，大都是以讹传讹的谬说——如太极图，爻辰，先天图，卦气……之类，故第三步是要用科学的方法，作精确的考证，把古人的意义弄得明白清楚。因为前人对于古代的学术思想，有种种武断的成见，有种种可笑的迷信，如骂杨朱、墨翟为禽兽，却尊孔丘为德配天地，道冠古今！故第四步是综合前三步的研究，各家都还他一个本来真面目，各家都还他一个真价值。

这叫作"整理国故"。现在有许多人自己不懂得国粹是什么东西，却偏要高谈"保存国粹"。林琴南先生做文章论古文之不当废，他说，"吾知其理而不能言其所以然！"现在许多国粹党，有几个不是这样糊涂懵懂的？这种人如何配谈国粹？若要知道什么是国粹，什么是国渣，先须要用评判的态度，科学的精神，去做一番整理国故的工夫。

四

新思潮的精神是一种评判的态度。

新思潮的手段是研究问题与输入学理。

新思潮的将来趋势，依我个人的私见看来，应该是注重研究人生社会的切要问题，应该于研究问题之中做介绍学理的事业。

新思潮对于旧文化的态度，在消极一方面是反对盲从，是反对调和；在积极一方面，是用科学的方法来做整理的工夫。

新思潮的唯一目的是什么呢？是再造文明。

文明不是笼统造成的，是一点一滴的造成的。进化不是一晚上笼统进化的，是一点一滴的进化的。现今的人爱谈"解放与改造"，须知解放不是笼统解放，改造也不是笼统改造。解放是这个那个制度的解放，这种那种思想的解放，这个那个人的解放，是一点一滴的解放。改造是这个那个制度的改造，这种那种思想的改造，这个那个人的改造，是一点一滴的改造。

再造文明的下手工夫，是这个那个问题的研究。再造文明的进行，是这个那个问题的解决。

中华民国八年十一月一日晨三时

非个人主义的新生活*

这个题目是我在山东道上想着的,后来曾在天津学生联合会的学术讲演会讲过一次,又在唐山的学术讲演会讲过一次。唐山的[讲]演稿由一位刘赞清君记出,登在一月十五日《时事新报》上。我这一篇的大意是对于新村的运动贡献一点批评。这种批评是否合理,我也不敢说。但是我自信这一篇文字是研究考虑的结果,并不是根据于先有的成见的。

九,一,二二

本篇有两层意思。一是表示我不赞成现在一般有志青年所提倡,我所认为"个人主义的"新生活。一是提出我所主张的"非个人主义的"新生活,就是"社会的"新生活。

先说什么叫作"个人主义"(individualism)。一月二[日]夜(就是我在天津讲演前一晚),杜威博士在天津青年会讲演"真的与假的个人主义",他说,个人主义有两种:

一、假的个人主义——就是为我主义(egoism)。他的性质是自私自利:只顾自己的利益,不管群众的利益。

二、真的个人主义——就是个性主义(individuality)。他的特性有两种:一是独立思想,不肯把别人的耳朵当耳朵,不肯把别人的眼睛当眼

---

* 本文原载 1920 年 1 月 15 日上海《时事新报》,又载 1920 年 4 月 1 日《新潮》第二卷第 3 号。——编者

睛,不肯把别人的脑力当自己的脑力;二是个人对于自己思想信仰的结果要负完全责任,不怕权威,不怕监禁杀身,只认得真理,不认得个人的利害。

杜威先生极力反对前一种假的个人主义,主张后一种真的个人主义。这是我们都赞成的。但是他反对的那种自私自利的个人主义的害处,是大家都明白的。因为人多明白这种主义的害处,故他的危险究竟不很大。例如东方现在实行这种极端为我主义的"财主督军",无论他们眼前怎样横行,究竟逃不了公论的怨恨,究竟不会受多数有志青年的崇拜。所以我们可以说这种主义的危险是很有限的。但是我觉得"个人主义"还有第三派,是很受人崇敬的,是格外危险的。这一派是:

三、独善的个人主义 他的共同性质是:不满意于现社会,却又无可如何,只想跳出这个社会去寻一种超出现社会的理想生活。

这个定义含有两部分:(1)承认这个社会是没有法子挽救的了;(2)要想在现社会之外另寻一种独善的理想生活。自有人类以来,这种个人主义的表现也不知有多少次了。简括说来,共有四种:

(一)宗教家的极乐国 如佛家的净土,犹太人的伊丁园,别种宗教的天堂、天国,都属于这一派。这种理想的原起,都由于对现社会不满意。因为厌恶现社会,故悬想那些无量寿,无量光的净土;不识不知,完全天趣的伊丁园;只有快乐,毫无痛苦的天国。这种极乐国里所没有的,都是他们所厌恨的;所有的,都是他们所梦想而不能得到的。

(二)神仙生活 神仙的生活也是一种悬想的超出现社会的生活。人世有疾病痛苦,神仙无病长生;人世愚昧无知,神仙能知过去未来;人生不自由,神仙乘云遨游,来去自由。

(三)山林隐逸的生活 前两种是完全出世的,他们的理想生活是悬想的,渺茫的出世生活。山林隐逸的生活虽然不是完全出世的,也是不满意于现社会的表示。他们不满意于当时的社会政治,却又无能为力,只得隐姓埋名,逃出这个恶浊社会去做他们自己理想中的生活。他们不能"得君行道",故对于功名利禄,表示藐视的态度;他们痛恨富贵的人骄奢淫逸,故说富贵如同天上的浮云,如同脚下的破草鞋。他们痛恨社会上有许多不耕而食,不劳而得的"吃白阶级",故自己耕田锄地,自食其力。他们厌恶这污浊的社会,故实行他们理想中梅妻鹤子,渔蓑钓艇的洁净生活。

(四)近代的新村生活　近代的新村运动,如十九世纪法国、美国的理想农村,如现在日本日向的新村,照我的见解看起来,实在同山林隐逸的生活是根本相同的。那不同的地方,自然也有。山林隐逸是没有组织的,新村是有组织的:这是一种不同。隐遁的生活是同世事完全隔绝的,故有"不知有汉,遑论魏晋"的理想;现在的新村的人能有赏玩 Rodin 同 Cézanne 的幸福,还能在村外著书出报:这又是一种不同。但是这两种不同都是时代造成的,是偶然的,不是根本的区别。从根本性质上看来,新村的运动都是对于现社会不满意的表示。即如日向的新村,他们对于现在"少数人在多数人的不幸上,筑起自己的幸福"的社会制度,表示不满意,自然是公认的事实。周作人先生说日向新村里有人把中国看作"最自然,最自在的国"(《新潮》二,页75)。这是他们对于日本政制极不满意的一种牢骚话,很可玩味的。武者小路实笃先生一班人虽然极不满意于现社会,却又不赞成用"暴力"的改革。他们都是"真心仰慕着平和"的人。他们于无可如何之中,想出这个新村的计划来。周作人先生说:"新村的理想,要将历来非暴力不能做到的事,用和平方法得来。"(《新青年》七,二,一三四。)这个和平方法就是离开现社会,去做一种模范的生活。"只要万人真希望这种的世界,这世界便能实现。"(《新青年》同上)这句话不但是独善主义的精义,简直全是净土宗的口气了! 所以我把新村来比山林隐逸,不算冤枉他;就是把他来比求净土天国的宗教运动,也不算玷辱他。不过他们的"净土"是在日向,不在西天罢了。

我这篇文章要批评的"个人主义的新生活",就是指这一种跳出现社会的新村生活。这种生活,我认为"独善的个人主义"的一种。"独善"两个字是从孟轲"穷则独善其身"一句话上来的。有人说:新村的根本主张是要人人"尽了对于人类的义务,却又完全发展自己个性"。

如此看来，他们既承认"对于人类的义务"，如何还是独善的个人主义呢？我说：这正是个人主义的证据。试看古今来主张个人主义的思想家，从希腊的"狗派"(Cynic)以至十八九世纪的个人主义，那一个不是一方面崇拜个人，一方面崇拜那广漠的"人类"的？主张个人主义的人，只是否认那些切近的伦谊——或是家族，或是"社会"，或是国家——但是因为要推翻这些比较狭小逼人的伦谊，不得不捧出那广漠不逼人的"人类"。所以凡是个人主义的思想家，没有一个不承认这个双重关系的。

新村的人主张"完全发展自己个性"，故是一种个人主义。他们要想跳出现社会去发展自己个性，故是一种独善的个人主义。

这种新村的运动，因为恰合现在青年不满意于现社会的心理，故近来中国也有许多人欢迎，赞叹，崇拜。我也是敬仰武者先生一班人的，故也曾仔细考究这个问题。我考究的结果是不赞成这种运动，我以为中国的有志青年不应该仿行这种个人主义的新生活。

这种新村的运动有什么可以反对的地方呢？

第一，因为这种生活是避世的，是避开现社会的。这就是让步。这便不是奋斗。我们自然不应该提倡"暴力"，但是非暴力的奋斗是不可少的。我并不是说武者先生一班人没有奋斗的精神。他们在日本能提倡反对暴力的论调——如《一个青年的梦》——自然是有奋斗精神的。但是他们的新村计划想避开现社会里"奋斗的生活"，去寻那现社会外"生活的奋斗"，这便是一大让步。武者先生的《一个青年的梦》里的主人翁最后有几句话，很可玩味。他说：

　　……请宽恕我的无力。——宽恕我的话的无力。但我心里所有的对于美丽的国的仰慕，却要请诸君体察的。……(《新青年》七，二，一○二)

我们对于日向的新村应该作如此观察。

第二，在古代，这种独善主义还有存在的理由；在现代，我们就不该崇拜他了。古代的人不知道个人有多大的势力,故孟轲说:"穷则独善其身,达则兼善天下。"古人总想,改良社会是"达"了以后的事业——是得君行道以后的事业;故承认个人——穷的个人——只能做独善的事业,不配做兼善的事业。古人错了,现在我们承认个人有许多事业可做。人人都是一个无冠的帝王,人人都可以做一些改良社会的事。去年的五四运动和六三运动,何尝是"得君行道"的人做出来的?知道个人可以做事,知道有组织的个人更可以做事,便可以知道这种个人主义的独善生活是不值得模仿的了。

第三,他们所信仰的"泛劳动主义"是很不经济的。他们主张:"一个人生存上必要的衣食住,论理应该用自己的力去得来,不该要别人代负这责任。"这话从消极一方面看——从反对那"游民贵族"的方面看——自然是有理的。但是从他们的积极实行方面看,他们要"人人尽劳动的义务,制造这生活的资料",就是衣食住的资料,这便是"矫枉过正"了。人人要尽制造衣食住的资料的义务,就是人人要加入这生活的奋斗。(周作人先生再三说新村里平和幸福的空气,也许不承认"生活的奋斗"的话;但是我说的,并不是人同人争面包米饭的奋斗,乃是人在自然界谋生存的奋斗;周先生说新村的农作物至今还不够自用,便是一证。)现在文化进步的趋势,是要使人类渐渐减轻生活的奋斗至最低度,使人类能多分一些精力出来,做增加生活意味的事业。新村的生活使人人都要尽"制造衣食住的资料"的义务,根本上否认分工进化的道理,增加生活的奋斗,是很不经济的。

第四,这种独善的个人主义的根本观念就是周先生说的"改造社会,还要从改造个人做起"。我对于这个观念,根本上不能承认。这个观念的根本错误在于把"改造个人"与"改造社会"分作两截;在于把个人看作一个可以提到社会外去改造的东西。要知道个人是社会上种种势力的结果。我们吃的饭,穿的衣服,说的话,呼吸的空气,写的字,有的思想……没有一件不是社会的。我曾有几句诗,说:"……此身非吾有:一半属父母,一半属朋友。"当时我以为把一半的我归功社会,总算很慷慨了。后来我才知道这点算学做错了!父母给我的真是极少的一部分。其余各种极重要的部分,如思想,信仰,知识,技术,习惯……等等,大都是社会给我的。我穿线袜的法子是一个徽州同乡教我的;我穿皮鞋打的结能不散开,是一个美国女朋友教我的。这两件极细碎的例,很可以说明这个"我"是社会上无数势力所造成的。社会上的"良好分子"并不是生成的,也不是个人修炼成的,——都是因为造成他们的种种势力里面,良好的势力比不良的势力多些。反过来,不良的势力比良好的势力多,结果便是"恶劣分子"了。古代的社会哲学和政治哲学只为要妄想凭空改造个人,故主张正心,诚意,独善其身的办法。这种办法其实是没有办法,因为没有下手的地方。近代的人生哲学渐渐变了,渐渐打破了这种迷梦,渐渐觉悟:改造社会的下手方法在于改良那些造成社会的种种势力——制度,习惯,思想,教育,等等。那些势力改良了,人也改良了。所以我觉得"改造社会要从改造个人做起"还是脱不了旧思想的影响。我们的根本观点是:

个人是社会上无数势力造成的。

改造社会须从改造这些造成社会,造成个人的种种势力做起。

改造社会即是改造个人。

新村的运动如果真是建筑在"改造社会要从改造个人做起"一个观念上,我觉得那是根本错误了。改造个人也是要一点一滴的改造那些造成个人的种种社会势力。不站在这个社会里来做这种一点一滴的社会改造,却跳出这个社会去"完全发展自己个性",这便是放弃现社会,认为不能改造;这便是独善的个人主义。

以上说的是本篇的第一层意思。现在我且简单说明我所主张的"非个人主义的"新生活是什么。这种生活是一种"社会的新生活";是站在这个现社会里奋斗的生活;是霸占住这个社会来改造这个社会的新生活。他的根本观念有三条:

一、社会是种种势力造成的,改造社会须要改造社会的种种势力。这种改造一定是零碎的改造——一点一滴的改造,一尺一步的改造。无论你的志愿如何宏大,理想如何彻底,计划如何伟大,你总不能笼统的改造,你总不能不做这种"得寸进寸,得尺进尺"的工夫。所以我说:社会的改造是这种制度那种制度的改造,是这种思想那种思想的改造,是这个家庭那个家庭的改造,是这个学堂那个学堂的改造。

〔**附注**〕 有人说:"社会的种种势力是互相牵制的,互相影响的。这种零碎的改造,是不中用的。因为你才动手改这一种制度,其余的种种势力便围拢来牵制你了。如此看来,改造还是该做笼统的改造。"我说不然。正因为社会的势力是互相影响牵制的,故一部分的改造自然会影响到别种势力上去。这种影响是最切实的,最有力的。近年来的文字改革,自然是局部的改革,但是他所影响的别种势力,竟有意想不到的多。这不是一个很明显的例吗?

二、因为要做一点一滴的改造,故有志做改造事业的人必须要时时刻刻存研究的态度,做切实的调查,下精细的考虑,提出大胆的假设,寻出实验的证明。这种新生活是研究的生活,是随时随地解决具体问题的生活。具体的问题多解决了一个,便是社会的改造进了那么多一步。做这种生活的人要睁开眼睛,公开心胸;要手足灵敏,耳目聪明,心思活泼;要欢迎事实,要不怕事实;要爱问题,要不怕问题的逼人!

三、这种生活是要奋斗的。那避世的独善主义是与人无忤,与世无争的,故不必奋斗。这种"淑世"的新生活,到处翻出不中听的事实,到处提出不中听的问题,自然是很讨人厌的,是一定要招起反对的。反对就是兴趣的表示,就是注意的表示。我们对于反对的旧势力,应该作正当的奋斗,不可退缩。我们的方针是:奋斗的结果,要使社会的旧势力不能不让我们;切不可先就偃旗息鼓退出现社会去,把这个社会双手让给旧势力。换句话说,应该使旧社会变成新社会,使旧村变为新村,使旧生活变为新生活。

我且举一个实际的例。英美近二三十年来,有一种运动,叫作"贫民区域居留地"的运动(social settlements)。这种运动的大意是:一班青年的男女——大都是大学的毕业生——在本城拣定一块极龌龊,极不堪的贫民区域,买一块地,造一所房屋。这一班人便终日在这里面做事。这屋里,凡是物质文明所赐的生活需要品——电灯,电话,热气,浴室,游水池,钢琴,话匣,等等——无一不有。他们把附近的小孩子——垢面的孩子,顽皮的孩子——都招拢来,教他们游水,教他们读书,教他们打球,教他们演说辩论,组成音乐队,组成演剧团,教他们演戏奏艺。还有女医生和看护妇,天天出去访问贫家,替他们医病,帮他们接生和看护产妇。病重的,由"居留地"的人送入公家医院。因为天下贫民都是最安本分的,他们眼见那高楼大屋的大医院,心里以为这定是为有钱人家造的,绝不是替贫民诊病的;所以必须有人打破他们这种见解,教他们知道医院不是专为富贵人家的。还有许多贫家的妇女每日早晨出门做工,家里小孩子无人看管,所以"居留地"的人教他们把小孩子每天寄在"居留地"里,有人替他们洗浴,换洗衣服,喂他们饮食,领他们游戏。到了晚上,他们的母亲回来了,各人把小孩领回去。这种小孩子从小就在洁净慈爱的环境里长大,渐渐养成了良好习惯,回到家中,自然会把从前的种种污秽的环境改了。家中的大人也因时时同这种新生活接触,渐渐的改良了。我在纽约时,曾常常去看亨利街上的一所居留地,是华德女士(Lilian Wald)办的。有一晚我去看那街上的贫家子弟演戏,演的是贝里(Barry)的名剧。我至今回想起来,他们演戏的程度比我们大学的新戏高得多咧!

这种生活是我所说的"非个人主义的新生活"!是我所说的"变旧社会为新社会,变旧村为新村"的生活!这也不是用"暴力"去得来的!我希望中国的青年要做这一类的新生活,不要去模仿那跳出现社会的独善生活。我们的新村就在我们自己的旧村里!我们所要的新村是要我们自己的旧村变成的新村!

可爱的男女少年!我们的旧村里我们可做的事业多得很咧!村上的鸦片烟灯还有多少?村上的吗啡针害死了多少人?村上缠脚的女子还有多少?村上的学堂成个什么样子?村上的绅士今年卖选票得了多少钱?村上的神庙香火还是怎样兴旺?村上的医生断送了几百条人命?村上的煤矿工人每日只拿到五个铜子,你知道吗?村上多少女工被贫穷逼去卖淫,你知道吗?村上的工厂没有避火的铁梯,昨天火起,烧死了一百多人,你知道吗?村上的童养媳妇被婆婆打断了一条腿,村上的绅士逼他的女儿饿死做烈女,你知道吗?

  有志求新生活的男女少年!我们有什么权利,丢开这许多的事业去做那避世的新村生活!我们放着这个恶浊的旧村,有什么面孔,有什么良心,去寻那"和平幸福"的新村生活!

九,一,二六

我们要我们的自由*

佛书里有这样一段神话：

有一只鹦鹉，飞过雪山，遇见雪山大火，他便飞到水上，垂下翅膀，沾了两翅的水，飞回去滴在火焰上。滴完了，他又飞去取了水回来救火。雪山的大神看他往来滴水救火，对他说道："你那翅膀上的几滴水怎么救得了这一山的大火呢？你歇歇罢？"鹦鹉回答道："我曾住过这山，现在见火烧山，心里有点不忍，所以尽一点力。"山神听了，感他的诚意，遂用神力把火救熄了。

我们现在创办这个刊物，也只因为我们骨头烧成灰毕竟都是中国人，在这个国家吃紧的关头，心里有点不忍，所以想尽一点力。我们的能力是很微弱的，我们要说的话也许是有错误的，但我们这一点不忍的心也许可以得着国人的同情和谅解。

近两年来，国人都感觉舆论的不自由。在"训政"的旗帜之下，在"维持共信"的口号之下，一切言论自由和出版自由都得受种种的钳制。异己便是反动，批评便是反革命。报纸的新闻和议论至今还受检查。稍不如意，轻的便停止邮寄，重的便遭封闭。所以今日全国之大，无一家报纸杂志敢于有翔实的记载或善意的批评。

负责任的舆论机关既被钳制了，民间的怨愤只有三条路可以发泄：一是秘密的传单小册子，二是匿名的杂志文字，三是今日最流行的小报。社会上没有翔实的新闻可读，人们自然愿意向小报中去寻快意

---

* 本文见耿云志主编《胡适遗稿及秘藏书信》第12册。据《胡适的日记》(手稿本)1929年3月25日所记，当日他为《平论》周刊作了一篇发刊辞，疑本文即是这篇发刊辞。因《平论》周刊未出版，故未发表。——编者

的谣言了。善意的批评既然绝迹，自然只剩一些恶意的谩骂和丑诋了。

　　一个国家里没有纪实的新闻而只有快意的谣言，没有公正的批评而只有恶意的谩骂丑诋，——这是一个民族的大耻辱。这都是摧残言论出版自由的当然结果。

　　我们是爱自由的人，我们要我们的思想自由，言论自由，出版自由。

　　我们不用说，这几种自由是一国学术思想进步的必要条件，也是一国社会政治改善的必要条件。

　　我们现在要说，我们深深感觉国家前途的危险，所以不忍放弃我们的思想言论的自由。

　　我们的政府至今还在一班没有现代学识没有现代训练的军人政客的手里。这是不可讳的事实。这个政府，在名义上，应该受一个政党的监督指导。但党的各级机关大都在一班没有现代学识没有现代训练的少年党人手里，他们能贴标语，能喊口号，而不足以监督指导一个现代的国家。这也是不可讳的事实。所以在事实上，党不但不能行使监督指导之权，还往往受政府的支配。最近开会的"第三次全国代表大会"，便有百分之七八十的代表是政府指派或圈定的。所以在事实上，这个政府是绝对的，是没有监督指导的机关的。

　　以一班没有现代知识训练的人统治一个几乎完全没有现代设备的国家，而丝毫没有监督指导的机关，——这是中国当前的最大危机。

　　我们所以要争我们的思想言论出版的自由，第一，是要想尽我们的微薄能力，以中国国民的资格，对于国家社会的问题作善意的批评和积极的讨论，尽一点指导监督的天职；第二，是要借此提倡一点新风气，引起国内的学者注意国家社会的问题，大家起来做政府和政党的指导监督。

　　我们深信，不负责任的秘密传单或匿名文字都不是争自由的正当方法。我们所争的不是匿名文字或秘密传单的自由，乃是公开的，负责任的言论著述出版的自由。

我们深信，争自由的方法在于负责任的人说负责任的话。

我们办这个刊物的目的便是以负责任的人对社会国家的问题说负责任的话。我们用自己的真姓名发表自己良心上要说的话。有谁不赞成我们的主张，尽可以讨论，尽可以批评，也尽可以提起法律上的控诉。但我们不受任何方面的非法干涉。

这是我们的根本态度。

我们什么时候才可有宪法？*
——对于《建国大纲》的疑问

我在《人权与约法》(《新月》二卷二号)里，曾说：

> 中山先生的《建国大纲》虽没有明说"约法"，但我们研究他民国十三年以前的言论，知道他决不会相信统治这样一个大国可以不用一个根本大法的。

这句话，我说错了。民国十三年的孙中山先生已不是十三年以前的中山了。他的《建国大纲》简直是完全取消他以前所主张的"约法之治"了。

从丙午年(1906)的《革命方略》，到民国十二年(1923)的《中国革命史》，中山先生始终主张一个"约法时期"为过渡时期，要一个约法来"规定人民之权利义务，与革命政府之统治权"。

但民国十三年以后的中山先生完全取消这个主张了。试看他公布《建国大纲》的宣言说：

> 辛亥之役，汲汲于制定临时约法，以为可以奠民国之基础，而不知乃适得其反。论者见临时约法施行之后，不能有益于民国，甚至并临时约法之本身效力亦已消失无余，则纷纷然议临时约法

---

* 本文载 1929 年 6 月 10 日出版的《新月》月刊第 2 卷第 4 号，写于 1929 年 7 月 20 日，晚于出版时间。后收入 1930 年 1 月新月书店出版的《人权论集》。——编者

之未善,且斤斤然从事于宪法之制定,以为藉此可以救临时约法之穷。曾不知症结所在,非由于临时约法之未善,乃由于未经军政,训政两时期,而即入于宪政。

他又说:

可知未经军政训政两时期,临时约法决不能发生效力。

他又说:

军政时代已能肃清反侧,训政时代已能扶植民治,虽无宪政之名,而人人所得权利与幸福,已非口宪法而行专政者所可同日而语。

这是中山先生取消"约法之治"的理由。所以他在《建国大纲》里,便不提起"约法"了。

《建国大纲》里,不但训政时期没有约法,直到宪政开始时期也还没有宪法。如第廿二条云:

宪法草案当本于《建国大纲》及训政,宪政两时期之成绩,由立法院议订,随时宣传于民众,以备到时采择施行。

宪法草案既须根据于训政宪政两时期的成绩,可见"宪政时期"还没有宪法。但细看大纲的全文,廿二条所谓"宪政时期"乃是"宪政开始时期"的省文。故下文廿三条说:

全国有过半数省份达至宪政开始时期,——即全省之地方自治完全成立时期,——则开国民大会决定宪法而颁布之。

这样看来，我们须要等到全国有过半数省份的地方自治完全成立之后，才可以有宪法。

我们要研究，中山先生为什么要这样延迟宪政时期呢？简单说来，中山先生对于一般民众参政的能力，很有点怀疑。他在公布宣言里曾说：

> 不经训政时代，则大多数人民久经束缚，虽骤被解放，初不了知其活动之方式，非墨守其放弃责任之故习，即为人利用，陷于反革命而不自知。

他在《建国方略》里，说的更明白：

> 夫中国人民知识程度之不足，固无可隐讳者也。且加以数千年专制之毒 深中乎人心，诚有比于美国之黑奴及外来人民知识尤为低下也。（第六章）

他又说：

> 我中国人民久处于专制之下，奴心已深，牢不可破。不有一度之训政时期，以洗除其旧染之污，奚能享民国主人之权利？（第六章）

他又说：

> 是故民国之主人者（国民），实等于初生之婴儿耳。革命党者，即产此婴儿之母也。既产之矣，则当保养之，教育之，方尽革命之责也。此革命方略之所以有训政时期者，为保养教育此主人成年而后还之政也。（第六章）

综合上文的几段话,我们可以明白中山先生的主张训政,只是因为他根本不信任中国人民参政的能力。所以他要一个训政时期来培养人民的自治能力,以一县为单位,从县自治入手。

这种议论,出于主张"知难行易"的中山先生之笔下,实在使我们诧异。中山先生不曾说吗?

> 其始则不知而行之。其继则行之而后知之。其终则因已知而更进于行。(《建国方略》第五章)

他又说过:

> 夫维新变法,国之大事也,多有不能前知者,必待行之成之而后乃能知之也。(《建国方略》第五章)

参政的能力也是这样的。民治制度的本身便是一种教育。人民初参政的时期,错误总不能免的,但我们不可因人民程度不够便不许他们参政。人民参政并不须多大的专门知识,他们需要的是参政的经验。民治主义的根本观念是承认普通民众的常识是根本可信任的。"三个臭皮匠,赛过一个诸葛亮"。这便是民权主义的根据。治国是大事业,专门的问题需要专门的学识。但人民的参政不是专门的问题,并不需要专门的知识。所患的只是怕民众不肯出来参政,故民治国家的大问题总是怎样引导民众出来参政。只要他们肯出来参政,一回生,二回便熟了;一回上当,二回便学乖了。故民治制度本身便是最好的政治训练。这便是"行之则愈知之";这便是"越行越知,越知越行"。中山先生自己不曾说吗?

> 袁世凯之流必以为中国人知识程度如此,必不能共和。曲学之士亦曰非专制不可也。
>
> 呜呼,牛也尚能教之耕,马也尚能教之乘,而况于人乎?今使

> 有见幼童将欲入塾读书者,而语其父兄曰,"此童子不识字,不可使之入塾读书也",于理通乎?惟其不识字,故须急于读书也。……故中国今日之当共和,犹幼童之当入塾读书也。(第六章)

宪政之治正是唯一的"入塾读书"。唯其不曾入塾读书,故急须入塾读书也。

中山先生说:

> 然入塾必要有良师益友以教之。而中国人民今日初进共和之治,亦当有先知先觉之革命政府以教之。此训政之时期所以为专制入共和之过渡所必要也。

我们姑且让一步,姑且承认共和是要训练的。但我们要问,宪法与训练有什么不能相容之点?为什么训政时期不可以有宪法?为什么宪法之下不能训政?

在我们浅学的人看起来,宪法之下正可以做训导人民的工作;而没有宪法或约法,则训政只是专制,决不能训练人民走上民主的路。

"宪法"是什么东西?

柏来士(Bryce)在他的不朽名著《美洲民主国》里说:"一个国家的宪法只是那些规定此国家的政体并规定其政府对人民及人民对政府的各种权利义务的规律或法令。"(页350)

麦金托虚爵士(Sir James Mackintosh)也说:"凡规定一国高级官吏的最重要职权及人民的最根本的权利的基本法律,——成文的或不成文的,——便是一国的宪法。"(见于他的 *Law of Nature and of Nations* 页65)

中山先生也曾主张颁布约法"以规定人民之权利义务,与革命政府之统治权"。这便是一种宪法了。

我们实在不懂这样一部约法或宪法何以不能和训政同时存在。我们须要明白,宪法的大功用不但在于规定人民的权利,更重要的是规定政府各机关的权限。立一个根本大法，使政府的各机关不得逾越他们的法定权限，使他们不得侵犯人民的权利，——这才是民主政治的训练。程度幼稚的民族，人民固然需要训练，政府也需要训练。人民需要"入塾读书"，然而蒋介石先生，冯玉祥先生，以至于许多长衫同志和小同志，生平不曾梦见共和政体是什么样子的，也不可不早日"入塾读书"罢？

　　人民需要的训练是宪法之下的公民生活。政府与党部诸公需要的训练是宪法之下的法治生活。"先知先觉"的政府诸公必须自己先用宪法来训练自己，裁制自己，然后可以希望训练国民走上共和的大路。不然，则口口声声说"训政"，而自己所行所为皆不足为训，小民虽愚，岂易欺哉？他们只看见衮衮诸公的时时打架，时时出洋下野而已；他们只看见衮衮诸公的任意侵害人权而已；他们只看见宣传部"打倒某某""拥护某某"而已；他们只看见反日会的站笼而已。以此训政，别说六年，六十年有何益哉？

　　故中山先生的根本大错误在于误认宪法不能与训政同时并立。他这一点根本成见使他不能明白民国十几年来的政治历史。他以为临时约法的失败是"由于未经军政训政两时期，而即入于宪政"。这是历史的事实吗？民国元年以来，何尝有"入于宪政"的时期？自从二年以来，那一年不是在军政的时期？临时约法何尝行过？天坛宪法草案以至于曹锟时代的宪法，又何尝实行过？十几年中，人民选举国会与省议会，共总行过几次？故民国十几年的政治失败，不是骤行宪政之过，乃是始终不曾实行宪政之过；不是不经军政训政两时期而遽行宪政，乃是始终不曾脱离扰乱时期之过也。

　　当日袁世凯之流，固不足论；我们现在又到了全国统一的时期了，我们看看历史的教训，还是不敢信任人民而不肯实行宪政呢？还是认定人民与政府都应该早早"入塾读书"，早早制定宪法或约法，用宪政来训练人民和政府自己呢？

　　中山先生说得好：

中国今日之当共和，犹幼童之当入塾读书也。

我们套他的话，也可以说：

中国今日之当行宪政，犹幼童之当入塾读书也。

我们不信无宪法可以训政；无宪法的训政只是专制。我们深信只有实行宪政的政府才配训政。

十八，七，廿

新文化运动与国民党*

"中国本来是一个由美德筑成的黄金世界。"

今年双十节,我在杭州车站买了一张杭州报纸的双十节号,忽然看见这一句大胆的话。我吓了一大跳,连忙揩揩眼镜,仔细研读,原来是中央宣传部长叶楚伧先生的大文,题目是"由党的力行来挽回风气",叶部长说:

> 中国本来是一个由美德筑成的黄金世界。自从觉罗皇帝,袁皇帝,冯爵帅,徐阁老,以及文武百官,衣钵相传,掘下个大坑,政治道德扫地无遗。洋大人,外交人才,买办,跑街,以及西崽,也掘下个大坑,民族气节又扫地无遗。张献忠,白莲教,红灯罩,共产党,——这一套;保皇党,研究系,同善社,性欲丛书,——这又一套:大家在那里炫奇斗胜,分头并作,一坑又一坑,将社会风尚又搅成个落花流水。这样一个不幸的环境摆布在眼前,凭你是谁,偶一不慎,便会失足灭顶。……

我看完了这一篇文章,心里很有点感触。这一个月以来,我时时想到叶楚伧先生的话,时时问自己:"觉罗皇帝"以前的中国,是不是"一个由美德筑成的黄金世界"?

这个问题是一个很重要的问题,因为这是今日我们不能避免的新

---

* 本文载1929年《新月》月刊第2卷第6～7号合刊,1929年9月10日出版,但文章却注明写于11月29日,选入本书有删节。——编者

旧文化问题的一个重要之点。如果三百年前的中国真是"一个由美德筑成的黄金世界",那么,我们还做什么新文化运动呢?我们何不老老实实地提倡复古呢?黄金世界既然在三百年前,我们只须努力回到觉罗皇帝以前的"美德筑成的黄金世界"就是了。

不幸叶部长的名论终不能叫我们心服。叶部长做了几年大事业,似乎把中国历史忘记了。叶部长似乎忘了女子缠足已有了一千年的历史,全国士子做八股也有五六百年的历史,张献忠之前也曾有过魏忠贤,魏忠贤之前有过刘瑾,刘瑾之前也曾有过仇士良,有过十常侍。叶部长似乎又忘了白莲教之前也曾有过提倡烧指焚身的佛教,也曾有过最下流的拜生殖器的各种中古宗教。叶部长似乎又忘了张竞生博士以前也曾有过提倡"饿死事极小,失节事极大"的吃人礼教和无数无数血泪筑成的贞节碑坊。叶部长似乎又忘了洋大人和外交人才以前也曾有过五胡之乱和辽金元的征服。

然而叶部长正式宣传道,三百年前的中国"本来是一个由美德筑成的黄金世界"!

我们从新文化运动者的立场,不能不宣告叶部长在思想上是一个反动分子,他所代表的思想是反动的思想。

我们看了叶部长的言论以后,不能不进一步质问:叶部长所代表的反动思想究竟有几分可以代表国民党?国民党时时打起"铲除封建势力,打倒封建思想"的旗帜,何以国民党中的重要人物会发表这样拥护传统文化的反动思想呢?究竟国民党对于这个新旧文化的问题抱什么态度呢?在近年的新文化运动史上国民党占什么地位呢?

要解答这几个问题,我们不能不先看看国民党当国以来实地设施的事实。我们可以举几组的事实做例。

近年的新文化运动的最重要的方面是所谓文学革命。前两个月,有一个国民党党员张振之先生发表了一篇《知难行易的根本问题》,内中引了戴季陶先生在《国民革命与中国国民党》内说的话,戴先生说:

> 再说民国三年的时候，大家倘若肯一致赞成"文字革命"的主张，以革命党的党义来鼓吹起来，何至于要等到民国八年才让陈独秀胡适之来出风头？（今年八月廿八日上海《民国日报》）

谁来出风头，这是极小的事。但是我们至少要期望一个革命政府成立之日就宣布一切法令公文都改用国语。这点子小小风头，总应有人敢出吧？但是国民党当国已近两年了，到了今日，我们还不得不读骈文的函电，古文的宣言，文言的日报，文言的法令！国民党天天说要效法土耳其，但新土耳其居然采用了拉丁字母了，而我们前几天还在恭读国民政府文官长古应芬先生打给阎锡山先生的骈四俪六的贺电！

在徐世昌做总统，傅岳芬做教育总长的时代，他们居然敢下令废止文言的小学教科书，改用国语课本。但小学用国语课本，而报纸和法令公文仍旧用古文，国语的推行是不会有多大效力的；因为学了国语文而不能看报，不能做访员，不配做小书记，谁还肯热心去学白话呢？一个革命的政府居然维持古文骈文的寿命，岂不是连徐世昌傅岳芬的胆气都没有吗？

在这一点上，我们不能不说今日国民政府所代表的国民党是反动的。

再举思想自由作例。新文化运动的一件大事业就是思想的解放。我们当日批评孔孟，弹劾程朱，反对孔教，否认上帝，为的是要打倒一尊的门户，解放中国的思想，提倡怀疑的态度和批评的精神而已。……上帝可以否认，而孙中山不许批评。礼拜可以不做，而总理遗嘱不可不读，纪念周不可不做。一个学者编了一部历史教科书，里面对于三皇五帝表示了一点怀疑，便引起了国民政府诸公的义愤，便有戴季陶先生主张要罚商务印书馆一百万元！一百万元虽然从宽豁免了，但这一部很好的历史教科书，曹锟吴佩孚所不曾禁止的，终于不准发行了！

至于舆论呢？我们花了钱买报纸看，却不准看一点确实的新闻，不准读一点负责任的评论。一个负责任的学者说几句负责任的话，讨论一个中国国民应该讨论的问题，便惹起了五六个省市党部出来呈请政府通缉他，革掉他的校长，严办他，剥夺他的公权！然而蒋介石先生在北平演说，叶楚伧先生在南京演说，都说：上海的各大报怎么没有论说呢？

所以在思想言论自由的一点上，我们不能不说国民政府所代表的国民党是反动的。

再举文化问题本身做个例。新文化运动的根本意义是承认中国旧文化不适宜于现代的环境，而提倡充分接受世界的新文明。但国民党至今日还在那里高唱"抵制文化侵略"！还在那里高谈"王道"和"精神文明"！还在那里提倡"国术"和"打擂台"！祀孔废止了，两个军人（鲁涤平，何键）的一道电报便可以叫国民政府马上恢复孔子纪念日。中央宣传部长叶楚伧现在对我们宣传"中国本来是一个由美德筑成的黄金世界"，但叶部长还把这个黄金世界放在觉罗皇帝以前。去年何键先生便更进一步，说现在的思想紊乱和道德堕落都是"陈匪独秀胡适"两个人的罪恶了！我们等着吧，"回到黄金世界"的喊声大概不久就会起来了！

所以在这对文化问题的态度上，我们也不能不说国民党是反动的。

以上不过列举三项事实来说明，至少从新文化运动的立场看来，国民党是反动的。

这些事实不是孤立的，也不是偶然的。国民党对于新文化运动的态度，国民党对于中国旧文化的态度，都有历史的背景和理论的根据。根本上国民党的运动是一种极端的民族主义的运动，自始便含有保守的性质，便含有拥护传统文化的成分。因为国民党本身含有这保守性质，故起来了一些保守的理论。这种理论便是后来当国时种种反动行为和反动思想的根据了。

这个解释并不是诋诬国民党，也不是菲薄国民党，只是叙述一件历史事实，用来解释一些现象。这个历史事实的说明，也许还可以给国民党中的青年分子一个自觉地纠正这种反动倾向的机会。

　　本来凡是狭义的民族主义的运动,总含有一点保守性,往往倾向到颂扬固有文化,抵抗外来文化势力的一条路上去。这是古今中外的一个通例,国民党自然不是例外。试看拿破仑以后的德国民族运动,普法战争以后的法国民族运动,试读民族国家主义的哲学的创始者菲希脱(Fichte)的《告德国国民书》,便可以明白这个历史通例。凡受外力压迫越厉害,则这种拥护旧文化的态度越坚强。例如印度人在英国统治之下,大多数民族主义者都竭力替印度旧宗教旧文化辩护。有时候他们竟故意作违心之论。前年我在康桥大学的世界学生会茶会上谈话,指出东方文明的弱点。散会之后,几个印度学生陪我走回寓,他们都说我的主张不错,但他们却不便如此公开主张。我说:"为什么不说老实话呢?"他们说:"如果今天我们印度学生这样批评东方文明,明天英国报纸上便要说我们承认英国统治了。"

　　中国的民族主义的运动所以含有夸大旧文化和反抗新文化的态度,其根本原因也是因为在外力压迫之下,总有点不甘心承认这种外力背后的文化。这里面含有很强的感情作用,故偏向理智的新文化运动往往抵不住这种感情的保守态度。国民党里便含有这种根据于民族感情的保守态度,这是不可讳也不必讳的历史事实。国民党的力量在此,他的弱点也在此。

　　中国的新文化运动起于戊戌维新运动。戊戌运动的意义是要推翻旧有的政制而采用新的政制。后来梁启超先生办新民丛报,自称"中国之新民",著了许多篇《新民说》,指出中国旧文化缺乏西方民族的许多"美德",如公德,国家思想,冒险,权利思想,自由,自治,进步,合群,毅力,尚武等等;他甚至于指出中国人缺乏私德!这样推崇西方文明而指斥中国固有的文明,确是中国思想史上的一个新纪元。同时吴趼人、刘铁云、李伯元等人的"谴责小说",竭力攻击中国政治社会的腐败情形,也是取同样的一种态度。

　　但那时国内已起了一种"保存国粹"的运动。这运动有两方面。

王先谦、叶德辉、毛庆蕃诸人的"存古运动",自然是完全反动的,我们且不论。还有一方面是一班新少年也起来做保存国粹的运动,设立"国学保存会",办《国粹学报》,开"神州国光社",创立"南社"。他们大都是抱着种族革命的志愿的,同时又都是国粹保存者。他们极力表彰宋末明末的遗民,借此鼓吹种族革命;他们也做过一番整理国故的工作,但他们不是为学问而做学问,只是借学术来鼓吹种族革命并引起民族的爱国心。他们的运动是一种民族主义的运动,所以他们的领袖人才,除了邓实刘光汉几个人之外,至今成为国民党的智识分子。柳亚子、陈去病、黄节、叶楚伧、邵力子……诸先生都属于这个运动。因为这个缘故,国民党中自始便含有保存国粹国光的成分。

孙中山先生虽然不是国粹学报或南社中人,但他对于中国固有的文明也抱一种颂扬拥护的态度。他是一个基督徒,又是一个世界主义者,但他的民族思想很强,到了晚年更认定民族主义是俄国革命成功的要素,故在他的三民主义第四第六讲里很有许多夸大中国古文化的话。例如他说:

> 我们中国四万万人不但是很和平的民族,并且是很文明的民族。近来欧洲盛行的新文化,和所讲的无政府主义与共产主义,都是我们中国几千年以前的旧东西。……我们中国的新青年,未曾过细研究中国的旧学说,便以为这些学说就是世界顶新的了,殊不知道在欧洲是最新的,在中国就有了几千年了。(第四讲)

这种说法,在中山先生当时不过是随便说说,而后来三民主义成为一党的经典,这种一时的议论便很可以助长顽固思想,养成夸大狂的心理,而阻碍新思想的传播。

中山先生又说:

> 欧洲之所以驾乎我们中国之上的,不是政治哲学,完全是物质文明。……至于讲到政治哲学的真谛,欧洲人还要求之于中

国。(第四讲)

他又说:

> 讲到中国固有的道德,中国人至今不能忘记的,首是忠孝,次是仁爱,其次是信义,其次是和平。这些旧道德,中国人至今还是常讲的。但是现在受外来民族的压迫,侵入了新文化;那些新文化的势力此刻横行中国。一般醉心新文化的人,便排斥旧道德,以为有了新文化便可以不要旧道德。不知道我们固有的东西,如果是好的,当然是要保存,不好的才可以放弃。(第六讲)

这些话都可以表示中山先生实在不能了解当时的新文化运动的态度。新文化运动的大贡献在于指出欧洲的新文明不但是物质文明比我们中国高明,连思想学术、文学美术、风俗道德都比我们高明的多。陈独秀先生曾指出新文化运动只是拥护两位先生,一位是赛先生(科学),一位是德先生(民治)。吴稚晖先生后来加上一位穆拉尔姑娘(道德)。中山先生既欢迎科学,又分明推崇民治政治,却不幸在这里极力用夸大的口气,抬高中国的旧政治思想和旧道德,说话之间稍有轻重,便使读者真以为中山先生相信"欧洲的新文化都是我们中国几千年以前的旧东西"了。这种附会的见解,在三四十年前的老新党的言论里毫不足奇怪,但在中山先生的讲演里便是很可诧异,更可惋惜的了。

中山先生又曾说:

> 中国从前的忠孝仁爱信义种种的旧道德,固然是驾乎外国人,说到和平的道德,更是驾乎外国人。(第六讲)

三十年周游欧美的孙中山先生尚且说这样没有事实根据的话,怪不得不曾出国门的叶楚伧先生要说"中国本来是一个由美德筑成的黄金世界"了！在这一点上，我们不能不佩服吴稚晖先生的伟大。他老人家在六十岁时还能大胆地宣言中国人的道德低浅，而西洋人的道德高明。孙中山先生也并非不明白这种事实，不过他正在讲"民族主义"，故不能不绕弯子，争面子。例如他讲"仁爱"，曾说：

> 照这样实行一方面讲起来，仁爱的好道德，中国现在似乎远不如外国。中国所以不如的原故，不过是中国人对于仁爱没有外国人那样实行。但是仁爱还是中国的旧道德。

这是很费力的回护。更隔几分钟，他便轻轻地宣言中国从前的仁爱也是"驾乎外国人"的了。吴稚晖先生是个世界主义者，没有卫道的热心，故他敢老实说西洋人"什么仁义道德，孝悌忠信，吃饭睡觉，无一不较有作法，较有热心"。但吴老先生这种论调是国民党中的"国粹"分子所不能了解的。

　　以上所说，都可以证明国民党的历史上本来便充满着这保存国粹和夸大传统文化的意味。民国八年五月以后，国民党受了新文化运动的大震动，决计加入新文化的工作，故这种历史的守旧性质和卫道态度暂时被压下去了，不很表现在《星期评论》《建设》《觉悟》的论坛里。民国十三年改组以后，国民党中吸收了许多少年新分子，党的大权渐渐移入了一班左倾的激烈分子手里，稍稍保守的老党员都被摈斥了。所以这种历史的反动倾向更不容易出现了。直到近两年中，钟摆又回到极右的一边，国民党中的暴烈分子固然被淘汰了，而稍有革新倾向的人也就渐渐被这沙汰的运动赶出党外，于是国民党中潜伏着的守旧势力都一一活动起来，造成今日的反动局面。

　　即如上文指出国民党对于文学革命的态度，我们从历史上看去，毫不足奇怪。许多国民党的领袖人物，如孙中山、汪精卫、王宠惠诸先生对于新文学运动都曾表示不赞成的态度。国粹保存家与南社诗人反对新文学，更不用说了。中山先生在《孙文学说》第三章里，很明白

地说古文胜于白话,他说:

> 言语有变迁而无进化,而文字则虽仍古昔,其使用之技术实日见精研。所以中国语言为世界中之粗劣者,往往文字可达之意,言语不得而传。是则中国人非不善为文,而拙于用语者也。亦惟文字可传久远。故古人所作,模仿匪难;至于言语,非无杰出之士妙于修辞,而流风余韵无所寄托,随时代而俱湮,故学者无所继承。然则文字有进化而言语转见退步者,非无故矣。抑欧洲文字基于音韵,音韵即表言语,言语有变,文字即可随之。中华制字以象形会意为主,所以言语虽殊,而文字不能与之俱变。要之,此不过为言语之不进步,而中国人民非有所关于文字。历代能文之士,其所创作,突过外人,则公论所归也。

这种见解的大错误,九年前我在《国语的进化》一篇里(《胡适文存》卷三《国语文法概论》)已有详细的驳论了。中山先生此书成于民国八年春间,在新青年同人提倡文学革命之后二年,他这种议论大概是暗指这个运动的。他在当时很不赞成白话文学的主张,这是很明白的。这种议论虽然是他个人一时的错误,但也很可以作为后来国民党中守旧分子反对新文学的依据。中山先生有"手不释卷"的名誉,又曾住过欧美,他尚且说中国"历代能文之士,其所创作,突过外人",怪不得一班不能读外国文学的国粹家和南社文人要拥护古文骈文了!

民国八年五月以后,国民党的刊物几乎都改用白话了,《星期评论》和《觉悟》成了南方的新文学重要中心。然而十年之后,革命的国民党成了专政的国民党了,新文学和新思想的假面具都可以用不着了,于是保存国粹的喊声渐渐起来,于是古文骈文的死灰又复燃了。八九年前在新文学的旗帜之下摇旗呐喊的人物,到今年双十节便公然宣告胡适的《尝试集》和同善社和《性欲丛书》是同样害人的恶势力了。这种情形,毫不足奇怪,因为在拥护古文骈文的局面之下,《尝试集》当然成了罪魁祸首了。这不是死文学的僵尸复活,这不过是国民党原有的反动思想的原形呈现而已。

我们这样指出国民党历史上的反动思想,目的只是要国民党的自觉。一个在野政客的言论是私人的言论,他的错误是他自身的责任。但一个当国的政党的主张成了一国的政策的依据,便是一国的公器,不是私人责任的问题了。一个当国专政的政党的思想若含有不合时代的反动倾向,他的影响可以阻碍一国文化的进步。所以我们对于国民党的经典以及党中领袖人物的反动思想,不能不用很诚实的态度下恳切的指摘。过去历史上的错误是不用讳饰的,但这种错误思想,若不讨论个明白分晓,往往可以有很大的恶影响:个人的偏见可以成为统治全国的政策,一时的谬论可以成为教育全国的信条。所以我们要明白指出国民党里有许多思想在我们新文化运动者的眼里是很反动的。如果国民党的青年人们不能自觉地纠正这种反动思想,那么,国民党将来只能渐渐变成一个反时代的集团,决不能作时代的领导者,决不能担负建立中国新文化的责任。

孙中山先生在"五四运动"以后曾有很热烈的赞叹新文化运动的话,他说:

> 自北京大学学生发生五四运动以来,一般爱国青年无不以新思想为将来革新事业之预备,于是蓬蓬勃勃,发抒言论。国内各界舆论一致同倡。各种新出版物为热心青年所举办者,纷纷应时而出,扬葩吐艳,各极其致。社会遂蒙绝大之影响。虽以顽劣之伪政府,犹且不敢撄其锋。此种新文化运动在我国今日诚思想界空前之大变动。推原其始,不过由于出版界之一二觉悟者从事提倡。遂至舆论放大异彩,学潮弥漫全国,人皆激发天良,誓死为爱国之运动。倘能继长增高,其将来收效之伟大且久远者,可无疑也。吾党欲收革命之成功,必有赖于思想之变化。兵法攻心,语曰革心,皆此之故。故此种新文化运动实为最有价值之事。(九年一月二十九日,《与海外同志募款筹办印刷机关书》,见《孙中山全集》,三民公司

本,第四集,二,页 27～28)

中山先生在此时虽然只把新文化运动看作政治革命的一种有力的工具,但他已很明白地承认"吾党欲收革命之成功,必有赖于思想之变化"。今日的国民党到处念诵"革命尚未成功",却全不想促进"思想之变化"!所以他们天天摧残思想自由,压迫言论自由,妄想做到思想的统一。殊不知统一的思想只是思想的僵化,不是谋思想的变化。用一个人的言论思想来统一思想,只可以供给一些不思想的人的党义考试夹带品,只可以供给一些党八股的教材,决不能变化思想,决不能靠此"收革命之成功"。

十年以来,国民党所以胜利,全靠国民党能有几分新觉悟,能明白思想变化的重要。故民国七八年之间,孙中山先生还反对白话文,而八年"五四运动"以后,中山先生便命他的同志创办《星期评论》和《建设》杂志,参加新文化运动。这便是国民党的"思想之变化"。十三年的改组,便是充分吸收新文化运动的青年,这又是国民党的"思想之变化"。八年的变化使国民党得着全国新势力的同情。十三年的变化使国民党得着革命的生力军。这是历史的事实。

现在国民党所以大失人心,一半固然是因为政治上的设施不能满[足]人民的期望。一半却是因为思想的僵化不能吸引前进的思想界的同情。前进的思想界的同情完全失掉之日,便是国民党油干灯草尽之时。

国民党对于我这篇历史的研究,一定有很生气的。其实生气是损人不利己的坏脾气。国民党的忠实同志如果不愿意自居反动之名,应该做点真实不反动的事业来给我们看看。至少至少,应该做到这几件事:

(1)废止一切"鬼话文"的公文法令,改用国语。
(2)通令全国日报、新闻论说一律改用白话。
(3)废止一切钳制思想言论自由的命令、制度、机关。
(4)取消统一思想与党化教育的迷梦。

(5)至少至少,学学专制帝王,时时下个求直言的诏令!

如果这几件最低限度的改革还不能做到,那么,我的骨头烧成灰,将来总有人会替国民党上"反动"的谥号的。

十八,十一,廿九

思想革命与思想自由[*]

建设时期中最根本的需要是思想革命，没有思想革命，则一切建设皆无从谈起。而要完成思想革命，第一步即须予人民以思想的自由。

诸君或者要想：题目的本旨是建设，而你却谈思想革命，这未免太矛盾了。实则建设与革命，皆除旧布新之谓，无建设不是革命，无革命不能建设，思想革命与建设的本旨是并不违反的。

思想何以须革命呢？

（一）因为中国的传统思想，有许多不合于现代的需要，非把它铲除不可。

（二）因为传统的思想方法和思想习惯亦不合于现代的需要，非把它改革不可。

中国古来思想之最不适合于现代的环境的，就是崇尚自然。这种思想，历经老、庄、儒、释、道等之提倡，已经根深蒂固，成为中国人的传统思想。现在把它分析起来，则有下列几项：

（一）无为。老庄等皆主清净无为，以为自然比人为好，即儒家亦有此种倾向，如说"天何言哉。四时行焉，百物生焉"。然而这种思想，却与现代环境的需要相反背，我们所需要的是：[①]

（二）无治。现在的社会需要法律和纪律，而老庄之流则提倡无政府的思想，一切听诸自然。这种思想影响人民的生活者很深，驯致养

---

[*] 本文录自王维骃编《近代名人言论集》，1932年1月中外学术研究社出版。——编者

[①] 底本如此。——编者

成"各人自扫门前雪,莫管他人瓦上霜"的态度。

(三)高谈性理。现在的人们需要征服自然,而传统思想,则令吾人听天由命,服从自然的摆布。

(四)无思无虑。惟有思虑,然后有新智识,传统思想则令吾人减少思虑,以不求知为大智,因此科学遂无由发达。

(五)不争不辩。现在的环境,需要人人参与政治,敢于发表舆论,主张公理。传统思想则令吾人得过且过,忘怀一切。"此亦一是非,彼亦一是非",无所用其争辩。以实行唾面自干,为无上的美德。这种思想与时代精神根本不能相容。

(六)知足。不知足乃进步之母,崇拜自然者叫人随遇而安,断了腿,失了臂,也听其自然,这样社会还有进步的可能吗?

以上几种传统思想,与现在中国的环境根本上不相容,故需要思想革命以铲除之。至于传统的思想方法和习惯,也有很多不合现代需要的地方:

(一)镜子式的思想。"寂然不动,感而遂通",自己不用力,物来则顺应之,这样可谓镜子式的思想。其流弊便是不求甚解,不加深思,只会拾人牙慧,随声附和。

(二)根本上不思想。思想所以解决问题,须要搜集材料,寻求证据,提出反证,再加上分析试验的功夫,是何等的难。然而从前的思想方法,并没有这些步骤,根本上竟是不思想,因此学术不能猛进。

(三)高谈主义而不研究。当此世界各种思想杂然繁兴的时候,国人的思想方法,仍沿旧时的习惯,于是发生种种不良的现象,人家经多年的研究,经几次的修正,始成立一种学说,一种主义,到了我国,便被人生吞活剥,提出几个标语口号,便胡行妄为起来。即以社会思想为例,各国的社会主义者,都研究本国经济发展的过程,社会上种种制度的沿革,以寻求一个改良的方案。返观我国一般人肯这样潜心研究的有几人呢。

(四)要纠正前述的弊病,今后必须尊重专家,延请专家去顾问政治,解决难题;没有专门研究的人,不配担负国家和社会的重要责任。

从前袁世凯废止科举,把我国千余年来仅有的一种用人标准根本推翻了。他不想到改良考试的标准,而贸然把考试制度的本身推翻,弄得现在没有一种用人的标准,都是不深思之过。

现在要讲思想自由了。从前的弊端既在于不思想,或没有深的思想,那末纠正之道便是"思想之",而思想自由就是鼓励思想的最好方法。无论古今中外,凡思想可以自由发表,言论不受限制的时候,学术就能进步,社会就能向上,反之则学术必要晦塞,社会必要退化。现在中国事事有待于建设,对于思想应当竭力鼓励之,决不可以加以压抑。因为今日没有思想的自由,结果就没有真正的思想,有之则为:(一)谄媚阿谀的思想,(二)牢骚怨愤的思想。这两种思想,是只能破坏,不能建设的。

总之,思想如同技术,非经过锻炼不可,没有思想自由,就没有思想革命,没有思想革命,就无从建设一切。就使有了建设,也只是建在沙土之上,决无永久存在之理。

论 学 潮*

六月二十七日平津国立院校教职员联合会发表了一个解决学潮的提案,其中列举学潮的十种原因,并且提出六项消弭学潮的办法。这提案是教育界中人谈教育界自身的状况,所以颇有亲切中肯的话。他们提出的消弥学潮的办法是:

(1)用人应由考试。
(2)宽筹经费以充实学校内容。
(3)慎选校长。
(4)保持师道之尊严。
(5)实行校章以整饬学校之风纪。
(6)禁止学生作政治活动。

平津院校教职员联合会所举学潮的十种原因,可以归并作这几种:
(1)经费不足,又不按期拨付,故学校不能安定。
(2)校长与教职员不够领导学生,故学校风纪不能整顿。
(3)国家政治不能满人意,故青年倾向政治活动。
(4)国家用人不由考试,故青年不看重学业成绩。

第一项原因,是大家公认的。消弥的办法,今日还谈不到"宽筹经费",只要政府能依预算按期发足,已可以使学校安定了。经费不能按

---

* 本文载1932年7月17日《独立评论》第9号,署名"臧晖"。——编者

期发足,甚至于拖欠至半年以上;在这种状况之下,校长简直不能责成教职员上课办公,那里还谈得上执行纪律和严格考查成绩?经费最困难的学校,如北平的师大,如南京的中大,校长一席几乎无人敢就。师大与中大近来的校长问题,其实背后都是一个经费问题。(师大徐炳昶先生辞职由于经费领不到;中大任鸿隽先生不就,由于经费无办法;青大杨振声先生月前辞职,也由于经费问题。)所以我们说:政府如有诚意收拾学潮,整顿学风,第一件任务应该做到不拖欠教育经费。全国国立学校的经费每月约一百万元,全年一千二百万元,在政府全年收入六万余万元之中不过百分之二。政府无论如何窘迫,不应该连这戋戋之数都不能筹划指定。

学潮的第二个原因是校长不得人,这也是政府的责任。去年一月六日行政院下了一道整饬学风令,其中曾说:"校长经政府慎重选择而后任命,反对校长即无异反对政府!"这道命令颁布以后,各大学反对校长的风潮仍旧继续不绝,所以者何?岂不还是因为校长往往不是"慎重选择而后任命"的吗?政府应该慎重选择官吏,人民反对官吏即无异反对政府。然而政府若任命了一些贪官污吏,难道人民不应该反对吗?政府应该觉悟:一个吴南轩可以造成学潮,而一个翁文灏可以收拾学潮。用大学校长的地位作扩张一党或一派势力的方法,结果必至于使学校的风纪扫地,使政府的威信扫地。此一原则不但限于国立大学,凡用政治势力来抢私立学校的地盘,或抢各省市教育厅长局长的地盘,都是制造风潮,自堕政府的威信而已。

学潮的第三个原因是学生不用功做功课。为什么不用功呢?因为在这个变态的社会里,学业成绩远不如一纸八行荐书的有用。学业最优的学生,拿着分数单子,差不多全无用处;各种职业里能容纳的人很少,在这个百业萧条的年头更没有安插人的机会;即有机会,也得先用亲眷,次用朋友,最后才提得到成绩资格。至于各种党部,衙门,机关,局所,用人的标准也大概是同样的先情面而后学业。即使有留心人才的人,学识资格的标准也只限于几项需用专门人才的职务,那些低薪职务——所谓人人能做的——几乎全是靠荐引来的。学业成绩本不全是为吃饭的；然而有了学业成绩而仍寻不着饭碗，这就难叫一般人看重学问功课了。所以平津教职员会提出"用人应由考试"的办法，自然是不错的。不过考试不是指戴院长所办的考试，应该是考试原则的普遍实行。约略举列，可以说有这几点：

（1）凡政府机关，除专门人才可由学术机关推荐酌量免试之外，一切人人可做之普通职务（从工友门房到科员书记）必须经过考试，并且要把考试成绩和各人在学校的成绩合并平均计算。

（2）凡公家机关的职员必须实行回避亲属之法，有犯者应去职。合资的公司也应该适用回避法。

（3）严格的保持海关邮务等处已有的考试用人制度。

（4）凡考试任用的人，除非有溺职的行为，不得随长官的喜怒而更动；其升迁皆应该有常法。

学潮的第四个原因，诚如平津教职员会所提示，是由于国家政治不能满人意。凡能掀动全国的学潮，都起于外交或政治问题。这是古今中外共同的现象：凡一国的政治没有上轨道，没有和平改换政权的制度，又没有合法的代表民意的机关，那么，鼓动政治改革的责任总落在青年知识分子的肩膀上。汉宋的太学生危言谠议，明末的东林复社，清末的公车上书和革命运动，都是最明显的例。外国也是如此的：欧洲中古的学生活动，一八四八年的全欧革命潮，土耳其，俄罗斯，波兰，以至印度朝鲜，那一次不是上述公式的例子？所以有人责备某党某派利用学生作政治活动，那还是皮相的观察。即使无人利用，青年学生的政治活动也是免不了的。因为青年人容易受刺激，又没有家眷儿女的顾虑，敢于跟着个人的信仰去冒险奋斗，所以他们的政治活动往往是由于很纯洁的冲动，至少我们可以说是由于很自然的冲动。这种冲动既是很自然的，救济的方法决不能依靠平津教职员提议的"禁止学生作政治活动"的方案。禁止是无用的：前清末年禁止革命，有何效果？近年禁止共产党，又何有效果？平津教职员会还是主张由政府禁止呢，还是由学校禁止呢？在我们看来，这两方面都没有禁止学生政治活动的有效方法。我们考虑这个问题，觉得只有因势利导的一条路还不失为教育事业中人值得一试的一条路。所谓因势利导，只是要引导这很自然的政治兴趣，使它走向有教育训练的方向，好养成真能担负政治责任的能力与习惯。说的具体一点，我们提议这几点：

（1）学校对于一切政治派别，应该有同一的公道待遇，不应该特许某一党派公然挂招牌设区分部，而不许别的党派作政治活动，但同时学校也应该教导学生彼此互相尊重异己的主张。彼此尊重异己的主张是政治生活的首要条件，但在一党一派特别受特殊优待之下，这种态度和习惯是不会发生的。

（2）学校应该提倡负责任的言论自由：凡用真姓名负责发表言论文字，无论如何激烈，都应该受学校的保障，但不负责任的匿名刊物是应该取缔的。负责任是自由的代价。肯负言论责任的人，方才配争自由，方才配做政治活动。

（3）学校应该研究学生团体的组织法，指出他们的缺陷，引导他们改善组织，使多数学生能参加有组织有训练的团体生活，养成政治生活必需的组织能力。这种能力的养成，应该从小学中学时代训练起。孙中山先生认会议规则为民权初步，真是有见地的话。平日没有团体组织的训练，组织又素不健全，一旦有非常事故，自然极少数的小组织可以操纵全学校的命运。徐旭生先生有一天对我说："看了中央大学等处的学潮，使我们对于中国民治的前途很怀疑。"我对他说："此等风潮都不是民治之过，全都是没有民治之过。"凡有真正民治精神的学生组织，我敢保它不会闹风潮；即有风潮，也绝不会是无意识的胡闹。

廿一，七，十

我们所应走的路[*]

国难当前,我们究竟应该走那条路,才能救国。我今天所讲的题目,就是《我们所应走的路》。我说的话,都是老生常谈,并没有新奇的高论。概括的说:(一)为己而后可以为人;(二)求学而后可以救国。我们十几年来,提倡新文化运动,究竟为的是什么。似乎大家都还不甚明白,今天我要说一说:我们当时所提倡的,是一种个人主义的人生观,换一句话说,就是修己而后可以爱人。我们当时提倡易卜生的文学,他的要点,就在"修己",决没有一个人,对自己尚不能负责任,而能负责救人的。在易卜生的书里面,有一篇戏剧作品,描写一个女子娜拉,她很想做一个孝女良妻贤母,但是她能力不够,经过十年的奋斗,她才有一个大的发现,就是一个人对自己,不能负责的,绝没有做孝女良妻贤母的资格。所以他决计离开家庭,去做修己的功夫。在这个故事所要表明的,就是无论何人,要能对自己尽责任,有了知识,有了能力,有了人格,而后能救国救我。

易卜生还有一篇戏剧著作,叫作《国民公敌》,描写有一个地方,有很好的泉水,相传可以疗病,所有[以]到那里去养病和沐浴的人很多,那个地方因此繁盛起来。有一个医生忽然发现那里的水,不但不能医病,并且可以传染恶疾,因为里面有一种微菌,于人生很不相宜,他就想当众宣布出来。因为他的哥哥,是当地的市长,恐怕消息传出,妨害全市繁荣,所以不准他发表。全市的人民,也和他哥哥表同情,不准他

---

[*] 1932年12月6日,胡适应湖南省当局之请,在长沙中山堂做演讲,这篇演讲词由梦梅记录,载同年12月12~13日北平《晨报》。——编者

把消息传到市外,以免游人和病人裹足不前。但是这医士,他既经发现有害人生命的微菌,就应该正式宣布,免得害人。结果,全市的人民,认他是全市民的公敌,置之于死地。这一出戏闭幕的时候,医生说:最强的人,就是能为真理而孤立的。用一句中国的俗话,就是有特立独行的人,是最强的,如果是为公理,就是全国人反对他,也得发表,即使个人受害,也是为社会牺牲。

从这两篇戏剧,我们可以发现两个原则:(一)努力发展个人的能力和人格;(二)要能够冲破一切障碍,完成一种真理。孔子说:"古之学者为己,今之学者为人。"又说,"修己以敬"。"己欲立而立人,己欲达而达人"。这都是修己而爱人的道理。宋朝的王安石,是一个大政治家。他因为想改善政治和经济的状况,牺牲一切,是一个有特立独行的人,他做篇文章,论杨朱墨翟,主张要学杨朱为我,为我的功夫,没有做好,就不要轻谈墨翟的兼爱。他说学者必先为己,为己有余,而后可以为人,凡是不能为己的人,必沉沦堕落,决无救人的能力。十五年来社会的状况,很使我们失望,因为近来产生两种人生观:(一)自私自利的享乐主义;(二)眼光短浅的牺牲主义。

这些专知享乐的人,并不谋如何能够报答所受的享乐,这是错误的。至于那些为了主义,为了爱国一时的冲动,不顾一切,牺牲生命的青年,几年来不下数万人。我们对于这些青年,不能不拜服,但是虽然佩服,我们并不希望大家学他们这样做,因为没有修养,纵然牺牲,也还是不能救国。牺牲这样多的人,而于国无益,这完全是青年们还没有澈底的了解我们当时所提倡的新文化运动,或则因为我们没有把所抱的主义解释得十分清楚,这是我们应该忏悔的。一个青年最大的责任,要把自己这一块材料,造成一件有用的东西,自己还不能成器,那里能够改造社会,即使牺牲,也不能够救国。所以第一条我们应走的路,就是修己以爱人,或者说为己而后可以为人。

再讲第二条路:我们应该走的,就是以"学术救国"。现在谈到救国,觉得很惭愧,我们国家受外侮,到此地步,究竟是什么缘故,直接了当的说,就是学术不如人。我们样样科学都要依赖别人,所以失败,我们现在要赶上学术与人家平等,我们才能得到国际间的真平等。我们现在说个故事,证明科学可以救国。法国有一个大科学家,名叫巴斯德,他就是一个以科学救国的实例。前几年法国有人征求大众的意见,究竟谁是法国最大的伟人,投票的结果,当选的不是拿破仑,或是其他军政要人,乃是这位大科学家巴斯德。他的票数,比拿破仑多一百多万,这种缘故,听我细细说来。

当一千八百七十年,普鲁士战败法军,拿破仑第三,攻入巴黎,迫法国作城下之盟。当时普国军队,烧毁一个很大的图书馆,和其他的文化机关,巴斯德很生气,他本是一个有名的学者,普鲁士大学就送他一个名誉博士的学位。他现在把这张博士文凭撕毁,写一封信给普鲁士大学,说:"你们军队,这样野蛮,我耻于接受你们所予的学位,特地交还你们。"他虽然动气,但是他回头细想,法国的失败,是由于科学的不振作。当拿破仑第一时代,政府提倡科学,科学家与政府合作,所以能够强兵富国,后来法国政府,态度变更,蔑视科学,所以弄到一蹶不振。现在要挽回国运,除研究科学外,再无他道,于是集中全力,研究微菌学。他的发明,就是物必先有微生物,然后腐化。他这种发明,把我们中国"物腐而后虫生"的学说打倒了。

他这一点发明,就救了法国。因为法国三种大工业,第一是制酒,法国的酒窖,有长到三十英里的,所藏的酒量,非常之多,但是因为酒容易发酸,所以不能运往远处销售,也不能长久保留。他研究的结果,知道酒酸的缘故,是一种微生虫的作用。如果做酒到四十五度,立刻封好,就决不会酸的。因为这种发明,法国的酒,就可以推销全世界,每年可得赢余一万余万佛郎。第二种,法国的蚕丝,也是一种大工业,因为发生蚕病,每年损失到一万万元以上。巴斯德发明一种隔离蚕种,消灭蚕病的方法,救了法国的蚕业,每年也替国家增加一万多万佛郎的收入。第三,法国的牧畜业,也是很重要的,因为发生了一种兽瘟,牛羊倒毙无算。巴斯德检验病牛的身,知道其中有一种微生菌。他采用种牛痘的方法,发明一种注射防疫的新药,就是把病菌养在鸡汤里,然后注射到牛身上,和种牛痘一样的有效。试验结果,把兽瘟病完全治好，每年也替国家增加一万多万佛郎的收入。

　　三件事合起来，他每年为法国赚三万万佛郎，所以二十年之后，英国的赫胥黎说：德国所得法国的五十万万佛郎的赔款，由巴斯德一个人替国家偿还清楚了。这就是一个科学救国的实例。我们现在要学巴斯德，埋头去做一点有益于国家的学术研究，不然，空唤口号，是没有用的。我们每每看见一个强盗，将要上法场的时候，常说"二十年后，又是一条好汉"。我们青年，对于国家，也要有这样的精神，现在虽然受到种种外侮，二十年后，我们还是一个强大的中国。救国的方法很多，我今天不过只讲一样，希望大家努力。大凡一个国家的兴亡强弱，都不是偶然的。就是日本蕞尔三岛，一跃而为世界强国，再一跃而为世界五强之一，更进而为世界三大海军国之一，所以能够如此，也有他的道理，我们不可认为偶然的。我们想要抵抗日本，也应该研究日本，"知己知彼，百战百胜"。我们大家要使中国强盛，还要着实努力。我最后说一句话，作为今天的结论，就是"惟科学可以救国"。

十二月六日梦梅

我的意见也不过如此*

徐炳昶先生从西安来信（见本期），其中有一段是希望《独立评论》的几个朋友联合起来出个宣言"主张坚决的战争"。他特别问起我"近来的意见若何"。我想，我的意见虽然不能代表《独立评论》同人的全体，也未见得有多大的价值，然而我觉得这个时候我们都应该赤裸裸的说自己良心上要说的话，所以我借这个机会说说我的意见。

我的意见不过如此：

> 我在前年(1931) 11月曾主张政府当局应该接受日本政府在国联提出的五个基本原则，开始交涉。
>
> 我在去年(1932) 6月曾公开作文主张政府应该表示愿意依据上述五项原则，进行与日本交涉。(本刊第五期，《论对日外交方针》)我当时说，"交涉的目标要在取消满洲伪国，恢复领土及行政主权的完整"。
>
> 到了今年日本拒绝国联调解并且退出国联之后，我不主张与日本交涉了。我深信，对日交涉无论取何种方式，必须不违背国联在今年二月廿四日的大会上通过的报告书与建议案的原则。在日本没有表示承认这些原则之前，中国对自己的人民，对世界，都有不同日本进行交涉的义务。
>
> （本刊四十四期，《我们可以等候五十年》）

---

* 本文载1933年4月16日《独立评论》第46号。——编者

这是徐先生和其他朋友都知道的。至于徐先生特别要知道我对于主战的意见,我可以说:我不能昧着我的良心出来主张作战。这不是说凡主战的都是昧着良心的,这只是要说,我自己的理智与训练都不许我主张作战。

我极端敬仰那些曾为祖国冒死拼命作战的英雄,但我的良心不许我用我的笔锋来责备人人都得用他的血和肉去和那最惨酷残忍的现代武器拼命。

我读了董时进先生的《就利用"无组织"和"非现代"来与日本一拼》(4月3日至4日的《大公报》),很佩服董先生的痛快的笔锋与辩才,但我的理智决不能允许我希望"脱开赤膊,提起铁匠铺打的大刀"的好汉可以"侥幸三次四次乃至于许多次"。我决不能像董先生那样信仰"大车骆驼和人"的运输;更不信他说的"后方运送械粮,单用人挑抬也尽够!"我绝对不信他说"我们的老百姓到了草根树皮都没有,他们不吃也成,到饿死也不会骚动,更不会同兵士争粮饷":如果真是这样,这样"到饿死也不会骚动"的百姓里决不会产出董先生所希望的拼命为国家作战的武士!

我的良心绝不能容许我学董时进先生说这样的话:

> 到必要时,我们正不妨利用百姓的弱点,一使军阀惯用的手段,去榨他们的钱,拉他们的夫。反正我们的百姓好对付,能吃苦,肯服从,就拉他们上前线去死,尽其所有拿去供军需,他们也不会出一句怨言。

老实说,我读了这种议论,真很生气。我要很诚恳的对董先生说:如果这才是救国,亡国又是什么?董先生说的"我们"究竟是谁?董先生是不是"我们"的一个?"他们"又是谁?董先生又是不是"他们"的一个?这样无心肝的"我们"牵着无数的"好对付,能吃苦,肯服从"的"他们""上前线去死",——如果这叫作"作战",我情愿亡国,决不愿学着这种壮语主张作战。

董先生在本刊这一期里有一篇《中国的废话阶级》，劝我们大家不要说废话。他有他的废话的定义。但依我的愚见，凡不负责任的高调，都是废话。孔子曾说：

> 故君子名之必可言也，言之必可行也。君子于其言，无所苟而已矣。

言之必可行也，这就是"无所苟"，这就是自己对自己的话负责任。凡立一说，建一议，必须先把此说此议万一实行时可以发生的种种结果都一一想象出来，必须自己对于这种种结果准备担负责任。这才是立言无所苟。不能如此的，都是不负责任的废话。

作政论的人，更不可不存这种"无所苟"的态度。因为政论是为社会国家设想，立一说或建一议都关系几千万或几万万人的幸福与痛苦。一言或可以兴邦，一言也可以丧邦。所以作政论的人更应该处处存哀矜、敬慎的态度，更应该在立说之前先想象一切可能的结果，——必须自己的理智认清了责任而自信负得起这种责任，然后可以出之于口，笔之于书，成为"无所苟"的政论。不能如此的，只是白日说梦话，盲人骑瞎马，可以博取道旁无知小儿的拍手欢呼，然而不是诚心的为社会国家设计。

"作战"不过是两个字，然而我们很少人充分想过这两个字包涵的意义。最近出版的《东北月刊》第二卷第二期有一篇多马舍夫斯基的《未来战争的研究》，约有四万多字，详述"吾人所可想见之将来战争，为大量之军队，在物质方面有丰厚之供给，交战之各方必竭其一切之能力，一切之方法，直至一方完全疲尽为止"。作者告诉我们：当上次欧洲大战开始时，德国于一九一四年八月一日至十七日共计十七日之中，铁路方面共开行一万二千列车，共运送三百二十万人，九十万匹马，而无一次意外及不幸事件发生。他又告诉我们欧战各国汽车运输的统计：到欧战终了之日，

> 汽车　十一万五千辆
> 机师　八万一千二百九十人
> 工匠　二万七百六十二人
> 办公职员　十六万五千人
> 官员　二千六百五十七人

从一九一七年十一月到一九一八年十一月，一年之中，共耗用了

> 汽油　二百四十一万一千五百三十一立脱
> 油　十五万九千八百三十五立脱
> 水电石　一万八千八百六十四基罗加伦
> 擦轮油　一万六千七百九十九基罗加伦

他又告诉我们"空间防御"的种种方面，他说：

> 一国空防组织，必多设侦察之点，使其声息相通。……于各侦察点上当设置收音机，可于数十里外听得敌机之声响，同时且能预测其距离及速度。在法国专理此事之人员，平时大约有一千五百人。战时则增至二千人。

他又说：

> 法国之施用及准备上述各项(侦察,防御,空军)方法者，即达十五万人，而犹不敢谓其全国之各大城镇皆有完全之保障。

这不过是摘抄那篇长文中的几个例子。我们读了这种统计，至少可以稍稍想象"战争"的意义是个什么样子，至少可以不至于随便说出"后方运送械粮，单用人挑抬也尽够"那样的梦话。

董先生的《就利用"无组织"和"非现代"来与日本一拼》一篇是对

本刊四十三期《热河失守以后》而发的。他说：

> 我们千万不要相信暂时忍耐以后励精图治收复失地的话。这和懒人所说"今朝多睡一刻，明朝早点起来"，是同一口吻。大约从前割台湾琉球的时候，也曾经有人说过同样的话。

我可以根据历史的事实，告诉董先生：从前中法之战和中日之战都有像徐先生董先生一样的慷慨激昂的"清议"极力主战，"全国一致的主张"，使政府"无所躲闪"。当时只有一两个立言无所苟的先知者，如郭嵩焘之流，大胆出来反对主战之论。郭嵩焘在中法战时上疏说：

> 交涉西洋通商事宜，可以理屈，万不可以力争。可以借其力以图自强，万不可恃其强以求一逞。臣尝论西洋要求事件，轻重大小，变幻百端，一据理折衷，无不可了。一战则必不易了。（《郭侍郎奏议》卷十二，《因法事条陈时政疏》）

这种话是当日的"清议"所不容的，正如今日我们的话或为徐先生董先生乃至无数"清议"家所不容一样。然而失安南，失朝鲜，割台湾，割辽东半岛，以至造成今日的局面，当日主持清议的名流又何尝想象得到，又何尝准备负其责任呢？

郭嵩焘在四五十年前曾有这样很感慨的话：

> 圣人之立教曰慎言，曰其言也切，曰古者言之不出，曰巧言乱德，曰言无实不祥。无相奖以言者。宋儒顾不然：凡有言者皆善也！……凡事皆可言也！……唐宋之言官虽嚣，尚无敢及兵政。南渡以后，张复仇之议，推陈兵事，自诸大儒倡之，有明至今承其风，持兵事之短长尤急。末流之世，无知道之君子正其议而息其辩，覆辙相寻，终以不悟！（《文集》卷十，《致曾沅甫》）

这是对当日的"废话阶级"下的针砭。我们谈政治的人,在今日读这种忠告,应该作什么感想?

一九三三,四,十一

制宪不如守法[*]

立法院的宪法草案委员会上月通过了《缩短宪法草案起草工作程序》案，其程序如下：

（一）研究时期　　　　四月一日至四月三十日
（二）初稿时期　　　　五月一日至六月三十日
（三）本会讨论时期　　七月一日至七月十五日
（四）公开评论时期　　七月十六日至八月十五日
（五）再稿时期　　　　八月十六日至八月三十一日
（六）大会讨论时期　　九月一日至九月十五日

这回的宪法草案起草工作需时半年之久，并且公开的征求全国国民的研究与批评，这样的慎重从事，比前年的约法起草与通过时的潦草，自然大不相同了。然而我们观察全国舆论，总不免感觉得全国人对于这回的制宪事业还是很冷淡的，很不注意的。这是为了什么缘故呢？

现在宪法草案的"原则"十二项已陆续通过发表了。起草的程序已到了"初稿"的时期了。然而我们观察全国的舆论对于这件事还是很冷淡的，还是很不关心的。这是什么缘故呢？

我们猜想，全国对于这回制宪工作的冷淡，其原因有偶然的，也有根本的。偶然的原因是在这国难严重的时期，大家的注意都在中日的问题，所以制宪事业在一般人的心目中反成了一种不紧急的点缀了。

除了偶然的原因之外，还有一个更根本的原因：这就是人民对于

---

[*] 本文载 1933 年 5 月 14 日《独立评论》第 50 号。——编者

宪法的效能的根本怀疑。我们读了报上用五号或六号小字登载的宪法草案委员会的新闻，或读了他们征求意见的广告，总不免微微苦笑，自己问道："有了新宪法，能执行吗？这还不是和民国元年临时约法以来的许多种宪法同样的添一大堆废纸吗？现今不是已有了一部'训政时期约法'吗？有了和没有，有什么不同呢？那一部八十九条的约法，究竟行了几条没有呢？"

这种对于宪法的根本不信任，是今日大家不注意这回的制宪事业的根本原因。而这种根本不信任，完全是政府自身造成的。我们试分析人民为什么这样不信任国家的根本法，可以得着几种有益的教训：

第一，官吏军人党部自身不愿守法，所以使人民不信任法律。凡官吏军人党部感觉于他们不方便的法律，他们都不愿遵守。例如训政约法第六十二条规定中央应以法律限制各种有弊害之课税，然而在中央权力直辖省份的鸦片特税，如皖北的烟亩捐，如江苏的鸦片公卖，中央可曾有制裁的决心吗？又如训政约法的原草案第四十二条本规定"人民除依戒严法所规定外，不受军法审判"，这条文本来很妥善，但后来改成了"人民除现役军人外，非依法律，不受军事审判"（约法第九条），这一改把"除戒严法所规定外"改成了"非依法律"，就把种种绝不应该存在的单行法（如《危害民国紧急治罪法》等）都保留下来了！军人官吏党部觉得这种单行法于他们最方便，所以他们不惜牺牲根本法来保留那些于他们有利的单行法。又如约法草案第二十九条本规定"凡逮捕拘留人民之命令，除现行犯外，限于法院"，但后来的约法删去了此条，也只为党部官吏军人都感觉这种规定于他们的权威大有妨碍。又如约法第八条明明规定"人民因犯罪嫌疑被逮捕拘禁者，其执行逮捕或拘禁之机关至迟于二十四小时内移送审判机关审问（草案原作'提交法院审问'！）"。约法颁布至今，恰恰满两年了，试问这一条约法有一次实行过吗？——官吏军人党部自己不愿守法，故不但不许那些于他们不便的条文列入国家的根本法，并且肆无忌惮的违背根本法内已有明文的规定！这样有法等于无法，何怪人民不信任宪法呢？

第二，政府立法之先就没有打算实行，所以立了许多纸上具文，使人民失去对法律的信仰。训政约法中的"国民生计""国民教育"两章，就是最好的例子。如第五十条"已达学龄之儿童，应一律受义务教育"；第五十一条"未受义务教育之人民，应一律受成年补习教育"。此种条文，岂不好看好听？然而政府立法时何尝打算实行呢？立法至今又何尝准备实行呢？法律的灵魂在于执行，故商鞅变法之先有移木之令，使人民相信他的法令是要执行的。凡多立不行的法律，必使人民轻视法律本身的效能。约法八十九条之中，不准备实行的空文居其半数，何怪人民对国家根本法没有信任心呢？

第三，宪法中列举的条文总是空泛的原则，若没有附加的详细施行手续，就都成了无效力的具文，这也是中国的根本法不能得人民信仰的一个根本理由。试举约法六十二条的课税限制为例：空泛的说"妨害社会公共利益"的课税应由中央裁制，有何用处？要使这一条生效力，必须有明白禁止鸦片烟的亩捐、吸捐、营业捐等等的详细手续法。此外如同一条所载的"复税""妨害中央收入来源"等项，也都必须有详细执行制裁的手续。宋子文财长近年在中央直辖各省推行卷烟等税，其所以有实效者，全靠中央一面能担保各省的收入，一面又严格的担保商家如有被地方政府复征之税概由中央偿还。若无此种详细执行的手续，虽有宪法的条文也决不会得人民的信任。课税如此，其他如教育，如人民权利，都是如此。宪法上尽管规定"中央及地方应宽筹教育上必需之经费，其依法独立之经费并予以保障"，但政府若无教育经费的具体办法，若无切实保障种种教育基金的具体手续，那么，本来独立的教育经费，如清华大学基金，如中华教育文化基金，尚且可以随时受侵害，何况那本来不固定的国家与地方教育经费呢？又如约法第八条规定的"人民因犯罪嫌疑被逮捕拘禁者……本人或他人并得请求于二十四小时内提审"。此种"提审"手续，至今没有规定颁布，不但人民不知道如何运用，法院也从来不曾办过，谁也不知道此种"提审状"是什么样子。此时即使有人依据约法向法院请求提审，法院就根本没有"提审令"一类的东西！此种无施行手续的空泛条文，是无法执行的。有法而无法执行，又何怪人民对法律不生信任心呢？

以上所说,都要指出人民何以对国家根本法绝不生信仰。此种状态若无法改进,虽有最完美的宪法条文,终不过与"天坛宪法"、"训政约法"等同其命运!

所以我们希望政府明白这种很明显的事实。此时未尝不可制宪,但制宪之先,政府应该要在事实上表示守法的榜样,养成守法的习惯,间接的养成人民信任法律的心理。这才是宪政的预备。宪政的预备不在雇人起草,不在征求讨论,而在实行法律。与其请吴经熊先生们另起新花样的宪法草案,不如请他们先研究研究现在已有的各种法律,看看有多少种法令是应该立刻废止的(如《危害民国紧急治罪法》等);看看有那些法律是从来没有执行的;看看有多少种法律是必须编制施行细则方才可以施行的;看看有什么法子可以教官吏军人党部多懂一点法律,多守一点法律。

总而言之,制宪不如守法。守法是制宪事业的真正准备工作。

一九三三,五,八

《独立评论》的一周年[*]

《独立评论》是去年五月二十二日出版的,原定寒假中或有印刷上的不方便,所以每年只出五十期,现在已出到五十一期了。一周岁的婴孩本来不值得什么纪念,可是在这一年之中,我们承许多朋友的帮忙,使这个刊物随时得着不少的好文字,并且时时得着很有益的指导,我们很想借这个周年号对这些好朋友表示很诚挚的谢意。

《独立评论》社的社员只有十一个人,每人除每月捐出所认捐本刊经费之外,还须长期担任为本刊作文字。我们都是有职业的人,忙里偷闲来作文字,不但不能持久,也不会常有好文字做出来。所以我们每天希望社外的朋友来帮助我们。果然,社外的朋友不曾叫我们失望。《独立评论》出了几期之后,社外投稿渐渐增加了,直到后来有时候我们差不多可以全靠社外的文字出一期报,我们不过替他们尽一点编辑、校对、发行的责任,或者加上一两篇比较有时间性的政论文字。有时候投稿的作者是我们从未识面的人,我们因这个刊物竟添了不少新朋友。这是我们最感觉快慰的事。我们办这个刊物,本来不希望它做我们这十一二个人的刊物,也不希望它成为我们的朋友的刊物;我们自始就希望它成为全国一切用公心讨论社会政治问题的人的公共刊物。我们曾说过:我们不期望有完全一致的主张,只期望各人都根据自己的知识,用公平的态度,来研究中国当前的问题。这一年以来投稿的增多,至少可以证明国内有不少的朋友,对于我们这种态度表示信任,所以我们感觉很愉快的安慰。现在我把这五十期的文稿的来

---

[*] 本文载 1933 年 5 月 21 日《独立评论》第 51 号。——编者

源，试做成一表如下：

《独立评论》期数	社员撰稿篇数	社外投稿篇数
第 1 至 10 期	43	7
第 11 至 20 期	33	26
第 21 至 30 期	30	25
第 31 至 40 期	29	27
第 41 至 50 期	22	32
总　　计	157	117

社员的稿子逐渐减少，而社外的投稿逐渐增多，这不但减轻了我们这几个人的文字负担，并且显示了社会上对我们表同情的人逐渐加多。如果这个趋势能继续发展，使这个小刊物真成为我们所希望的公共刊物，那就是我们发起的人最高兴最满意的了。

在这个最严重的国难时期，我们只能用笔墨报国，这本来是很无聊的事。但我们也不因此就轻视我们自己的工作。我们自己回头看看这一年的工作，虽然很感觉不满意，然而也还有几点是我们自己至今认为值得提倡，值得"锲而不舍"的反复申明的。

第一，我们希望提倡一点"独立的精神"。我们曾说过："不倚傍任何党派，不迷信任何成见，用负责任的言论来发表我们各人思考的结果：这是独立的精神。"我们深深的感觉现时中国的最大需要是一些能独立思想，肯独立说话，敢独立做事的人。古人说的，"贫贱不能移，富贵不能淫，威武不能屈"，这是"独立"的最好说法。但在今日，还有两种重要条件是孟子当日不曾想到的：第一是"成见不能束缚"，第二是"时髦不能引诱"。现今有许多人所以不能独立，只是因为不能用思考与事实去打破他们的成见；又有一种人所以不能独立，只是因为他们不能抵御时髦的引诱。"成见"在今日所以难打破，是因为有一些成见早已变成很固定的"主义"了。懒惰的人总想用现成的，整套的主义来应付当前的问题,总想拿事实来傅会主义。有时候一种成见成为时髦是[的]风气,或成为时髦的党纲信条,那就更不容易打破了。我们所希望的是一种虚心的、公心的、尊重事实的精神。例如"开发西北"是一种时髦的主张,我们所希望的只是要大家先研究西北的事实(本刊第3期及第4期《中国人口公布与土地利用》),然后研究西北应该如何开发(本刊第40期《如何开发西北》)。又如"建设"是一种最时髦的风气,我们所希望只是要大家研究建设应该根据什么材料做计划,计划应该如何整理,如何推行(本刊第5期《建设与计划》),并且要研究在现时的实际情形之下究竟有多少建设事业可做(本刊第30期《多言的政府》,第49期《从农村救济谈到无为的政治》,第23期《中国矿业的厄运》)。这种态度是一定不能满足现时一般少年读者的期望的,尤其是我们对于中日问题的许多文字。我们不说时髦话,不唱时髦的调子,只要人撇开成见,看看事实,因为我们深信只有事实能给我们真理,只有真理能使我们独立。有一位青年读者对我们说:"读《独立评论》,总觉得不过瘾!"是的,我们不供给青年过瘾的东西,我们只妄想至少有些读者也许可以因此减少一点每天渴望麻醉的瘾。

第二,我们希望提倡一点"反省的态度"。希腊哲人教人"认得你自己",中国哲人也教人"自知者明"。我们最忧虑的是近二十年来中国人的虚骄与夸大狂,是我们不认识自己的弱点与危机。我们认为这真是亡国的现象,所以我们不惜在大家狂热的虚骄心与夸大狂上面去浇冰冷水。我们要大家深刻的认识"一个国家的强弱盛衰都不是偶然的,都不是逃出因果的铁律的。我们今日所受的苦痛和耻辱,都只是过去种种恶因种下的恶果"(本刊第7期《赠与今年的大学毕业生》;第18期《惨痛的回忆与反省》,第41期《全国震惊以后》)。我们要大家拿镜子照照我们自己的罪孽,要大家深刻的反省:"贫到这样地步,鸦片白面害到这样地步,贪污到这样地步,人民愚昧到最高官吏至今还信念诵咒可以救国的地步,(今天报上还载着何键送一位法师去替蒋中正医牙痛,替熊式辉医脚痛哩!)这个国家是不能自存于这个现代世界的。"我们认为这种自责的态度是真正的"心理建设"的基础。必须自己认错了,然后肯死心塌地的去努力学上进。

第三,我们希望提倡一种"工作的人生观"。我们曾说:

> 我们要深信:今日的失败,都由于过去的不努力。我们要深信:今日的努力,必定有将来的大收成。(第 7 期《赠与今年的大学毕业生》)

我们曾说:

> 在这样苦境中,你只有努力工作;你更应该拼命做你的工作。世界上只有真正的工作能够造成人类的幸福。(第 10 期《一个打破烦闷的方法》)

我们曾说:

> 欧美的富强是至少二三百年努力的结果。日本也经过六十年小心翼翼拼命工作,方能够有今日放肆的力量。我们从落伍的国家要赶上人家,非但要努力,真还要拼命。苏俄的建设工作便是拼命赶的榜样。……人就是为工作生的,不工作就是辜负此生。播了种一定会有收获,用了力决不至于白费。……万一中国亡了,那时候我们要工作人家都不要也不许我们工作了。趁现在中国还是我们的,我们正应该起日暮途远之感,拼命的工作。虽然我们觉悟已经太晚了,也许神明之谓天不绝人,靠我们今日的努力能造下复兴的基础。说到极点,即使中国暂时亡了,我们也要留下一点工作的成绩,叫世界上知道我们尚非绝对的下等民族。只要我们真肯努力,便如波兰、捷克也还有复兴的日子。(第 15 期《我的意见也不过如此》)

我们曾说:

佛典里有一句话："福不唐捐。"唐捐就是白白的丢了。我们也应该说："功不唐捐。"没有一点努力是会白白的丢了的。在我们看不见想不到的方向，你瞧！你下的种子早已生根发叶开花结果了！（第7期《赠与今年的大学毕业生》）

工作，拼命工作！这是我们要向一切中国人宣传的人生观。救国做人，无他秘诀，无他捷径，只有这一句老话。

我们回头看看我们这一年说的话，不过如此而已。然而我们并不惭愧，因为这都是我们良心上要说的话。

一九三三，五，十五

公开荐举议[*]
——从古代荐举制度想到今日官邪的救正

考试院举行了两次考试大典，费了国家一百多万元的经费，先后共考试了二百零八人。这二百零八人，听说至今还有不曾得着位置的。国家官吏十多万人，都不由考试而来；独有这两百人由正途出身，分部则各部会没有余缺，外放则各省或者不用，所以考试制度至今没有得着国人的信仰。

因此我想起亡友赵文锐先生，他从美国留学回来，不顾朋辈的非笑，决心去应北京政府的高等文官考试。他考的名次很高，分在某一部里学习，月薪不过五六十元。学习了好几年，他始终没得着相当的位置，每年还得靠教书维持他的生活。后来政局变了，他到南方去，不久就在国民政府之下做到了杭州关监督。考试正途只能给他一个分部学习，而同学的提携倒可以给他一个关监督。在这种状况之下，考试任官的制度那能有成立和推行的希望呢？

因此我又想到几年前北方某省的县长考试。考取的县长，省政府总怕他们经验不够，必须在行政人员讲习所讲习半年，又须到各处去考察半年，然后有候选补缺的资格。然而那些不由考试出身的县长，只军人的一张条子，或政客的一封介绍信都可以走马上任，又都不愁"经验不够"了，在这种情形之下，除了极少数忠厚安分毫无"奥援"的人，谁还肯走那条考试正途呢？

总之，今日任官的方法全由于推荐介绍，而考试制度至今只能有万分之一的补救。所以今日任官流弊的中心在于荐举，而匡正官邪的

---

[*] 本文载 1934 年 3 月 4 日天津《大公报》星期论文。——编者

关键也在改革荐举方法，而不在考试制度。

今日的官吏都由于推引介绍，而推引介绍的方式都是私荐而不是公开的荐举，都是循情面而不是负责任的荐举。老实说，今日的荐举，无论贤不肖，都用汲引私人的方式，而不是用为国家推荐人才的方式。其流弊最大者约有几点：（一）荐条私相授受，无公开的举状，谁也不知某人是谁荐举的，是以何种资格何种理由荐举的；（二）荐举者不必负责担保，故可以滥荐滥保，往往重要官吏发表之后，社会上皆不知其来历，甚至于税收官吏亏卷公款巨万而逃，也从没有人追问原来保荐的人是谁；（三）荐举只是个人的，而不是制度的，所以全无限制，又全无裁制。近年每一部换一个部长，部中人员往往全部更换。朝野名流往往滥发荐书，每年有写荐信至七八百函的；一位交通部长曾对我说，他因为收到荐书太多，竟不能不添两个书记专做回达荐信的事！

欲纠正这种流弊，我主张三个原则：

（一）凡荐举必须用公开的荐举状，用政府规定的格式（由政府印卖）填写，由铨叙部登记后，可以在政府公报上发表。凡私递的荐书荐条，皆由政府立法严格禁止。

（二）凡出具荐举状者为"举主"，举主在荐举状里须将被举人的学历经验详慎开载，并须声明愿负完全责任：如不称职，愿受误举的惩戒处分；如犯赃罪，情甘同坐。

（三）凡在职官吏举荐人才，皆须有法定的限制。不得超过限制。例如特任某级官得举荐几人；简任某级官得举荐几人。荐状上应声明有权可荐几员，现今所举为第几员，并未超过限制。凡在野的人，无论曾任何官，不得荐举官吏。

这都不是外国搬来的新法，都只是我们老祖宗早已行过的古法。试看古人的荐状，都是公开的"明保"，都得声明负完全责任，又都得声明依法可荐举几人。试举张淏《云谷杂记》附录的南宋举状四篇中的一篇作例：

　　萧逵举张淏状

> （具官）臣萧逵，准格节文（按此指"庆元令格节文"），职自观文殿大学士至待制，每岁许于十科内举三人。臣伏睹迪功郎监漳州永丰仓张淏，性姿恬静，学问该深，博考群书，多所是正。……臣今保举堪充"学问该博，可备顾问科"。如蒙朝廷擢用后，犯正入己赃，臣甘伏朝典。……臣照得嘉定十年分，合于十科内举三人，已举过一员外，今来举张淏系第二员合举之数。……嘉定十年十二月十四日奏状。

此种文例，各家文集中皆可寻得。试再看南宋宰相周必大文集中所保存的荐状，其举吴概等堪任监司郡守，状尾云：

> 右臣所举吴概等，并系保任终身。或不如所举，甘坐谬举之罚。（《奏议》卷一）

其荐尤袤石垫堪任监司郡守，状尾云：

> 两人如蒙擢用，后犯入己赃，臣甘当同坐。（《奏议》卷六）

周必大又有《乞申严荐举连坐之法》一疏云：

> ……法令中明有连坐之文，而其奏牍亦云"甘当同罪"。然旷岁逾时，未尝有所惩治也。今莫若此严申制，务在必行。其制既严，其选必慎。纵未能尽得俊杰之士，比之乏然而取，则有间矣。若治平间英宗方倚枢密直学士李彦知泰州，会所举人坐赃，特命夺官。夫以守边之臣宣劳于国，犹且不废绌罚，况余人乎？此亦救弊之要道也。（《奏议》卷七）

这种线装书里的议论和例子，可算是"汉家制度"，总比"棘闱锁院赋诗"一类的故事更值得我们的考虑罢？

民众雇一个老妈子,还得问荐头;店家用一个伙计,还须有铺保;旅馆雇一个茶房,还须有押柜。国家的官吏岂不更重要,岂可不要公开的负责的荐举吗?

建设与无为*

上期我们登出了两篇拥护建设反对无为的文章,同时也登出了一篇赞成无为反对建设的通信。还有一些投稿,两方面的主张多有,我们因为篇幅关系,不发表了。我看了许多批评我的无为政治的议论,不能不再写一篇文字,申明我的立场,同时解释一些误会。

我是最赞成建设的人;我曾歌颂科学,歌颂工业,歌颂有为的政治,歌颂工业的文明。这是大家都知道的。现在我忽然提出无为政治之论,并非自己向自己挑战,也不是像某君说的"没有把事实详细研究,而为'立异'的心理所影响"。我的无为论是研究事实的结果。我至今还是有为的歌颂者,但我要指出一个极平常的原则:有为的建设必须有个可以有为的时势,必须先看看客观的物质条件是否许我们有为。在这种条件未完备之先,盲目的建设是有害而无利的,至少是害多而利少的,是应该及早停止的。我不反对有为,但我反对盲目的有为;我赞成建设,但我反对害民的建设。盲目害民的建设不如无为的休息。

蒋廷黻先生在三月十一日《大公报》的星期论文里,很严厉的责备那些"过端的批评"建设的人们;他恐怕"建设的前途大有堵塞的可能",所以他的论文标题是:"建设的前途不可堵塞了!"他替今日的建设提出两种辩护:第一是对内不可不建设,第二是对外不可不建设。在对内方面,他说:"现在我们得着科学和机械,我们初次能有积极的解决生活问题,一方面能改良农业,一方面又能发展工业,把单轨的

---

* 本文载 1934 年 4 月 6 日《独立评论》第 94 号。——编者

(农业)经济变为双轨的(工商业)经济。……对于这个机会,我们还不想充分利用,还是怀疑踌躇,岂不是自暴自弃吗?"在对外方面,他说,"在最近几年之内,我们外交活动的能力及我们的国际地位,大半要靠我们建设的成绩"。

这些话,我们岂不懂得?我们所以"由笃信建设以至于怀疑,反对",只是因为今日的建设,没有一项够得上叫作"改良农业",也没有一项够得上"发展工业"。征地、征料、征工来筑的公路,不是发展工业。清丈土地不是发展农业。强占民家田地为路基,强征人民力役为路工,占了民田还要人民完田赋,不是发展农业。浙江省办理"清丈",只办了杭州市和杭县的一部分,已花费了一百二十万元了;据专家的估计,浙江全省的清丈,必须有二千四百万元,才能完事。即使浙江省能筹二千四百万元的清丈费,完成之后,距离"改良农业"还有二千四百万里之远!又如广西一省,公路最发达了,于贵州鸦片过境是方便了,于军事也许便利了,但这与"发展工业"有何关系?

所以蒋先生的辩护是错认了题目的。他所辩护的是改良农业与发展工业的建设;但今日的建设只是为军事用的公路,为学时髦的公路,为准备增加田赋收入的清丈,就使他的辩护文不对题了。

我们所反对的是盲目的与害民的建设。蒋先生的辩护文里,却替我们举了不少的好例子。先说"病民",可举他引的浙江省建设三弊为例:

> 第一,浙省自民国十六年以前,田赋几全无附加,自十六年到现在,各县附加少者等于原额的二倍,多者至五倍。……
> 第二,因汽车运费过高,乡民的货运仍靠人力。
> 第三,经费大部分用在公路上,河流就无法维持和改良。

次说"盲目",也用蒋先生论浙江建设的话。

(一)"汽车营业不发达,尤其是货运的缺乏,证明公路的建筑不一定就是我们当前的急务"。富庶的浙江如此,广西可知了,他省可知了。这是盲目。

（二）"江浙民间向靠水利和水运。我们现在为建设民间所不能利用的新交通工具，竟致废弃了民间所能利用的，最便宜的水运。难怪我们愈建设，乡村经济就愈不景气。"（参看本期孟森先生的论文末段论江浙水利一节。）这是不是"盲目"？

（三）蒋先生又泛论筑路："全国对于建设实无经验……因为没有经验，我们只好模仿。外国大修汽车路，于是我们也大修汽车路。这种死板的抄袭不是我国工程司独有的缺点。"这是不是盲目？

盲目与害民，二者之中，盲目是因，害民是果。所以我们大声疾呼的反对这一切盲目的建设。然而我们的蒋廷黻先生还要替盲目建设家辩护！他说：

> 这种死板的抄袭不是我国工程司独有的缺点。……我们要知道，抄袭是学习的初步，不能避免的。

他又说：

> 数年前，凡谈建设的人，谁不以为建筑铁路及汽车路是当前的第一急务？我们拿事后的眼光来批评当局事前的设计，未免太不恕了。

这几句话，我真不明白了。事前的盲目设计，在事后既然证明是做错了，我们正应该拿事后的聪明来批评事前的懵懂。难道此外还有别的更好的批评方法吗？难道我们都应该将错就错吗？

我们所以要批评今日之建设，正因为这种盲目的建设并不是"我国工程司"的过失，乃是一班领袖群伦的人物的普通过失。工程师是执行命令的；而一切盲目的建设乃是政治领袖所提倡，学者与政客所附和，与工程师无大关系。政治领袖为的是好大喜功，政客为的是可以吃建设饭，学者为的是迷信建设总不会错。我们也曾"笃信建设"，但我们不护前，不护短；我们现在很诚恳的奉劝我们的政治领袖：建设是一件需要专门技术的事业，不当用作政治的途径，更不可用作装点门面的排场。翁文灏先生(《独立》第五号：《建设与计划》)曾很沉痛的追述前清许多建设事业所以失败，都由于糊涂与冒昧。他说：

> 建设真不是容易事。建设必先有计划，计划又必有实在根据，不能凭空设想，也不能全抄外国成法。……应该由富有学识的头脑来做计划，再叫各部分的工作者各就所专去调查研究，征集应备的材料，或解决局部的问题。而这种计划大部分纯是专门问题，必须先搜集已有的材料，考察实际的情形，然后方能下手。决不是普通行政机关四壁萧然毫无参考设备的办公室内所能凭空杜撰的。

现今的人所以轻易谈建设，都是因为他们不了解建设的专门性质。而这几年各省的建设所以只限于筑路拆城一类的事业者，其原因不在于仅仅盲目的模仿，其真实原因是因为此种工程都不需要专门的学术。政客与商人粗工都干得了，都包得下，都可以吃饭邀功，升官发财；今日建设所以成为风气，都由于此。人民的痛苦，国家的利益，百年的大计，在他们的脑子里都没有地位。要挽救此种风气，必须先要政治领袖们彻底觉悟建设是专门学术的事，不是他们可以随便发一个电报命令十来个省份限几个月完成的。他们必须彻底明白他们自己不配谈建设，更必须明白他们今日办的建设只是政客工头的饭碗，而不是真正的永久的建设。他们明白了自己不配建设，然后能安分无为，做一点与民休息的仁政；等到民困稍苏国力稍复的时候，等到专门人才调查研究有结果的时候，方才可以有为。

蒋廷黻先生问我们：

> 倘若苏俄第一五年计划失败了，你看她的国际地位能有如今日吗？

我们要请他想想翁文灏先生两年前说的话：

> 古人说七年之病必求三年之艾。现在可以说，五年建设必须先有五年的测量，调查，研究。所以俄国五年建设计划比较可能，因为他们预备工夫究竟比我们开始得早了许久。他们的第二个五年建设计划成功必定更大，因为已有了第一个五年工作做了基础。　　　　　　　　　　　　（《独立》五，页十二）

没有一个国家能靠盲目的建设得着国际的地位的。也没有一个政治领袖能靠害民的建设得着人心的拥戴的。

大家歇歇罢！必须肯无为，然后可以大有为。

廿三，三，廿六

"五四"后新思潮运动的意义*

"五四"是值得纪念的日子。二十八年前的"五四",我住在上海蒋梦麟先生的家里。在"五五"的那天,上海各报没有北京的电报,在当时北京是全国政治中枢,没有北京的消息,一定发生了一件不平凡的事,旋张东荪等新闻记者来看我们,说昨天北京学生因反对巴黎和会大游行。八日我才赶到北平,所以我不够资格来谈"五四"。继谓在"五四"前两年半当中,以北大教授为中心,年青的学生也都来附合。那时教授办了《新青年》杂志,学生办了《新潮》杂志,因这些文字的作用,引起了全国守旧分子及青年学生的注意,所以"五四"运动不是偶然的,有两年半的新思潮新文艺做背景。陈独秀先生在《新青年》第六卷第一期《新青年的罪案》①一文中,提出两点,即拥护科学与拥护民主。因拥护科学而反对孔教、反对旧思想;因拥护民主,而反对专制、反对独裁。这就是《新青年》的两大罪案,也就是新思潮运动的原因。新思潮运动的意义,就是一种批评评判的态度与精神,重新估定一切的价值。在新文学运动方面,是反八股、反律韵,就是现在的人,用现在的话,来表达一切的活动。也可以说,一切社会运动的发端,是重新估价的结果。这具有革新的作用,革命的意义。[它是杀人不见血的,幸福与痛苦关系。]这个新文学运动,新文学,新思潮,改造了中国的文明。然而二十八年后的今天来纪念"五四",应当再重新估价,以批判的精神来研究一切的问题,改造中国的文明。

---

* 本文是1947年5月3日胡适在北大学生"五四"筹备会举办的历史晚会上的演讲词,载1947年5月4日北平《华北日报》。——编者

① 原题为《〈新青年〉罪案之答辩书》。

北大校友"五四"聚餐联欢会上的讲话*

校友返校等于回娘家,学校没有充分准备,深歉。北大校庆是十二月十七日,天气太冷。清华四月二十九日,正值气候最好花开丰满之时,今年清华很热闹。北大校友返校节,最好以"五四"这一天为回家节,成一定例,每年五月返校,牡丹芍药盛开,丁香未谢,如此大家兴致必高。

各地北大同学会已有天津、上海等地组成。回忆北大于一八九八年正式成立,不过五十年,所以不能以汉以下太学为传统,号称二千年大学,因太学为官制文官的一部分。第一世纪初年,太学生达三万名,以后曾有党锢之祸,亦可称"五四"运动之前身。但太学缺乏持续性,没有一贯而下的学风及学术中心,而西洋大学则不同,美国哈佛大学有三百年历史,而美国政体仅一百余年。外国大学能继续者,因有:(一)保管财产主持人,如董事会;(二)教授会的组织,终身为学校服务;(三)美国大学的重要因素,毕业校友为母校捐款,校友会应为母校选择将来的人材,发现好的可以造就的学生送来入学。并希望北大校友向来苴漫的情形得以改善。

今日"五四",昨晚学生主办之"五四"前夕历史晚会,是值得纪念的。我们怀念"五四"时代的蔡孑民先生,把一个旧式大学变成一个新的大学。蔡先生不是一个演讲家,不是一个文学家,所以有此成绩者,因为:(一)真正提倡学术自由精神。张勋复辟时,辜鸿铭亦不为蔡先

---

* 本文是1947年5月4日胡适在北大校友聚餐会上的演讲词,载同年5月5日北平《华北日报》。标题为编者所加。——编者

生所弃,对旧时代与新时代的一视同仁。(二)办学校不独揽大权,新派教员将北大分部别系组织若干委员会,如聘任委员会将校长权利剥夺,彼亦以为是。希望北大校友中有当大权者,学习蔡先生精神。除蔡先生外,陈独秀亦为值得怀念的人。一生革命精神,民国二十六年出狱后,始终在四川寄生于苦痛艰难之中。其次是段锡朋,于"五四"当年不讲演,不写文章,而是实际工作者,现在病重危笃,恐不能维持长久。

  北大精神,为自由与容忍。"五四运动"是思想文化运动,震动全国,各党派均有此感。当时梁任公于《晨报》有文称,青年为重要力量,系以白话文著述。此后如国民党十三年改组,及李大钊、陈独秀等活动为"五四"余波。"五四"时代的分子,现在左倾右倾均有,极左及极右的均出自北大。那时避免政治,而政治逼人,历史是无法改造的。由此可见北大的精神是容忍的态度,思想不是可以压迫的。以容忍才可以减轻困难,亦为国家保存多少种子。

自由主义是什么？*

孙中山先生曾引一句外国成语："社会主义有五十七种，不知那一种是真的。"其实"自由主义"也可以有种种说法，人人都可以说他的说法是真的。今天我说的"自由主义是什么"当然只是我的看法，简单写出来请大家指教。

自由主义的最浅显的意思是强调的尊重自由。现在有些人否认自由价值，同时又自称是自由主义者。自由主义里没有自由，那就好像《长坂坡》里没有赵子龙，《空城计》里没有诸葛亮，总有点叫不顺口罢。据我的笨见，自由主义就是人类历史上那个提倡自由，崇拜自由，争取自由，充实并推广自由的大运动。世间的民族，在这个大运动里，努力有早有晚，成功有多有少。在这个大运动里，凡是爱自由的，凡是承认自由是个人发展与社会进步的基本条件的，凡是承认自由难得而易失故必须随时随地勤谨护视培养的，都是自由主义者。

"自由"在中国古文里的意思是"由于自己"，就是"不由于外力"。在欧洲文字里，"自由"含有"解放"之意，是从外力裁制之下解放出来。中国禅宗和尚爱说"治病解缚"，自由在历史上意义是"解缚"。解除了束缚，方才可以自由自在。

人类历史上那个自由主义大运动实在是一大串"解缚"的努力。宗教信仰自由只是解除某个某个宗教威权的束缚。思想自由只是解除某派某派正统思想威权的束缚。在这些方面——在信仰与思想的方面，东方历史上也有很大胆的批评者与反抗者：从墨翟杨朱到桓谭

---

* 本文作于1948年8月1日，载同年8月6日《周论》第2卷第4期。——编者

王充,从范缜傅奕韩愈到李贽颜元李塨,都可以说是为信仰思想自由奋斗的东方豪杰之士,很可以同他们的许多西方同志齐名比美。

但东方的自由主义运动始终没有抓住政治自由的特殊重要性,所以始终没有走上建设民主政治的路子。西方的自由主义的绝大贡献正在这一点:他们觉悟到只有民主的政治方才能够保障人民的基本自由。

所以自由主义的政治的意义是强调的拥护民主:一个国家的统治权必须操在多数人民的手里。近代民主政治制度是安格罗撒克逊民族的贡献居多:代议制度是英国人的贡献,成文而可以修改的宪法是英美人的创制,无记名投票是澳洲人的发明。这都是政治的自由主义应该包含的意义。

自由主义在这两百年的演进史上,还有一个特殊的,空前的政治意义,就是容忍反对党,保障少数人的自由权利。向来的政治斗争,不是东风压了西风,就是西风压了东风。被压倒的人是没有好日子过的。但近代西方民主政治却渐渐养成了一种容忍异己的度量与风气。因为政权是多数人民授与的。在朝执政权的党一旦失去了多数人民的支持,就成了在野党了。所以执政权的人都得准备下台时坐冷板凳的生活,而个个少数党都有逐渐变成多数党的可能,甚至于极少数人的信仰与主张,"好像一个芥子,在各种种子里是顶小的,等到他生长起来,却比各种蔬菜都大,竟成了小树,空中的飞鸟可以来停在他的枝上"。(新约马太十四。圣地的芥菜可以高达十英尺。)人们能这样想,就不能不存容忍别人的态度了,就不能不尊重少数人的基本自由了。在近代民主国家里,容忍反对党,保障少数人的权利,久已成了当然的政治作风,这是近代自由主义里最可爱慕而又最基本的一个方面。

前些时,北平《华北日报》翻译了哥伦比亚大学史学教授纳文斯(Nevins)的一篇文字,其中有这样一句话:"真正自由主义者——连正统的社会主义者都包括在内,虽然意见互有不同,但其最后归趋都一致认为多数人的统治应以尊重少数人的基本权利为原则。"纳文斯生长在一个自由主义的社会里,享受惯了自由主义造成的幸运环境,单单指出真正自由主义的最后归宿是"多数人的统治应以尊重少数人的基本权利为原则"。基本权利是自由，多数人的统治是民主，而多数人的政权能够尊重少数人的基本权利才是真正自由主义的精髓。

为什么现代的学者如纳文斯教授之流要这样特别重视"尊重少数人的基本权利"一点呢？我们的答案是：正因为容忍反对党，尊重少数人权利，是和平的基本权利，是和平的政治社会改革的唯一基础。反对党的对立，第一是为政府树立最严格的批评监督机关，第二是使人民可以有选择的机会，使国家可以用法定和平方式来转移政权。严格的批评监督，和平的改换政权，都是现代民主国家做到和平的革新的大路。近代最重大的政治变迁莫过于英国工党的执掌政权。英国工党在五十多年前，只能选举出十几个议员。三十年后，工党两次执政，但还站不长久。到了大战胜利之年（1945），工党得到了绝对多数的选举票，故这一次工党的政权是巩固的，在五年之内谁都不能推翻他们，他们可以放手改革英国的工商业，可以放手改革英国的经济制度。这样重大的变化——从资本主义的英国变到社会主义的英国——不用流一滴血，不用武力革命，只靠一张无记名的选举票！这种和平的革命的基础只是那容忍反对党的雅量，只是那保障少数人自由权利的政治制度，顶小的芥子不会受摧残，在五十年里居然变成大树了。

自由主义在历史上有解除束缚的作用，故有时不能避免流血的革命。但自由主义的运动在最近百年中最大成绩，例如英国自从一八三二年以来的政治革新，直到今日的工党政府，都是不流血的和平革新。所以在许多人的心目中，"自由主义"竟成了"和平改革主义"的别名。有些人反对自由主义，说它是"不革命主义"，也正是为此。

我个人也承认现代的自由主义正应该有"和平改革"的含义。因为在民主政治已上了轨道的国家里，自由与容忍铺下了和平改革的大路，自由主义者也就不觉得有暴力革命的必要了。

人 生 问 题[*]

一九〇三年，我只有十二岁，那年十二月十七日，有美国的莱特弟兄作第一次飞机试验，用很简单的机器试验成功，因此美国定十二月十七日为飞行节。十二月十七日正是我的生日，我觉得我同飞行有前世因缘。我在前十多年，曾在广西飞行过十二天，那时我作了一首"飞行小赞"，这算是关于飞行的很早的一首辞。诸位飞过大西洋，太平洋，我在民国三十年，在美国也飞过四万英里，这表示我同诸位不算很隔阂。今天大家要我讲人生问题，这是诸位出的题目，我来交卷。这是很大的问题，让我先下定义，但是定义不是我的，而是思想界老前辈吴稚晖的。他说：人为万物之灵，怎么讲呢？第一，人能够用两只手做东西。第二，人的脑部比一切动物的都大，不但比哺乳动物大，并且比人的老祖宗猿猴的还要大。有这能做东西的两手和比一切动物都大的脑部，所以说人为万物之灵。人生是什么？即是人在戏台上演戏，在唱戏。看戏有各种看法，即对人生的看法叫作人生观。但人生有什么意义呢？怎样算好戏？怎样算坏戏？我常想：人生意义就在我们怎样看人生。意义的大小浅深，全在我们怎样去用两手和脑部。人生很短，上寿不过百年，完全可用手脑做事的时候，不过几十年。有人说，人生是梦，是很短的梦。有人说，人生不过是肥皂泡。其实，就是最悲观的说法，也证实我上面所说人生的有没有意义全看我们对人生的看法。就算他是做梦吧，也要做一个热闹的，轰轰烈烈的好梦，不要做悲

---

[*] 本文是1948年8月12日胡适在北平空军司令部的演讲词，载同年8月13日北平《世界日报》。——编者

观的梦。既然辛辛苦苦的上台,就要好好的唱个好戏,唱个像样子的戏,不要跑龙套。人生不是单独的,人是社会的动物,他能看见和想象他所看不到的东西,他有能看到上至数百万年下至子孙百代的能力。无论是过去,现在,或将来,人都逃不了人与人的关系。比如这一杯茶(讲演桌上放着一杯玻璃杯盛的茶)就包括多少人的供献,这些人虽然看不见,但从种茶,挑选,用自来水,自来水又包括电力等等,这有多少人的供献,这就可以看出社会的意义。我们的一举一动,也都有社会的意义,譬如我随便往地上吐口痰,经太阳晒干,风一吹起,如果我有痨病,风可以把病菌带给几个人到无数人。我今天讲的话,诸位也许有人不注意,也许有人认为没道理,也许说胡适之胡说,是瞎说八道,也许有人因我的话回去看看书,也许竟一生受此影响。一句话,一句格言,都能影响人。我举一个极端的例子,两千五百年前,离尼泊尔不远地方,路上有一个乞丐死了,尸首正在腐烂。这时走来一位年轻的少爷叫 Gotama,后来就是释迦牟尼佛,这位少爷是生长于深宫中不知穷苦的,他一看到尸首,问这是什么?人说这是死。他说:噢!原来死是这样子,我们都不能不死吗?这位贵族少爷就回去想这问题,后来跑到森林中去想,想了几年,出来宣传他的学说,就是所谓佛学。这尸身腐烂一件事,就有这么大的影响。飞机在莱特兄弟做试验时,是极简单的东西,经四十年的工夫,多少人聪明才智,才发展到今天。我们一举一动,一言一行,一点行为都可以有永远不能磨灭的影响。几年来的战争,都是由希特勒的一本《我的奋斗》闯的祸,这一本书害了多少人?反过来说,一句好话,也可以影响无数人。我讲一个故事。民国元年,有一个英国人到我们学堂讲话,讲的内容很荒谬,但他的O字的发音,同普通人不一样,是尖声的,这也影响到我的O字发音,许多我的学生又受到我的影响。在四十年前,有一天我到一外国人家去,出来时鞋带掉了,那外国人提醒了我,并告诉我系鞋带时,把结头底下转一弯就不会掉了,我记住了这句话,并又告诉许多人,如今这外国人是死了,但他这句话已发生不可磨灭的影响。总而言之,从顶小的事情到顶大的像政治经济宗教等等,我们的一举一动都有不可磨灭的影响,尽管看不见，影响还是有。在孔夫子小时，有一位鲁国人说：人生有三不朽，即立德，立功，立言。立德就是最伟大的人格，像耶稣孔子等。立功就是对社会有供献。立言包括思想和文学，最伟大的思想和文学都是不朽的。但我们不要把这句话看得贵族化，要看得平民化，比如皮鞋打结不散，吐痰，O的发音，都是不朽的。就是说：不但好的东西不朽，坏的东西也不朽，善不朽，恶亦不朽。一句好话可以影响无数人，一句坏话可以害死无数人。这就给我们一个人生标准，消极的我们不要害人，要懂得自己行为。积极的要使这社会增加一点好处，总要叫人家得我一点好处。再回来说，人生就算是做梦，也要做一个像样子的梦。宋朝的政治家王安石有一首诗，题目是"梦"。说："知世如梦无所求，无所求心普定寂。还似梦中随梦境，成就河沙梦功德。"不要丢掉这梦，要好好去做！即算是唱戏，也要好好去唱。

新闻独立与言论自由[*]
——台北市编辑人协会欢迎会上讲词

主席,各位同仁:

刚才程沧波先生说我也算是一个编辑人,我的确是编过好几个报,只是没有编过日报。有一个时候,我几乎做程沧波先生的前任。上海有个大报,要我去做编辑人,那时我考虑结果,我不敢做,因为日报的工作太苦,我的生活不规则,担任不了。除日报以外,我曾编过三个周报,编过两个月报,周报最早的是《每周评论》,但最初并不是我编起来的,而是陈独秀这班朋友编的。不过在民国八年陈独秀先生被拘捕,那时没有人负责,就由我接办了几期,直到被北京警察厅封掉为止。以后又办《努力周报》,办了七十五期,有一年半,到曹锟贿选时期,我们自己宣告停止。以后的《独立评论》是三个人负责,大部分是我编的,编了五年,出了二百五十期。因为有这个资格,所以我在美国做外交官的时候,美国有个新闻记者名誉协会,叫我"正在工作中的新闻记者",并送我一个金质钥匙,因为我正在做外交官。假如我知道今天会有这样一个盛会,一定会把那个金质钥匙带来给大家看看,因为有这个资格,所以刚才我敢称大家为同仁。

在参加今天这个盛会以前,我绝没有想到大家要请我来说话,以为只是请我来吃饭的。到了门口才看到是讲演会,所以今天我一点没有准备,在餐桌上就请程沧波先生和曾虚白先生给我题目,他们都很客气,可是刚才主席说的话等于给了我一个范围。可是这个题目太大

---

[*] 本文是1952年12月1日胡适在台北编辑人协会欢迎会上的演讲词,载华国出版社印行《胡适言论集》乙编。标题是后加的。——编者

了，言论自由的确是个大题目。

前天在《自由中国》杂志三周年纪念的茶会上我也稍微说了几句，我说言论自由同一切自由一样，都是要各人自己去争取的。言论自由并不因为法律上有规定，或者宪法上有这一条文，就可以得来，就是有规定也是没有用的。言论自由都是自己争取来的。我为什么这样说呢？这几天与朋友们也讲过，无论世界任何国家，就是最自由、最民主的国家，当政的人以为他是替国家做事，替人民做事，他们总是讨厌人家批评的。美国当然是很尊重自由的，绝对没有限制言论自由，但是诸位还记得吧，前两年在华盛顿，有一个《华盛顿邮报》的戏剧音乐批评家，批评总统的小姐唱歌唱的不好，杜鲁门先生就生气了。第二天自己写了一封信送给这个音乐评论专栏记者，连他的秘书也不知道，骂他，并且说，你要再这样批评，我就要打你。这件事也曾轰传一时，成为笑谈。故事开始时，我们明白，杜鲁门总统对于人家批评他的政治，已经养成容忍的习惯，不能发脾气。批评他的行为，批评他的政策，批评他的政治，他尽管不高兴，但是没有法子干涉。不过到了人家批评他小姐的唱歌好不好时，他觉得做爸爸的忍不住了，就出出气，用粗鄙的语句说要打人家。可是他的信写出以后，得到社会上很不好的反应，我可以相信，杜鲁门先生绝不会写第二次这样的信。因为他的小姐唱歌好不好，别人有批评的自由，可是他写信时并没有想到戏剧歌曲家批评唱歌好不好，这也是言论自由。而且言论自由是社会的风气，大家觉得发表言论，批评政府是当然的事，久而久之，政府当局也会养成习惯，所以言论自由是要争取的。要把自由看作空气一样的不可少。不但可以批评政治，不但有批评政策的自由，还可以批评人民的代表，批评国会，批评法院，甚至于批评总统小姐唱歌唱的好不好，这都是言论自由。人人去做，人人去行，这样就把风气养成了。所以我说言论自由是大家去争取来的。这样好像是不负责任的答复，但是我想不出比这更圆满的答案。

在自由企业发达的国家，尤其像美国，他们的报纸是不靠政府津贴的。所用的纸，都是在公开市场上买的。他的收入完全靠广告。因为在自由企业发达的国家,商业竞争剧烈,无论有了那一样新的产品,大家互相竞争,所以花在广告上的钱往往不下于制造的费用。这是报纸经费最大的来源。杂志也是这样,这些条件我们都缺乏。在美国就没有一个报纸可以说是国家的。政府绝不办报纸。有党籍的人办报也不是以党的资格来办。譬如有许多报纸,在选举期间,在候选人出来之前就有一种表示,有些表示的早,有些较晚,当初共和党人的报纸占大多数,然而二十年来共和党并不能当政。共和党人都是有钱的大资产阶级;民主党向来是代表农民、小资产阶级、知识阶级的党。照党的背景看来,报纸老板共和党的人特别多,应该是共和党永远当政。但是社会并不因为共和党报纸多而影响选举。英国也是一样,有一个时期,工党只有一个报,销路很小,叫作《H. R. 报》,后来销路增加,那时自由党有无数报社,然而工党已经当政了两次。这就说明这些国家没有一个报算是政府的,他们是独立的,能够自立的。这与我们有很大的区别。像我们现在的困难状况之下,纸的来源要政府配给,一部分材料也得要政府帮忙,至于广告,在我们工业不发达的国家等于没有。所以广告的收入不算重要。尤其在这个困难时期,主要的报纸都是政府报,或是党的报纸,因为是政府的报、党的报,言论自由当然就比较有限制,我个人的看法,感觉到胜利之后,政府把上海几个私家报纸都收归政府办、党办,至少党或政府的股东占多数,这个政策我想是不对的。应该多容许私营的报纸存在,而且应该扶助,鼓励私家报纸,让他发展,这也是养成言论自由的一个方向。政府要靠政策行为博取舆论的支援,而不靠控制来获取人民的支持。我觉得这是言论自由里面一个重要问题,值得大家考虑的。

　　关于材料,包括纸、原料的配给,在现在艰难的时期,我觉得应该养成一种习惯,由编辑人协会、报业公会、外勤记者联谊会等团体,参加支配报纸。因为言论自由不应该受这种不能避免的物资的影响,这是值得讨论的,不过要想在这困难时候做到完全自由独立,确是很难。

　　回想我们办《独立评论》时,真是独立。那时销路很广,销到一万三千份。我们是十二个朋友组织一个小团体,预备办报,在几个月之前，开始捐款，按各人的固定收入百分之五捐款，这是指固定收入而言，临时的收入不计算，几个月收了四千多元，就拿来办报。我们工作的人不拿一个津贴，也没有一个广告，因为那时广告要找国家银行或国营机关去要，那么就等于接受了政府的津贴，等于贿赂，所以五年之中，我们除了登书刊的广告之外，没有收入。我们发表的文章有四千篇，没有出一个稿费，因为那时我们这班人确是以公平的态度为国家说话，为人民说话，所以我们即使不给稿费，人家也把最好的稿子送来。最初我们的稿件百分之九十是自己写的，后来外稿逐渐增加，变成自己的稿只有百分之四十五，外稿占百分之五十五，甚至有许多好的文章先送到我们这里来，如果我们不登，再转投其他有稿费的刊物去发表。在民国三十五年回国的时候，许多朋友说："胡先生，我们再来办个《独立评论》"，但是那时排字工人的工资比稿费还要高，我拿不出这些费用，非政府帮忙不可，而且人人都要稿费，我也拿不起，若是我办杂志而要求人的话，我就不办了。这并不是责备任何人，而是事实。这就表示在自由企业不发达的国家，又在这种局面之下，当然有许多方面不容易有完全独立或完全自由的言论。不过无论如何，自由的风气总应该养成。就是政府应该尊重舆论，我说这话是一个事实，大家应该谅解。我觉得，不要以为自己党来办报，政府来办报，就可以得到舆论的支持，没有这回事的。这种地方，应该开放，越开放越可以养成新闻独立，越可以养成言论自由，而政府也就可以得到舆论的支援。至于支配纸张材料的机关，应该由有关的团体参加，政府不要以配给政策影响言论的自由。

有人说只有胡适之有言论自由，这话不是这样说的。从前我们办《努力周报》，正在北洋军阀时代；办《每周评论》是民国八年，也是军阀时代；办《新月杂志》是国民革命后的头两年，后来办《独立评论》，完全是国民党当政时候，是在九一八事件发生以后的几个月，我们受了"九一八"的刺激才办的，一直办了五年，到民国二十六年七月二十五日出最后的一期，二十八日北平就丢了。在这个时期，人家就曾说过胡适之才有言论自由，其实不然。我承办的头一个报就是被北平警察厅关闭的。第二个在曹锟贿选时代,当时的局面使我们不能说话,所以就自己将它取消了。后来的《新月杂志》也曾有一次被政府没收,《独立评论》也曾被停止邮寄,经过我打电报抗议以后才恢复的。当宋哲元在北方的时候,那时是一九三六年(民国二十五年),我新从国外归来,一到上海就看见报纸上说"北平的冀察政务委员会把《独立评论》封了"。这是因为我十二月一日到了上海,所以就给我一个下马威。那时我也抗议,结果三个月后又恢复出版,所以我并没有完全失掉言论自由。为什么那时我们的报还有一点言论自由呢?因为我们天天在那里闹的。假使说胡适之在二十年当中比较有言论自由,并没有秘诀,还是我自己去争取得来的。

争取言论自由我们最重要的是要得到政府的谅解,得到各地方政府的谅解。政府当然不愿意你批评,但要得到政府谅解,必须平时不发不负责的言论。比方中日问题,我们的确对于政府有一百分的谅解,在报上不说煽动的话,即使有意见或有建议,只见之于私人的通信,而不公开发表。在那时,我们曾提出一个平实的态度,就是公正而实际,说老实话,说公平话,不发不负责的高论,是善意的。久而久之,可以使政府养成容忍批评的态度。

人家说,自由中国言论自由不多,不过我看到几个杂志是比较有言论自由的,譬如杜衡之先生办的《明天》杂志,臧启芳先生办的《反攻》杂志,我觉得他们常有严厉的批评,《反攻》上文章对于读经,有赞成的,有反对的,这个也是言论自由。我还看见几个与党有关系的杂志,对于读经问题,批评的也很严厉。《明天》杂志对于政治的批评也颇有自由,这都是好的现象。只要大家能平实,以善意的态度来批评,是可以争取言论自由的。况且我想政府也需要大家的帮助,只要大家都说公平的话,负责任的话。今天我因为没有准备,讲的很草率,请大家原谅。

容忍与自由[*]
——《自由中国》十周年纪念会上讲词

雷先生!《自由中国》的各位朋友!

我感觉刚才有位来宾的话最为恰当。夏涛声先生一进门就对我说:"恭喜恭喜。这个年头能活到十年,是不容易的。"我觉得夏先生这话,很值得作为《自由中国》半月刊创刊十周年的颂词。这个年头能活上十年,的确是不容易的。《自由中国》社所以能够维持到今天,可说是雷儆寰先生以及他的一班朋友继续不断努力奋斗的结果。今天十周年的纪念会,我们的朋友,如果是来道喜,应该向雷先生道喜;我只是担任了头几年发行人的虚名。雷先生刚才说,他口袋里有几个文件,没有发表。我想过去的事情,雷先生可以把它写出来。他所提到的两封信,也可以公开的。记得民国三十八年三四月间,我们几个人在上海……我想,可能那时我们几个人是最早用"自由中国"这个名字的。后来几位朋友想到成立一个"自由中国出版社"。当初并没有想要办杂志,只想出一点小册子。所以"自由中国出版社"刚成立时,只出了一些小册子性质的刊物。我于四月六日离开上海,搭威尔逊总统轮到美国。在将要离开上海时,他们要我写一篇《自由中国社的宣言》。后来我就在到檀香山途中,凭我想到的写了四条宗旨,寄回来请大家修改。但雷先生他们都很客气,就用当初我在船上所拟的稿子,没有修改一字;《自由中国》半月刊出版以后,每期都登载这四条宗旨。《自由中国》半月刊创刊到现在已十年了。回想这十年来,我们所希望做到的事情没有能够完全做到;所以在这十周年纪念会中,我们不免

---

[*] 本文原是一则剪报,剪自《自由中国》第廿一卷第11期。胡适在题下注:"这是毛子水费了大力修改的。适之。"文章选入本书有删节。——编者

有点失望。不过我们居然能够有这十年的生命,居然能在这样困难中生存到今天,这不能不归功于雷先生同他的一班朋友的努力;同时我们也很感谢海内外所有爱护《自由中国》的作者和读者。

原来我曾想到今天应该说些什么话,后来没有写好。不过我今天也带来了一点预备说话的资料。在今年三四月间,我写了一封信给《自由中国》编辑委员会同仁;同时我也写了一篇文章。文章登在《自由中国》第二十卷第六期,信登在第七期。那篇文章的题目是《容忍与自由》。后来由毛子水先生写了一篇《〈容忍与自由〉书后》;殷海光先生也写了一篇《胡适论〈容忍与自由〉读后》,都登在《自由中国》第二十卷第七期上。前几天出版的《自由中国》创刊十周年纪念特刊,有二十几位朋友写文章。毛子水先生也写了一篇《〈自由中国〉十周年感言》,内容同我们在几个月之前所讲的话意思差不多。同时雷先生也有一篇文章,讲我们说话的态度。记得雷先生在五年前已有一篇文章,讲到关于舆论的态度。所以这个问题很值得我们想一想。今天我想说的话,也是从几篇文章中的意思,择几点出来说一说。

我在《容忍与自由》一文中提出一点:我总以为容忍的态度比自由更重要,比自由更根本,我们可以说容忍是自由的根本。社会上没有容忍,就不会有自由。无论古今中外都是这样:没有容忍,就不会有自由。人们自己往往都相信他们的想法是不错的,他们的思想是不错的,他们的信仰也是不错的;这是一切不容忍的本源。如果社会上有权有势力的人都感觉到他们的信仰不会错,他们的思想不会错,他们就不许人家信仰自由、思想自由、言论自由、出版自由。所以我在那个时候提出这个问题来,一方面实在是为了对我们自己说话,一方面也是为了对政府,对社会上有力量的人说话,总希望大家懂得容忍是双方面的事。一方面我们运用思想自由、言论自由的权利时,应该有一种容忍的态度;同时政府或社会上有势的人,也应该有一种容忍的态度。大家都应该觉得我们的想法不一定是对的,是难免有错的。因为难免有错,便应该容忍逆耳之言;这些听不进去的话,也许有道理在里面。这是我写《容忍与自由》那篇文章主要的意思。后来毛子水先生写了一篇《书后》。他在那篇文章中指出：胡适之先生这篇文章的背后有一个哲学的基础。他引述我于民国三十五年在北京大学校长任内作开学典礼演讲时所说的话。在那次演说里，我引用了宋朝的大学问家吕伯恭先生的两句话，就是："善未易明，理未易察。"宋朝的理学家，都是讲"明善、察理"的。所谓"善未易明，理未易察"，就是说善与理是不容易明白的。……所谓"理未易明"，就是说真理是不容易弄明白的。这不但是我写《容忍与自由》这篇文章的哲学背景，所有一切保障自由的法律和制度，都可以说建立在"理未易明"这句话上面。

最近出版的《自由中国》创刊十周年纪念特刊中，毛子水先生写了一篇《〈自由中国〉十周年感言》。他在那篇文章中又提到一部世界上最有名的书，就是出版了一百年的穆勒的《自由论》(On Liberty)，从前严又陵先生翻译为《群己权界论》。毛先生说：这本书，到现在还没有一本白话文的中译本。严又陵先生翻译的《群己权界论》，到现在已有五六十年；可惜当时国人很少喜欢"真学问"的，所以并没有什么大影响。毛先生认为主持政治的人和主持言论的人，都不可以不读这部书。穆勒在该书中指出，言论自由为一切自由的根本。同时穆勒又以为，我们大家都得承认我们认为"真理"的，我们认为"是"的，我们认为"最好"的，不一定就是那样的。这是穆勒在那本书的第二章中最精彩的意思。凡宗教所提倡的教条，社会上所崇尚的道德，政府所谓对的东西，可能是错的，是没有价值的。你要去压迫和毁灭的东西，可能是真理。假如是真理，你把它毁灭掉，不许它发表，不许它出现，岂不可惜！万一你要打倒的东西，不是真理，而是错误，但在错误当中，也许有百分之几的真理，你把它完全毁灭掉，不许它发表，那几分真理也一同被毁灭掉了。这不也是可惜的吗？再有一点：主持政府的人，主持宗教的人，总以为他们的信仰，他们的主张完全是对的；批评他们或反对他们的人是错的。尽管他们所想的是对的，他们也不应该不允许人家自由发表言论。为什么呢？因为如果教会或政府所相信的是真理，但不让人家来讨论或批评它，结果这个真理就变成了一种成见，一种教条。久而久之，因为大家都不知道当初立法或倡教的精神和用意所在,这种教条,这种成见,便慢慢趋于腐烂。总而言之,言论所以必须有自由,最基本的理由是:可能我们自己的信仰是错误的;我们所认为真理的,可能不完全是真理,可能是错。这就是刚才我说的,在七八百年以前,我们的一位大学者吕伯恭先生所提出来的观念:就是"理未易明"。"理"不是这样容易弄得明白的!毛子水先生说,这是胡适之所讲"容忍"的哲学背景。现在我公开的说,毛先生的解释是很对的。同时我受到穆勒大著《自由论》的影响很大。我颇希望在座有研究有兴趣的朋友,把这部大书译成白话的、加注解的中文本,以飨我们主持政治和主持言论的人士。

在殷海光先生对我的《容忍与自由》一文所写的一篇《读后》里,他也赞成我的意见。他说如果没有"容忍",如果说我的主张都是对的,不会错的,结果就不会允许别人有言论自由。我曾在《容忍与自由》一文中举一个例子;殷先生也举了一个例子。我的例子,讲到欧洲的宗教革命。欧洲的宗教革命完全是为了争取宗教信仰自由。但我在那篇文章中指出,等到主持宗教革命的那些志士获得胜利以后,他们就慢慢的走到不容忍的路上去。从前他们争取自由;现在他们自由争取到了,就不允许别人争取自由。我举例说,当时领导宗教革命的约翰·高尔文(John Calvin)掌握了宗教大权,就压迫新的批评宗教的言论。后来甚至于把一个提倡新的宗教思想的学者塞维图斯(Servetus)用铁链锁在木桩上,堆起柴来慢慢烧死。这是一个很惨的故事。因为约翰·高尔文他相信自己思想不会错,他的思想是代表上帝;他把反对他的人拿来活活的烧死是替天行道。殷海光先生所举例也很惨。在法国革命之初,大家主张自由;凡思想自由、信仰自由、宗教自由、言论出版自由,都明定在人权宣言中。但革命还没有完全成功,那时就起来了一位罗伯斯比尔(Robespierre)。他在争到政权以后,就完全用不容忍的态度对付反对他的人,尤其对许多旧日的皇族,他把他们送到断头台上处死。仅巴黎一地,上断头台的即有二千五百人之多,形成法国大革命期间的恐怖统治。这一班当年主张自由的人,一朝当权,就反过来摧残自由,把主张自由的人烧死了,杀死了。推究其根源,还是因为没有"容忍"。他认为我不会错；你的主张和我的不一样，当然是你错了。我才是代表真理的。你反对我便是反对真理：当然该死。这是不容忍。

不过殷先生在那篇文章中又讲了一段话。他说：同是容忍，无权无势的人容忍容易，有权有势的人容忍很难。所以他好像说，胡适之先生应该多向有权有势的人说说容忍的意思，不要来向我们这班拿笔杆的穷书生来说容忍。我们已是容忍惯了。殷先生这番话，我也仔细想过。我今天想提出一个问题来，就是：究竟谁是有权有势的人？还是有兵力、有政权的人才可以算有权有势呢？或者我们这班穷书生、拿笔杆的人也有一点权，也有一点势呢？这个问题也值得我们想一想。我想许多有权有势的人，所以要反对言论自由，反对思想自由，反对出版自由，他们心里恐怕觉得他们有一点危险。他们心里也许觉得那一班穷书生拿了笔杆在白纸上写黑字而印出来的话，可以得到社会上一部分人的好感，得到一部分人的同情，得到一部分人的支持。这个就是力量。这个力量就是使有权有势的人感到危险的原因。所以他们要想种种法子，大部分是习惯上的，来反对别人的自由。诚如殷海光先生说的，用权力用惯了，颐指气使惯了。不过他们背后这个观念倒是准确的：这一班穷书生在白纸上写黑字而印出来，是一种力量，而且可怕的力量，是一种危险的力量。所以今天我要请殷先生和在座的各位先生想一想，究竟谁是有权有势？今天在座的大概都是拿笔杆写文章的朋友。我认为我们这种拿笔杆发表思想的人，不要太看轻自己。我们要承认，我们也是有权有势的人。因为我们有权有势，所以才受到种种我们认为不合理的压迫，甚至于像"围剿"等，人家为什么要"围剿"？还不是对我们力量的一种承认吗？所以我们这一班主持言论的人，不要太自卑。我们不是弱者；我们也是有权有势的人。不过我们的势力，不是那种幼稚的势力，也不是暴力。我们的力量，是凭人类的良知而存在的。所以我要奉告今天在座的一百多位朋友，不要把我们自己看得太弱小；我们也是强者。但我们虽然也是强者，我们必须有容忍的态度，所以毛子水先生指出我在《容忍与自由》那篇文章里说的话,不仅是对压迫言论自由的人说的,也是对我们主持言论的人自己说的。这就是说,我们自己要存有一种容忍的态度。我在那篇文章中又特别指出我的一位死去的朋友陈独秀先生的主张:他说中国文学一定要拿白话文做正宗;我们的主张绝对的是,不许任何人有讨论的余地。我对于"我们的主张绝对的是"这个态度,认为要不得。我也是那时主张提倡白话文的一个人,但我觉得他这种不能容忍的态度,容易引起反感。

所以我现在要说的就是两句话:第一,不要把我们自己看成是弱者,有权有势的人当中,也包括我们这一班拿笔杆的穷书生;我们也是强者。第二,因为我们也是强者,我们也是有权有势的人,我们绝对不可以滥用我们的权力,我们的权力要善用之,要用得恰当;这就是毛先生主张的,我们说话要说得巧。毛先生在《〈自由中国〉十周年感言》中最后一段说:应使说话有力量,当使说话顺耳,当使说出的话让人家听得进去。不但要使第三者觉得我们的话正直公平,并且要使受批评的人听到亦觉得心服。毛先生引用了《礼记》上的两句话,就是:"情欲信,辞欲巧。"内心固然要忠实,但是说话亦要巧。从前有人因为孔子看不起"巧言令色",所以要把这个"巧"字改成了"考"(诚实的意思)字。毛先生认为可以不必改,这个巧字的意思很好。我觉得毛先生的解释很对。所谓"辞欲巧",就是说的话令人听得进去。怎么样叫做巧呢?我想在许多在座的学者前面背一段书做例子。有一次我为《中国古代文学史选例》选几篇文章,就在《论语》中选了几篇文章作代表,其中有一段,就文字而论,我觉得在《论语》中可以说是最美的。拿今天所说的说话态度讲,可以说是最巧的。现在我把这段书背出来:——定公问:"一言而可以兴邦,有诸?"孔子对曰:"言不可以若是其'几'也!人之言曰:'为君难,为臣不易。'如知为君之难也,不'几'乎一言而兴邦乎?"曰:"一言而丧邦,有诸?"孔子对曰:"言不可以若是其'几'也!①

---

① 这里两句"言不可以若是其'几'也!"原来毛子水的标点是"言不可以若是,其'几'也。"胡适把它们改过来,并做眉批:"子水的标点,我不完全赞成。"——编者

人之言曰：'予无乐乎为君，唯其言而莫予违也。'如其善而莫之违也，不亦善乎！如不善而莫之违也，不'几'乎一言而丧邦乎？"《论语》中这一段对话，不但文字美妙，而且说话的人态度非常坚定，而说话又非常客气，非常婉转，够得上毛子水先生所引用的"情欲信，辞欲巧"中的"巧"字。所以我选了这一段作为《论语》中第一等的文字。

现在我再讲一点。譬如雷先生，他是最努力的一个人；他是《自由中国》半月刊的主持人。最近他写了一篇文章，也讲到说话的态度。他用了十个字，就是"对人无成见；对事有是非。"底下他说："对任何人没有成见。……就事论事。由分析事实去讨论问题；由讨论问题去发掘真理。"我现在说话，并不是要驳雷先生；不过我要借这个机会问问雷先生：你是否对人没有成见呢？譬如你这一次特刊上请了二十几个人做文章，你为什么不请代表官方言论的陶希圣先生和胡健中先生做文章？可见雷先生对人并不是没有一点成见的。尤其是今天请客，为什么不请平常想反对我们言论的人，想压迫我们言论的人呢？所以，要做到一点没有成见，的确不是容易的事情。至于"对事有是非"，也是这样。这个是与非，真理与非真理，是很难讲的。我们总认为我们所说的是对的，真理在我们这一边。所以我觉得要想做到毛先生所说"克己"的态度，做到殷海光先生所说"自我训练"的态度，做到雷先生所说"对人无成见，对事有是非"十个字，是很不容易的。如要想达到这个自由，恐怕要时时刻刻记取穆勒《自由论》第二章的说话。我颇希望殷海光先生能把它翻译出来载在《自由中国》这个杂志上，使大家能明白言论自由的真谛，使大家知道从前哲人为什么抱着"善未易明，理未易察"的态度。

雷先生在那篇文章中又说："我们要用负责的态度，来说有分际的话。"这就是说，我们说话要负责；如果说错了，我愿意坐监牢、罚款，甚至于封闭报馆。讲到说有分际的话，这也不是容易做到的。不过我们总希望雷先生同我们的朋友一起来做。怎么样叫作"说有分际的话"呢？就是说话要有分量。我常对青年学生说：我们有一分的证据，只能说一分的话；我有七分证据，不能说八分的话；有了九分证据，不能说十分的话,也只能说九分的话。我们常听人说到"讨论事实"。什么叫"事实",很难认清。公公有公公的事实,婆婆有婆婆的事实,儿媳有儿媳的事实;公公有公公的理,婆婆有婆婆的理,儿媳有儿媳的理。我们只应该用负责任的态度,说有分际的话。所谓"有分际",就是"有几分证据,说几分话"。如果我们大家都能自己勉励自己,做到我们几个朋友在困难中想出来的话,如"容忍"、"克己"、"自我训练"等;我们自己来管束自己,再加上朋友的诫勉,我相信我们可以做到"说话有分际"的地步。同时我相信,今后十年的《自由中国》,一定比以前十年的《自由中国》更可以做到这个地步。(杨欣泉记)

〔原编辑部附记〕 本文系整理速记而成,因急于发稿,没有送请胡先生过目。

"宁鸣而死,不默而生" *
——九百年前范仲淹争自由的名言

几年前,有人问我,美国开国前期争自由的名言"不自由,毋宁死"(原文是 Patrick Henry 在 1755 年的"给我自由,否则给我死""Give me liberty, or give me death"),在中国有没有相似的话。我说,我记得是有的,但一时记不清是谁说的了。

我记得是在王应麟的《困学纪闻》里见过有这样一句话,但这几年我总没有机会去翻查《困学纪闻》。今年偶然买得一部影印元本的《困学纪闻》,昨天检得卷十七有这一条:

范文正《灵乌赋》曰:"宁鸣而死,不默而生。"其言可以立懦。

"宁鸣而死,不默而生",当时往往专指谏诤的自由,我们现在叫作言论自由。

范仲淹生在西历九八九年死在一〇五二年,他死了九百零三年了。他作《灵乌赋》答梅圣俞的《灵乌赋》,大概是在景祐三年(1036)他同欧阳修、余靖、尹洙诸人因言事被贬谪的时期。这比亨利柏得烈的"不自由,毋宁死"的话要早七百四十年。这也可以特别记出,作为中国争自由史上的一段佳话。

梅圣俞名尧臣,生在西历一〇〇三年,死在一〇六一年。他的集

---

* 本文是 1954 年 9 月 3 日胡适在纽约所做的读书笔记,载 1955 年 4 月 1 日《自由中国》第十二卷第 7 期。——编者

中有《灵乌赋》。原是寄给范仲淹的,大意是劝他的朋友们不要多说话。赋中有这句子:

> 凤不时而鸣,
> 乌哑哑兮招唾骂于里闾。
> 乌兮,事将乖而献忠,
> 人反谓尔多凶。……
> 胡不若凤之时鸣,
> 人不怪兮不惊!……
> 乌兮,尔可,
> 吾今语汝,庶或我(原作汝,似误)听。
> 结尔舌兮钤尔喙,
> 尔饮啄兮尔自遂,
> 同翱翔兮八九子,
> 勿噪啼兮勿睥睨,
> 往来城头无尔累。

这篇赋的见解、文辞都不高明。(圣俞后来不知因何事很怨恨范文正,又有"灵乌后赋",说他"憎鸿鹄之不亲,爱燕雀之来附。既不我德,又反我怒。……远己不称,昵己则誉"。集中又有《谕乌诗》,说:"乌时来佐凤,署置且非良,咸用所附己,欲同助翱翔。"此下有一长段丑诋的话,好像也是骂范文正的。这似是圣俞传记里一件疑案;前人似没有注意到。)

范仲淹作《灵乌赋》,有自序说:

> 梅君圣俞作是赋,曾不我鄙,而寄以为好。因勉而和之,庶几感物之意同归而殊途矣。

因为这篇赋是中国古代哲人争自由的重要文献,所以我多摘抄几句:

灵乌,灵乌,
尔之为禽兮何不高飞而远翥?
何为号呼于人兮告吉凶而逢怒!
方将折尔翅而烹尔躯,
徒悔焉而亡路。
彼哑哑兮如诉,
请臆对而忍谕:
我有生兮累阴阳之含育,
我有质兮虑天地之覆露。
长慈母之危巢,
托主人之佳树。……
母之鞠兮孔艰,
主之仁兮则安。
度春风兮既成我以羽翰,
眷高柯兮欲去君而盘桓。
思报之意,厥声或异:
忧于未形,恐于未炽。
知我者谓吉之先,
不知我者谓凶之类。
故告之则反灾于身,
不告之则稔祸于人。
主恩或忘,我怀靡臧。
虽死而告,为凶之防。
亦由桑妖于庭,惧而脩德,俾王之兴;
雉怪于鼎,惧而脩德,俾王之盛。
天听甚迩,人言曷病!
彼希声之凤皇,
亦见讥于楚狂。
彼不世之麒麟,

亦见伤于鲁人。
凤岂以讥而不灵?
麟岂以伤而不仁?
故割而可卷,孰为神兵?
焚而可变,孰为英琼?
宁鸣而死,不默而生!
胡不学太仓之鼠兮,
何必仁为,丰食而肥?
仓苟竭兮,吾将安归!
又不学荒城之狐兮,
何必义为,深穴而威?
城苟圮兮,吾将畴依!
……
我乌也勤于母兮自天,
爱于主兮自天。
人有言兮是然。
人无言兮是然。

这是九百多年前一个中国政治家争取言论自由的宣言。

赋中"忧于未形,恐于未炽"两句,范公在十年后(1046),在他最后被贬谪之后一年,作《岳阳楼记》,充分发挥成他最有名的一段文字:

嗟夫,予尝求古仁人之心……不以物喜,不以己悲,居庙堂之高则忧其民,处江湖之远则忧其君,是进亦忧,退亦忧。然则何时而乐耶? 其必曰"先天下之忧而忧,后天下之乐而乐"乎? 噫,微斯人,吾谁与归?

当前此三年(1043)他同韩琦、富弼同在政府的时期,宋仁宗有手诏,要他们"尽心为国家诸事建明,不得顾忌"。范仲淹有《答手诏条陈十事》，引论里说：

> 我国家革五代之乱，富有四海，垂八十年。纲纪制度，日削月侵，官壅于下，民困于外，夷狄骄盛，寇盗横炽，不可不更张以救之。……

这是他在那所谓"庆历盛世"的警告。那十事之中，有"精贡举"一事，他说：

> ……国家乃专以辞赋取进士，以墨义取诸科。士皆舍大方而趋小道。虽济济盈庭，求有才有识者，十无一二。况天下危困，乏人如此，将何以救？在乎教以经济之才，庶可以救其不逮。或谓救弊之术无乃后时？臣谓四海尚完，朝谋而夕行，庶乎可济。安得晏然不救，坐俟其乱哉？……

这是在中原沦陷之前八十三年提出的警告。这就是范仲淹说的"忧于未形，恐于未炽"；这就是他说的"先天下之忧而忧"。

从中国向来知识分子的最开明的传统看，言论的自由，谏诤的自由，是一种"自天"的责任，所以说，"宁鸣而死，不默而生"。

从国家与政府的立场看，言论的自由可以鼓励人人肯说"忧于未形，恐于未炽"的正论危言，来替代小人们天天歌功颂德、鼓吹升平的滥调。

（纽约读书笔记）

大宇宙中谈博爱*

"博爱"就是爱一切人。这题目范围很大。在未讨论以前,让我们先看一个问题:"我们的世界有多大?"

我的答复是"很大"!我从前念《千字文》的时候,一开头便已念到这样的辞句:"天地玄黄,宇宙洪荒。"宇宙是中国的字,和英文的Universe,World意思差不多,都是抽象名词。宇是空间(Space)即东、南、西、北;宙是时间(Time)即古、今、旦、暮。《淮南子》说宇是上下四方,宙是古往今来。宇宙就是天地,宇宙就是Time—Space。古人能得"Universe"的观念实在不易,相当合于今日的科学。但古人所见的空间很小,时间很短,现在的观念已扩大了许多。考古学探讨千万年的事,地质学、古生物学、天文学等等不断的发现,更将时间空间的观念扩大。

现在的看法:空间是无穷的大,时间是无穷的长。

古人只见到八大行星,二十年前只见九大行星。现在所谓的银河,是古代所未能想象得到的。以前觉得太阳很远,现在说起来算不得什么,因为比太阳远千万倍的东西多得很。

科学就这样地答复了"宇宙究竟有多大?"这个问题。

现在谈第二点:博爱。

在这个大世界里谈博爱,真是个大问题。广义的爱,是世界各大宗教的最终目的。墨子可谓中国历史上最了不起的人,可说是宗教创

---

* 本文是1956年9月17日胡适在美国中西部留美同学夏令大会上的演讲词,由香港《灯塔》杂志特约记者简新程记录,载1957年2月1日《灯塔》第8期。——编者

立者(Founder of Religion)，他提出"兼爱"为他的理论中心。兼爱就是博爱，是爱无等差的爱。墨子理论和基督教教义有很多相合的地方，如"爱人如己"、"爱我们的仇敌"等。

佛教哲学本谓一切无常，我亦无常，"我"是"四大"(土、水、火、风)偶然结合而成的，是十分简单的东西，因此无所谓爱与恨——根本不值得爱，也不值得恨。但早期佛教亦有爱的意念在：我既无常，可牺牲以为人。

和尚爱众生，但是佛教不准自食其力，所以有人称之为"叫花"(乞丐)宗教。自己的饭亦须取之于人，何能博爱？

古时很多人为了"爱"，每次登坑(大便)的时候便想，想，大想一番，想到爱人。有些人则以身喂蚊，或以刀割肉，以自身所受的痛苦来显示他们对人的爱。这种爱的方法，只能做到牺牲自己，在现代的眼光看来，是可笑的。这种博爱给人的帮助十分有限，与现代的科学——工程、医学等所能给我们的"博爱"比起来，力量实在小得可怜。今日的科学增进了人类互助博爱的能力。就说最近意大利邮船 Andrea Doria 号遇难的事吧，短短的数小时内就救起千多人。近代交通、医学等的发达，减少了人类无数的痛苦。

我们要谈博爱，一定要换一观念。古时那种喂蚊割肉的博爱，等于开空头支票，毫无价值。现在的科学才能放大我们的眼光，促进我们的同情心，增加我们助人的能力。我们需要一种以科学为基础的博爱——一种实际的博爱。

孔子说："修己以敬，修己以安人，修己以安百姓。"修己就是把自己弄好。我们应当先把自己弄好，然后帮助别人；独善其身然后能兼善天下。同学们，现在我们读书的时候，不要空谈高唱博爱；但应先努力学习，充实自己，到我们有充分能力的时候才谈博爱，仍不算迟。

拜金主义*

吴稚晖先生在今年五月底曾对我说:"适之先生,你千万再不要提倡那害人误国的国故整理了。现在最要紧的是要提倡一种纯粹的拜金主义。"

我因为个人兴趣上的关系,大概还不能完全抛弃国故的整理。但对于他说的拜金主义的提倡,我却表示二十四分的赞成。

拜金主义并没有什么深奥的教旨,吴稚晖先生在他的《一个新信仰的宇宙观与人生观》里,曾发挥过这种教义。简单说来,拜金主义只有三个信条:

第一,要自己能挣饭吃。

第二,不可抢别人的饭吃。

第三,要能想出法子来,开出生路来,叫别人有挣饭吃的机会。

《珠砂痣》里有一句说白:"原来银子是一件好宝贝。"这就是拜金主义的浅说。银子为什么是一件好宝贝呢?因为没有银子便是贫穷,贫穷便是一切罪恶的来源。《珠砂痣》里那个男子因为贫穷,便肯卖妻子,卖妻子便是一桩罪恶。你仔细想想,那一件罪恶不是由于贫穷的?小偷、大盗、扒儿手、绑票、卖娼、贪赃、卖国,那一件不是由于贫穷?

所以古人说:

衣食足而后知荣辱,

---

* 本文刊于1933年《上海青年》,又载1933年10月南京《文社月刊》第二卷第10册。——编者

>　　仓廪实而后知礼节。

这便是拜金主义的人生观。

　　一班瞎了眼睛，迷了心头孔的人，不知道人情是什么，偏要大骂西洋人，尤其是美国人，骂他们"崇拜大拉"（Worship the dollar）！你要知道，美国人因为崇拜大拉，所以已经做到了真正"夜不闭户，路不拾遗"的理想境界了。（几个大城市里自然还有罪恶，但乡间真能夜不闭户，路不拾遗是西洋的普遍现状。）

　　我们不配骂人崇拜大拉；请回头看看我们自己崇拜的是什么！

　　一个老太婆，背着一只竹箩，拿着一根铁扦，天天到弄堂里去扒垃圾堆，去寻那垃圾堆里一个半个没有烧完的煤球，一寸两寸稀烂奇脏的破布。——这些人崇拜的是什么！

　　要知道，这种人连半个没有烧完的煤球也不肯放过，还能有什么"道德"、"牺牲"、"廉洁"、"路不拾遗"？

　　所以现今的要务是要充分提倡拜金主义，提倡人人要能挣饭吃。

　　上海青年会里的朋友们，现在办了一种职业学校，要造成一些能自己挣饭吃的人才，这真是大做好事，功德无量。我想社会上一定有些假充道学的人，嫌这个学校的拜金气味太重，所以写这篇短文，预先替他们做点辩护。

时间不值钱*

我回中国所见的怪现状，最普通的是"时间不值钱"，中国人吃了饭没有事做，不是打麻雀，便是打"扑克"，有的人走上茶馆，泡了一碗茶，便是一天了。有的人拿一只鸟儿到处逛逛，也是一天了。更可笑的是朋友去看朋友，一坐下便生了根了，再也不肯走，有事商议，或是有话谈论，倒也罢了，其实并没有可议的事，可说的话。我有一天在一位朋友处有事，忽然来了两位客，是□□①馆的人员，我的朋友走出去会客，我因为事没有完，便在他房里等他。我以为这两位客一定是来商议这□□馆中这什么要事的。不料我听得他们开口道："□□先生，今回是打津浦火车来的，还是坐轮船来的？"我的朋友说是坐轮船来的，这两位客接着便说轮船怎样不便，怎样迟缓，又从轮船上谈到铁路上，从铁路上又谈到现在中交两银行的钞洋跌价。因此又谈到梁任公的财政本领。又谈到梁士诒的行踪去迹。……谈了一点多钟，没有谈上一句要紧的话。后来我等的没法了，只好叫听差的去请我的朋友。那两位客还不知趣，不肯就走。我不得已，只好跑了，让我的朋友去领教他们的"二梁优劣论"罢。

美国有一位大贤名弗兰克令(Benjamin Franklin)的曾说道："时间乃是造成生命的东西。"时间不值钱，生命自然也不值钱了。上海那些拣茶叶的女工，一天拣到黑至多不过二百个钱，少的不过得五六十钱！茶叶店的伙计，一天做十六七点钟的工，一个月平均只拿得二三块钱！

---

* 本文原载 1926 年 12 月 5 日《生活周刊》第二卷第 7 期。——编者
① 意同"某某"，下同。——编者

还有那些工厂的工人，更不用说了。还有那些更下等，更苦痛的工作，更不用说了。人力那样不值钱，所以卫生也不讲究，医药也不讲究。我在北京、上海看那些小店铺里和穷人家里的种种不卫生，真是一种黑暗世界，至于道路的不洁净，瘟疫的横行，更不消说了。最可怪的是无论阿猫阿狗都可挂牌医病，医死了人，也没有怨恨，也没有人干涉。人命的不值钱，真可算得到了极端了。

时间不值钱

差不多先生传[*]

你知道中国最有名的人是谁?

提起此人,人人皆晓,处处闻名。他姓差,名不多,是各省各县各村人氏。你一定见过他,一定听过别人谈起他。差不多先生的名字天天挂在大家的口头,因为他是中国全国人的代表。

差不多先生的相貌和你和我都差不多。他有一双眼睛,但看的不很清楚;有两只耳朵,但听的不很分明;有鼻子和嘴,但他对于气味和口味都不很讲究。他的脑子也不小,但他的记性却不很精明,他的思想也不很细密。

他常常说:"凡事只要差不多,就好了。何必太精明呢?"

他小的时候,他妈叫他去买红糖,他买了白糖回来。他妈骂他,他摇摇头说:"红糖白糖不是差不多吗?"

他在学堂的时候,先生问他:"直隶省的西边是哪一省?"他说是陕西。先生说:"错了。是山西,不是陕西。"他说:"陕西同山西,不是差不多吗?"

后来他在一个钱铺里做伙计。他也会写,也会算,只是总不会精细。十字常常写成千字,千字常常写成十字。掌柜的生气了,常常骂他。他只是笑嘻嘻地赔小心道:"千字比十字只多一小撇,不是差不多吗?"

有一天,他为了一件要紧的事,要搭火车到上海去。他从从容容地走到火车站,迟了两分钟,火车已开走了。他白瞪着眼,望着远远的

---

[*] 本文最初发表于 1924 年 6 月 28 日《申报·平民周刊》第 1 期。

火车上的煤烟,摇摇头道:"只好明天再走了,今天走同明天走,也还差不多。可是火车公司未免太认真了。八点三十分开,同八点三十二分开,不是差不多吗?"他一面说,一面慢慢地走回家,心里总不明白为什么火车不肯等他两分钟。

有一天,他忽然得了急病,赶快叫家人去请东街的汪医生。那家人急急忙忙地跑去,一时寻不着东街的汪大夫,却把西街牛医王大夫请来了。差不多先生病在床上,知道寻错了人;但病急了,身上痛苦,心里焦急,等不得了,心里想道:"好在王大夫同汪大夫也差不多,让他试试看罢。"于是这位牛医王大夫走近床前,用医牛的法子给差不多先生治病。不上一点钟,差不多先生就一命呜呼了。

差不多先生差不多要死的时候,一口气断断续续地说道:"活人同死人也差……差……差不多……凡事只要……差……差……不多……就……好了……何……何……必……太……太认真呢?"他说完了这句格言,方才绝气了。

他死后,大家都很称赞差不多先生样样事情看得破,想得通;大家都说他一生不肯认真,不肯算账,不肯计较,真是一位有德行的人。于是大家给他取个死后的法号,叫他做圆通大师。

他的名誉越传越远,越久越大。无数无数的人都学他的榜样。于是人人都成了一个差不多先生。——然而中国从此就成为一个懒人国了。

业余讲演*

(本报讯)北大校长胡适,应平津铁路局之邀,于昨(一日)晨十时,在霞公府该局大礼堂举行首次学术讲演……局长石志仁陪同胡氏到场……胡氏……讲词如下:

我很赞同石先生的意思,因为诸位的职业是专门性的,时常听些非专门的讲演,能够多学多听也好。今天这个讲演称为"学术讲演"太严重,称为"启蒙讲演"似乎也不妥,不如称为"业余讲演",不亢不卑。我觉得每人除职业外,应有玩意儿,有时玩意儿可以发展成为重要的东西。个人曾经研究过哲学、历史、文学、农科,也作过外交官。现在是五十七岁了,但是如果人家问我:"贵行是哪一行?"我就回答不出。我过去业余的时候,曾与青年人谈文学问题,发表出来,成白话文学运动,这就是从玩意儿发展成的。至少现在二十五六岁的年青人大家进小学中学时免去背古文、念古书的痛苦。二十六年前连小学的教科书,甚至幼稚园都是古文的。所谓讲书即是翻成白话,当时没有别的办法,只有死记。从民国二十一年起,教科书从小学到中学的都改为白话,以前念书时不懂,甚至于写家信时都是文言,现在儿子写信给父亲要钱,只要写:"我要钱了,钱没有了,拿钱来!"从前要先写"父亲大人膝下敬禀者"才能再说要钱的话。有一个故事是兄弟两秀才去省城考举人,但是没考取,写家信报告的时候,两人相推,因为家信根本没

---

* 1947年11月1日,胡适应平津铁路局之邀在该局大礼堂做演讲,这篇演讲词载同年11月2日北平《世界日报》。——编者

有学写过，学的只是八股文。现在再谈到那时为甚么提倡白话文，结果有甚么好处。这故事也很有趣。我的母校是美国康纳尔大学，学校在山上，下面有一小湖，那时我已离开学校。一年暑假来了一个女留学生入暑期学校，康纳尔大学学工科的多，为了巴结这女学生，几个男同学请这位女学生划船游湖。船在湖中的时候忽然起了大风，于是大家赶快向岸边划。到岸边的时候，大家因为抢着上岸，把船弄翻了，衣服全湿。幸而野餐没有湿，于是大家上岸，连烘衣服带野餐。天下的历史，不管是唯物、唯心、唯神的历史观，历史往往出于偶然。那里面有一位中国留学生任先生，把当时在湖中遇险的情形写了一首旧诗寄给我看，我接到一看，马上就回答他说：你写的很好，但是把小湖写的像大海，用的全是一些古老的成语。这些死的文字，不配用在二十世纪。对于这个批评，他很虚心接受，把原来这首诗改来改去。后来又有一位同学，看了我的信大为生气，反驳我，和我打笔墨官司，谈诗的问题，讨论到中国的文学要用甚么文字的问题。我说不但是小说、戏曲都要用白话，一切文学乃至于诗，都应该是白话。

　　用活的语言作文学的语言，才可使语言变成教育的工具。这都是业余的讨论。后来讨论的结果，小说有许多是白话的，大家并且承认戏曲里面也有白话，如"尼姑思凡"就是。但是都说诗不能用白话，道地的文也不能用白话，最困难的是诗的问题。一九一七年七月有一天，我发誓从此以后不用文言作诗，以后就把陆续写成的白话诗，出了《尝试集》。后来又在《新青年》杂志发表了一篇文章叫作"文学改良刍议"。我们仔细研究中国文学史，发现中国文学可以分为上下两层。

　　上层文学是古文的，下层文学是老百姓的，多半是白话的。例如乐府，就是老百姓唱的民歌，后来成为模范文学，甚至于政府也不能不采用。此后无论哪一个时代文学均分为上下两层，上层的是无价值的，是死的，下层的是活的，有生命，有力量。过去没有人以这种眼光来看文学。上层文学虽然不能说没有好的，但是诸君所背诵的诗、词、曲，好的大半是白话或近于白话的。我这种主张，当时仍有老留学生反对，但是有一些老先生如陈独秀、钱玄同，他们古文懂得很透澈，所以认为我这留学生确实不是胡说。于是陈先生也发表一篇文章叫《中国文学革命论》。到我由国外回来的时候,国内已经有很多人谈起白话文学。民国六年的时候,《新青年》已成全国注意的杂志,内容完全是白话,那时的青年如傅斯年、汪敬熙、罗家伦等都是后起之秀。杂志风起云涌,如《新潮》、《每周评论》等,一九一九年学生抗议巴黎和会,起了"五四运动",那时中学生、小学生都想发表文章,新的杂志都是用白话的。他们无师自通,都作得很好,白话于是成为全国性的东西。连北京的守旧政府也不能不妥协,于一九二〇年规定次年小学一、二年级的教科书用白话来敷衍。殊不知一、二年级生读了白话以后,更不想读古文,现在白话成为教学工具已有二十五年历史。在文学方面,三十年来,小说、散文都是用白话作的。当时最大的成绩就是替中国作到活的国语,一方面作文学,一方面作教育工具。但是这所谓国语的标准,绝不需专家去拟订,而都是老百姓和文学创造家所订的。所以我当时提了一个口号,叫"国语的文学、文学的国语"。先以白话作文学,以后白话即成为文学的国语,即自然而然成为标准。

凡是一国国语必须具备两个条件:国语多起源于方言,所以,(一)必须流通最远,范围最广,说的人最多;(二)必需曾产生大量的文学。以意大利、法国、德国、英国而言,他们的国语都是具备这两个条件的,我国流传最广的就是官话,外国人以为我们中国方言多,殊不知他们所接近的是我国沿海的地方,如广州、厦门、上海,除了这些地方以外,国内大部分地区都是以官话为标准的。试从极东北的哈尔滨,画一条斜线直到昆明,四千多里长的一条线上,任何人沿此线旅行无需乎改话。云南、贵州、四川的官话,都是标准国语。以面积而言,全国百分之九十为官话区,百分之十为方言区;以人口言,全国百分之七十五的人说官话,百分之二十五的人说方言,这是因为东南沿海人口较密的原故。在四万万人中有三万万人说一种话的,全世界可以说没有,所以第一个条件符合。第二个条件,我国在三十一二年前就已经合乎这种条件。老百姓作过很好的文学作品,如《红楼梦》、《水浒传》,每天都销几百万部。戏曲从元朝起就已经是白话的了,此外各地老百姓唱的民歌，也都是。

我在广西时曾收了不少歌谣，记得有一首是："买米要买一崭白，恋双要恋好角色，十字街头背锁链，旁人取笑也值得。"试问古文能写得这么好吗？另外一首是："老天爷你年纪大，你耳又聋来眼又花，看不见人听不见话，杀人放火的享富贵荣华，吃素看经的活活饿杀！老天爷！你不会作天，你塌了吧！老天爷！你不会作天，你塌了吧！"此外如路上唱曲的说词，后来变成小说，这都是无名英雄留下的头等作品，给国语造下不朽的功绩。此外如"这个"的"这"字，"我们"的"们"字，以及"为什么呢"的"呢"字，以前都不如此写，都是老百姓订下的。又如《水浒传》、《西游记》、《封神榜》等白话小说，都是国语写作的标准。所以国语并非几个人提倡，但是因为能符合这两个条件，才成为全国性的运动。我们研究世界文学，发现一件有趣的，就是中国方块字写起来虽然困难，但是文法的简单可称为世界第一。只要看一些标准作家的小说，不必学文法，人人可以无师自通。拿几百个字作底子，就可以看书写信，所以白话文能在短期内成功，其理由即在于此，甚至于连小孩子也不会说错文法。这是我们老祖宗给我们留下的一笔宝贵财产。现在白话虽然已经相当普遍，但是有些地方仍然是用文言，希望今后白话能普及到任何方面，如各机关来往的公文，也要用白话。

在上海文教界欢迎会上的讲话＊

九年来一向留在外国，好久没有穿中国衣服，好久没有说中国话，这次说话，也许要带出外国字来了，请大家不要见怪。承蒙诸君招待，非常感谢，只是因为回国十小时以内就闹腹泻，非常狼狈，所以两次定期都不能到，先向诸位道歉。

这九年之中，诸位在沦陷区，在后方，所做的许多抗战工作，我都没有参加；所受各种苦痛，也没有受到。好像是国家放了我九年假，现在回国，真有一种假期终了的感觉。

刚出去的时候，完全是考察性质，奉政府非正式的使命，去看看美国对我们抗战的舆论和态度。后来，奉中央研究院历史语言研究所之命出席在瑞士举行的国际历史科学会议，那时是一九三八年。这个会议我国还是第一次参加。自欧洲回美就奉命回到外交方面工作了。

我在一九三八年到一九四二年这整整四年之中担任着外交工作，责任实在是非常轻松的。每天不过换几套衣服、出席几次茶会或者Cocktail Party，没有订过一次条约，没有接洽过一次借款，没有捐过一笔钱。而且，我对他们说老实话，不讲究外交辞令，我们有困难就老老实实告诉他们；我要他们知道中国是一个文明的国家，中国人是老老实实的人。

后来，我的任务没有以前轻松了。政府已经看到，在我们一国单独挺身抗战之外还必须要注意世界局势的转变。不过老实说，我实在

＊ 本文是1946年7月20日下午胡适在上海国际饭店举行的欢迎茶会上的演讲词，载同年7月21日《申报》。上海各大学校长及文化界、新闻界、教育界的名流约四十人出席了欢迎会。——编者

还是一无成绩可以报告诸位听的。

我在没有递国书的时候广州失陷了。在递国书前三天武汉又陷，这正是国家最倒霉的时候。虽然我们一向主张说负责任的话，不怕人家笑骂、不怕人家嫌我们不时髦，但是在这广州、武汉相继沦陷的时候，我觉得这态度还不够，觉得我自己还应当参加意见、参加判断。我的报告是否准确，在历史上可以起作用，——我觉得只说负责任的话是不够了，我觉得实际负责任，比说话摇笔杆的负责任，还要艰难。写文章的人往往随便议论，并且常欢喜写翻案文章，但负责办事的却不容许如此的。

一九四二年秋天本来想回国，但是我有心脏病，医生说不适宜于高飞。而在重庆常常要跑很多石级，昆明又是海拔六七千尺高的地方，有心脏病的人都不相宜。于是，又在美国耽搁了几年。当时应回国从事文化工作的愿望也不能达到了。

出国的最初五年，从未从事学术研究，一篇文章不写，一点考据和研究的工作也没有作，即使讲演，也从没有什么心得。虽然得了三十一个荣誉学位，却并不是用功拿来的。于是下了一个决心，在一九四二年到一九四四年这几年中，努力于"无声无臭"，"无声"是不说话，"无臭"是不招摇，专心读书研究，利用这个国家给我的假期训练自己，预备回国来做一个教书匠。

去年九月政府发表我做北大校长。事前教育部和我没有一个字的联络。因为他们晓得我有一个弱点：国家在艰难的时候，政府发表我什么事，我是从不迟疑、从不否认的。北大的职务是一种光荣，但也是很艰巨的工作。我愿意做一个教书匠，一个史学家，这一点就算是我这余年中的一些"野心"罢。

主人要我就一个新从外国回来的人的看法，对国内情形说些话。题目太大了，不容易交卷。在国外的人常常看见大处，不见小的地方，因此有时就看到了整个的一面，不挑小眼儿。但是回国之后才知道和国外所闻的确有许多不同的地方。十个月前所乐观的，十个月后也许就有可以悲观之处。我从本月五日到上海，至今才两个礼拜，晤见朋友不少。上海的名片有两寸高,南京的名片也有两寸高,听到的话悲观的居多,对将来并且很有抱失望的。但是我虽去国九年,并没有和国内隔离,更从没有减少对国内的关怀。我以为用研究历史的态度看起来,我们是用不着太悲观的。

九年以前,或者十五年以前九一八事变的时候,我们都曾仔细考虑过局势,我也从不主张轻易作战。为什么呢? 就因为我们经济、文化、工业等等的基础都有些不敢接受这种挑战,打这空前大仗。到庐山会谈的时候,我们认为忍受得已经够了,正像一个患盲肠炎的人,明知开刀可以有性命危险,但是为保全自己的生命,也不能再怕冒险。所以,我们就接受了挑战,参加了战争,一打就打了八年。

用研究历史的眼光看起来,我们现在所受的痛苦,一部分固然或者还是由于我们的努力不够,但大部分或者还是因为历史上的必然。以美国之富强,胜利以后至今也还没有恢复常态。所以,我们现在虽然已经胜利,却绝不是已到了休息或者"写意"的时候。存了这样的想法,我们也许就不至于太悲观了。

我们应当研究我们的缺点究竟在什么地方,是人才吗? 学问吗? 然后努力加以克服。也许我们要再吃五年或者十年苦,但是如果只吃苦而不作探讨和研究,那么吃苦的时间只会更延长。我们文化界、教育界应当在这五年十年之间咬紧牙关、尽力挽救和改善目前的局面。如果我们自己先就悲观,觉得世事不可为,那么国事真更将令人悲观、令人觉得不可为了。

治 学 方 法*

刚才主席说:材料不很重要,重要的在方法,这话是很对的。有方法与无方法,自然不同。比如说,电灯坏了若有方法就可以把它修理好。材料一样的,然而方法异样的,所得结果便完全不同了。我今天要说的,就是材料很重要,方法不甚重要。用同等的方法,用在两种异样的材料上,所得结果便完全不同了。所以说材料是很要紧的。中国自西历一六〇〇至一九〇〇年当中,可谓是中国科学时期,亦可说是科学的治学时代,如清朝的戴东原先生在音韵学、校勘学上都有严整的方法。西洋人不能不承认这三百年是中国科学时代。我们自然科学虽没有怎样照[发]明,但方法很好,这是我们可以自己得意的。闽人陈第曾著《毛诗古音考》、《曲宋古音考》等些书。他方法很精密的,是顾炎武的老祖宗。顾亭林、阎百诗等些学者都开中国学术新纪元,他们是用科学方法探究学问。顾氏是以科学方法研究音韵学,他的方法是本证与旁证。比如研究《诗经》,从《诗经》本身来举证,是谓本证;若是从《诗经》的外面举证便谓旁证了。阎氏的科学方法是研究古文的真伪,文章的来源。

一六〇九年的哥白尼听说在意国的北部一个眼镜店里当小伙计。一天偶然叠上几片玻璃而发现在远方的东西,哥白尼以为望远镜是可以做到的。他利用这仪器,他对于天文学上就有很大的发现。像哈代玛(Houdvery)、牛顿(Newton),还有显微镜发明者黎汶豪(Ieeueven

---

* 本文是胡适的演讲词,由张嘉树记录,刊于1928年12月9日上海《民国日报·觉悟副刊》。——编者

Hock），他们都有很大的发明。当哥白尼及诸大学者存在时候，正是中国的顾炎武、阎百诗出世的时期，在这五六十年当中东西文化、东西学说的歧异就在这里。他们所谓方法就是假说与求证，牛顿就是大胆去假定，然后一步一步去证明。这是和我们不同的地方。我们的方法是科学的，然而材料是书本文字。我们的校勘学是校勘古学古字的正确的方法，如翻考《尔雅》诸子百家；考据学是考据古文的真伪。这一大堆东西可以代表清朝三百年的成绩。黎汶豪是以鉴钻等做研究的工具；牛顿是以木、石、自然资料来研究天文学。像现在已经把太阳系都弄清楚了。前几天报上宣传英国天文台要与火星通讯，像这样的造就实在可怕。十八十九世纪时候，西方学者才开始研究校勘学。瑞典的加礼文他专攻校勘学，曾经编成《中国文字分析字典》。像他这个洋鬼子不过研究四五年，而竟达到中国有三百年历史的校勘学成绩。加礼文说道："你们只在文字方面做功夫，不肯到汉口、广东、高丽、日本等地方实际考查文字的土音以为证明；要找出各种的读法应当要到北京、宁波……"这可证明探求学问方法完全是经验的要实地调查的。顾亭林费许多时间而所得到的很少，而结果走错了路。

　　刚才杨教务长问我怎样医治浪漫病？我回答他说：浪漫的病症在那里？我们以为浪漫病或者就是懒病。你们都是年青的，都还不到壮年时期，而我们已是老狗教不成新把戏了。现在我们无论走那条路，都是要研究微积分、生物学、天文学、物理学。我们要多做些实验功夫，我们要跟着西洋人走进实验室去。至于考据方面就要让我们老朽昏庸的人去做。黎汶豪的显微镜实在比妖怪还厉害，这是用无穷时间与时时刻刻找真理所得的结果。十九世纪时候，法国化学师巴斯德（Pasteur）在显微镜下面发现很可怕微生物。他并且感受疯狗的厉害便研究疯狗起来。后来从狗嘴的涎沫里及脑髓中去探究，方知道是细菌在作[怪]，出示神经系中有毒。他把狗骨髓取出风干经过十三四天之久，就把它变成注射药水，可以治好给疯狗咬着的人。但是当时没有胆量就注射在人身上，只先在他动物身上试验看看。在那时候很凑巧一位老太婆的儿子给狗咬伤，她请医生以死马当作活马医治，果然给他治好了。还有一位俄人他给狼咬着，他就发明打针方法。法国酒的病，蚕的病亦给显微镜找出来了；欧洲羊的病，德国库居(Koeh)应用药水力量把羊医好。像蚕病、醋病与酒病治好后，实在每年给法国省下来几千万的法郎。普法战争时，赔款有五十万万之巨额。然而英国赫胥黎(Huxley)尝说：巴斯德以一支玻璃管和一具显微镜已经把法赔款都付清了。懒的人实在没有懂得学问的兴趣。学问本来是干燥东西，而正确方法是建筑在正确上的，像西方的奈端和牛顿那样的正确。我们中国要研究有结果，最要紧的是要到自然界去，找自然材料。做的更要到民间去到家庭里去找活材料。我喜欢谈谈，大家都是年富力强，应该要打破和消灭懒病。还要连带说"606药水"，是法国某医生发明的，用以杀杨梅疮的微菌。这位先生他用化学方法，经过八年的研求而成功的。我们研究学问，要有材料和方法，要不懒，要坚韧不拔的努力，那么，浪漫病就可以打破了。

知识的准备*

一

在这个值得纪念的仪式完毕之后,你们就被列入少数特权分子之列——大学毕业生。今天并不是标示着人生一段时期的结束或完毕,而是一个新生活的开始,一个真正生活和真正充满责任的开端。

人家对你们作为大学毕业生的,总期望会与平常人有所不同,和大多数没有念过大学的人有所不同。他们预料你们言行会有怪异之处。

你们有些人或许不喜欢人家把你们目为与众不同、言行怪异的人。你们或许想要和群众混在一起,不分彼此。

让我们向你们保证,要回到群众中间,使人不分彼此,是一件容易做到的事。假如你们有这个愿望,你们随时都可以做到,你们随时都可以成为一个"好同伴",一个"易于相处的人",——而人们,包括你们自己,马上就会忘记你们曾经念过大学这回事。

虽然大学教育当然不该把我们造成为"势利之徒"和"古怪的人",可是我们大学毕业生一直保留一点儿与众不同的标志,却也不是一件坏事。这一点儿与众不同的标志,我相信,是任何学术机构的教育家所最希望造成的。

大学男女学生与众不同的这个标志是什么呢?多数教育家都很

---

* 本文是1941年6月中旬胡适在美国普渡大学毕业典礼上的演讲词,郭博信翻译,录自1984年台北联经初版的《胡适之先生年谱长编初稿》第5册。——编者

可能会同意的说，那是一个多少受过训练的脑筋，一个多少有规律的思想方式——这会使得，也应当使得，受大学教育的人显出有些与众不同的地方。

一个头脑受过训练的人在看一件事是用批判和客观的态度，而且也用适当的智识学问为凭依。他不容许偏见和个人的利益来影响他的判断，和左右他的观点。他一直都是好奇的，但是他绝对不会轻易相信人。他并不仓猝的下结论，也不轻易的附和他人的意见，他宁愿耽搁一段时间，一直等到他有充分的时间来查考事实和证据后，才下结论。

总而言之，一个受过训练的头脑，就是对于易陷入于偏见、武断和盲目接受传统与权威的陷阱，存在戒心和疑惧。同时，一个受过训练的脑筋绝不是消极或是毁灭性的。他怀疑人并不是喜欢怀疑的缘故；也并不是认为"所有的话都有可疑之处，所有的判断都有虚假之处"。他之所以怀疑是为了想确切相信一件事。为了要根据更坚固的证据和更健全的推理为基础，来建立或重新建立信仰。

你们四年的研究和实验工作一定教过你们独立思考、客观判断、有系统的推理，和根据证据来相信某一件事的习惯。这些就是，也应当是，标示一个人是大学生的标志。就是这些特征才使你们显得"与众不同"和"怪异"，而这些特征可能会使你们不孚众望和不受欢迎，甚至为你们社会里大多数人所畏避和摒弃。

可是，这些有点令人烦恼的特点却是你们母校于你们居留在此时间中，所教导你们而为此最感觉自豪的事。这些求知习惯的训练，如果我没有判断错误的话，也就是你们在大学里有责任予以培养起来的，回家时从这个校园里所带走的，并且在你们整个一生和在你们一切各种活动中，所继续不断的实行和发展的。

伟大的英国科学家，同时也是哲学家的赫胥黎(Thomas. H. Husley)曾说过："一个人一生中最神圣的行为就是口里讲，内心深感觉到这句话：'我相信某件事是实在的。'紧附在那个行为上的是人生存在世上一切最大的报酬和一切最严重的责罚。"要成功的完成这一个"最神圣的行为",那应用在判断、思考,和信仰上的思想训练和规律是必要的。

所以在这一个值得纪念的日子,你们必须问自己的第一个问题就是:我是否获得所期望于为一个受大学教育的我所应有的充分智识训练吗?我的头脑是否有充分的装备和准备来做赫胥黎所说的"一个人一生中最神圣的行为"?

二

我们必须要体会到"一个人一生中最神圣的行为"也同时是我们日常所需做的行为。另一个英国哲学家弥尔(John Stuart Mill)曾说过:"各个人每天每时每刻都需要确切证实他所没有直接观察过的事情……法官、军事指挥官、航海人员、医师、农场经营者(我们还可以加上一般的公民和选民)的事,也不过是将证据加以判断,并按照判断采取行动……就根据他们做法(思考和推论)的优劣,就可决定他们是否尽其分内的职责。这是头脑所不停从事的职责。"

由于人人每日每时都需要思考,所以人在思考时,极容易流于疏忽,漠不关心,和习惯性的态度。大学教育毕竟难以教给我们一整套精通与永久适用的求知习惯,原因是其所需的时间远超过大学的四年。大学毕业生离开了他的实验室和图书馆,往往感觉到他已经工作得太劳累,思考得太辛苦,毕业后应当享受到一种可以不必求知识的假期。他可能太忙或者太懒,而无法把他在大学里刚学到而还没有精通的知识训练继续下去。他可能不喜欢标榜自己为受过大学教育"好炫耀博学的人"。他可能发现讲幼稚的话与随和大众的反应是一种调剂,甚至是一种愉快的事。无论如何,大学毕业生离开大学之后,最普遍的危险就是溜回到怠惰和懒散方式的思考和信仰。

所以大学生离开学校后,最困难的问题就是如何继续培养精萃实验室研究的思考态度和技术,以便将这种思考的态度和技术扩展到他日常思想、生活,和各种活动上去。

天下没有一个普遍适用以提防这种懒病复发的公式。但是我们仍然想献给列位一个简单的妙计，这个妙计对我自己和对我的学生和朋友都很实用。

我所想要建议的是各个大学毕业生都应当有一个或两个或更多足以引起兴趣和好奇心的疑难问题，借以激起他的注意、研究、探讨，或实验的心思。你们大家都知道的，一切科学的成就都是由于一个疑难的问题碰巧激起某一个观察者的好奇心和想象力所促成的。有人说没装备良好的图书馆和实验室是无法延续求知的兴趣。这句话是不确实的。请问亚基米德、伽利略、牛顿、法拉第，或者甚至达尔文或巴斯德究竟有什么实验室或图书馆的装备呢？一个大学毕业生所需要的仅是一些会激起他的好奇心，引起他的求知欲和挑激他的想法求解决的有趣的难题。那种挑激引发的性质就足够引致他搜集资料、触类旁通、设计工具，和建立简单而适用的试验和实验室。一个人对于一些引人好奇的难题不发生兴趣的话，就是处在设备良好的实验室和博物馆中，智识上也不会有任何发展。

四年的大学教育所给予我们的，毕业只不过是已经研究出来和尚未研究出来的学问浩瀚范围的一瞥而已。不管我们主修的是那一个科目，我们都不应当有自满的感觉，以为在我们专门科目范围内，已经没有不解决的问题存在。凡是离开母校大门而没有带一两个智识上的难题回家去，和一两个在他清醒时一直缠绕着他的问题，这个人的智识生活可以说是已经寿终正寝了。

这是我给你们的劝告：在这一个值得纪念的日子里，你们该花费几分钟，为你们自己列了一个智识的清单，假如没有一两个值得你们下决心解决的智识难题，就不轻易步入这个大世界。你们不能带走你们的教授，也不能带走学校的图书馆和实验室。可是你们带走几个难题。这些难题时刻都会使你们智识上的自满和怠惰下来的心受到困扰。除非你们向这些难题进攻，并加以解决，否则你们就一直不得安宁。那时候，你们看吧，在处理和解决这些小难题的时候，你们不但使你们思考和研究的技术逐渐纯熟和精稔，而且同时开拓出智识的新地平线并达到科学的新高峰。

三

这种一直有一些激起好奇心和兴趣疑难问题来刺激你们的小妙计有许多功用。这个妙计可使你们一生中对研究学问的兴趣永存不灭，可开展你们新嗜好的兴趣，把你们日常生活提高到超过惯性和苦闷的水准之上。常常在沉静的夜里，你们突然成功的解决了一个讨厌的难题而很希望叫醒你们的家人，对他们叫喊着说："我找到了，我找到了！"那时候给你们的是智识上的狂喜和很大的乐趣。

但是这种自找问题和解决问题方式最重要的用处，是在于用来训练我们的能力，磨炼我们的智慧，而因此使我们能精稔实验与研究的方法和技术。对思考技术的精稔可能引使你们达到创造性的智识高峰，但是也同时会渐渐的普遍应用在你们整个生活上，并且使你们在处理日常活动时，成为比较懂得判断的人，会使你们成为更好的公民，更聪明的选民，更有智识的报纸读者，成为对于目前国家大事或国际大事一个更为胜任的评论者。

这个训练对于为一个民主国家里公民和选民的你们是特别重要的。你们所生活的时代是一片充满了惊心动魄事件的时代，一个势要毁灭你们政府和文化根基的战争时代。而从各方面拥集到你们身上的是强有力不让人批驳的思想形态，巧妙的宣传，以及随意歪曲的历史。希望你们在这个要把人弄得团团转的旋风世界中，要建立起你们的判断力，要下自己的决定，投你们的票，和尽你们的本分。

有人会警告你们要特别提高警觉，以提防邪恶宣传的侵袭。可是你们要怎样做才能防御宣传的侵入呢？因为那些警告你们的人本身往往就是职业的宣传员，只不过他们罐头上所用的是不同的商标；但这些罐头里照样是陈旧的和不准批驳的东西！

例如，有人告诉你们，上次世界大战所有一切唯心论的标语，像"为世界民主政治的安全而战"和"以战争来消弭战争"，这些话，都是想讨人欢喜的空谈和烟幕而已。但是揭露这件事的人也就是宣传者，他要我们全体都相信美国之参加上次世界大战是那些"担心美元英镑贬值"放高利贷者和发战争财者所促成的。

再看另一个例子。你们是在一个信仰所培养之下长大起来的。这些信仰就是相信你们的政府形式，属于人民的政府，尊敬个人的自由，特别是相信那保护思想、信仰、表达，和出版等自由的政府形式是人类最伟大的成就之一。但是我们这一代的新先知们却告诉你们说，民主的代议政府仅是资本主义制度下的一个必然的副产品，这个制度并没有实质的优点，也没有永恒的价值；他们又说个人的自由并不一定是人们所希求的，为了集体的福利和权力的利益起见，个人的自由应当视为次要的，甚至应当加以抑压下去的。

这些和许多其他相反的论调到处都可以看到听到，都想要迷惑你们的思想，麻木你们的行动。你们需要怎么样准备自己来对付一切所有这些相反的论调呢？当然不会是紧闭着眼睛不看，掩盖着耳朵不听吧。当然也不会躲在良好的古老传统信仰的后面求庇护吧，因为受攻击和挑衅的就是古老的传统本身。当然也不会是诚心诚意的接受这种陈腔烂调和不准批驳的思想和信仰的体系，因为这样一个教条式的思想体系可能使你们丢失了很多的独立思想，会束缚和奴役你们的思想，以致从此之后，你们在智识上说，仅是机械一个而已。

你们可能希望能保持精神上的平衡和宁静，能够运用你们自己的判断，唯一的方法就是训练你们的思想，精稔自由沉静思考的技术。使我们更充分了解智识训练的价值和功效的就是在这智识困惑和混乱的时代。这个训练会使我们能够找到真理——使我们获得自由的真理。

关于这种训练与技术，并没有什么神秘的地方。那就是你们在实验室里所学到的，也就是你们最优秀的教师终生所从事，而在你们研究论文上所教你们的方法，那就是研究和实验的科学方法。也就是你们要学习应用于解决我所劝你们时刻要找一两个疑难问题所用的同样方法。这个方法，如果训练得纯熟精通，会使我们能在思考我们每天必须面对有关社会、经济,和政治各项问题时,会更清楚、会更胜任的。

以其要素言,这个科学技术包括非常专心注意于各种建议、思想和理论,以及后果的控制和试验。一切思考是以考虑一个困惑的问题或情况开始的。所有一切能够解决这个困惑问题的假设都是受欢迎的。但是各个假设的论点却必须以在采用后可能产生的后果来作为适用与否的试验,凡是其后果最能满意克服原先困惑所在的假设,就可接受为最好和最真实的解决方法。这是一切自然、历史,和社会科学的思考要素。

人类最大的谬误,就是以为社会和政治问题简单得很,所以根本不需要科学方法的严格训练,而只要根据实际经验就可以判断,就可以解决。

但是事实却是刚刚相反的。社会与政治问题是关联着千千万万人命和福利的问题。就是由于这些极具复杂性和重要性的问题是十分困难的,所以使得这些问题到今日还没有办法以准确的定量衡量方法和试验与实验的精确方法来计量。甚至以最审慎的态度和用严格的方法无法保证绝无错误。但是这些困难却省免不了我们用尽一切审慎和批判的洞察力来处理这些庞大的社会和政治问题的必要。

两千五百年前某诸侯问孔子说:"一言而可以兴邦……一言而丧邦有诸?……"

想到社会与政治的问题,总会提醒我们关于向孔子请教的这两个问题,因为对社会与政治的思考必然会连带想起和计划整个国家、整个社会,或者整个世界的事。所以一切社会与政治理论在用以处理一个情况时,如果粗心大意或固守教条,严重的说来,可能有时候会促成预料不到的混乱、退步、战争,和毁灭,有时就真的是一言兴邦,一言丧邦。

刚就在前天,希特勒对他的军队发出一个命令,其中说到一句话:他要决定他的国家和人民未来一千年的命运!

但希特勒先生一个人是无法以个人的思想来决定千千万万人的

生死问题。你们在这里所有的人需要考虑你们即将来临的本地与全国选举中有所选择,所有的人需要对和战问题表达意见,并不[下?]决定。是的,你们也会考虑到一个情况,你们在这个情况中的思考是正确,是错误,就会影响千千万万人的福利,也可能直接或间接的决定未来一千年世界与其文化的命运!

所以为少数特权阶级的我们大学男女,严肃的和胜任的把自己准备好,以便像在今日的这个时代,这个世界,每日从事思考和判断,把我们自己训练好,以便作有责任心的思考,乃是我们神圣的任务。

有责任心的思考至少含着三个主要的要求:第一,把我们的事实加以证明,把证据加以考查;第二,如有差错,谦虚的承认错误,慎防偏见和武断;第三,愿意尽量彻底获致一切会随着我们观点和理论而来的可能后果,并且道德上对这些后果负责任。

怠惰的思考,容许个人和党团的因素不知不觉的影响我们的思考,接受陈腐和不加分析的思想为思考之前提,或者未能努力以获致可能后果,来试验一个人的思想是否正确等等就是智识上不负责任的表现。

你们是否充分准备来做这件在你们一生中最神圣的行动——有责任心的思考?

为什么读书*

青年会叫我在未离南方赴北方之前在这里谈谈,我很高兴,题目是为什么读书。现在读书运动大会开始,青年会拣定了三个演讲题目。我看第二题目怎样读书很有兴味,第三题目读什么书更有兴味,第一题目无法讲,为什么读书,连小孩子都知道,讲起来很难为情,而且也讲不好。所以我今天讲这个题目,不免要侵犯其余两个题目的范围,不过我仍旧要为其余两位演讲的人留一些余地。现在我就把这个题目来试一下看。我从前也有过一次关于读书的演讲,后来我把那篇演讲录略事修改,编入三集《文存》里面,那篇文章题目叫作《读书》,其内容性质较近于第二题目,诸位可以拿来参考。今天我就来试试为什么读书这个题目。

从前有一位大哲学家做了一篇《读书乐》,说到读书的好处,他说:"书中自有千钟粟,书中自有黄金屋,书中自有颜如玉。"这意思就是说,读了书可以做大官,获厚禄,可以不至于住茅草房子,可以娶得年轻的漂亮太太(台下哄笑)。诸位听了笑起来,足见诸位对于这位哲学家所说的话不十分满意。现在我就讲所以要读书的别的原因。

为什么要读书?有三点可以讲:第一,因为书是过去已经知道的智识学问和经验的一种记录,我们读书便是要接受这人类的遗产;第二,为要读书而读书,读了书便可以多读书;第三,读书可以帮助我们解决困难,应付环境,并可获得思想材料的来源。我一踏进青年会的

---

* 本文是 1930 年 11 月下旬胡适在上海青年会的演讲词,原载 1930 年 12 月、1931 年 2 月《现代学生》第一卷第 3、5 期,收入人民教育出版社 1994 年版《胡适教育论著选》(白吉庵等编)等。——编者

大门，就看见许多关于读书的标语。为什么读书？大概诸位看了这些标语就都已知道了，现在我就把以上三点更详细的说一说。

第一，因为书是代表人类老祖宗传给我们的智识的遗产，我们接受了这遗产，以此为基础，可以继续发扬光大，更在这基础之上，建立更高深更伟大的智识。人类之所以与别的动物不同，就是因为人有语言文字，可以把智识传给别人，又传至后人，再加以印刷术的发明，许多书报便印了出来。人的脑很大，与猴不同，人能造出语言，后来更进一步而有文字，又能刻木刻字；所以人最大的贡献就是过去的智识和经验，使后人可以节省许多脑力。非洲野蛮人在山野中遇见鹿，他们就画了一个人和一只鹿以代信，给后面的人叫他们勿追。但是把智识和经验遗给儿孙有什么用处呢？这是有用处的，因为这是前人很好的教训。现在学校里各种教科，如物理、化学、历史，等等，都是根据几千年来进步的智识编纂成书的，一年、两年，或者三年，教完一科。自小学、中学，而至大学毕业，这十六年中所受的教育，都是代表我们老祖宗几千年来得来的智识学问和经验。所谓进化，就是叫人节省劳力，蜜蜂虽能筑巢，能发明，但传下来就只有这一点智识，没有继续去改革改良，以应付环境，没有做格外进一步的工作。人呢，达不到目的，就再去求进步，而以前人的智识学问和经验做参考。如果每样东西，要个个人从头学起，而不去利用过去的智识，那不是太麻烦吗？所以人有了这智识的遗产，就可以自己去成家立业，就可以缩短工作，使有余力做别的事。

第二点稍复杂，就是为读书而读书。读书不是那么容易的一件事情，不读书不能读书，要能读书才能多读书。好比戴了眼镜，小的可以放大，糊涂的可以看得清楚，远的可以变为近。读书也要戴眼镜。眼镜越好，读书的了解力也越大。王安石对曾子固说："读经而已，则不足以知经。"所以他对于本草、内经、小说，无所不读，这样对于经才可以明白一些。王安石说："致其知而后读。"

请你们注意，他不说读书以致知，却说，先致知而后读书。读书固然可以扩充知识；但知识越扩充了，读书的能力也越大。这便是"为读书而读书"的意义。

试举《诗经》作一个例子。从前的学者把《诗经》看作"美""刺"的圣书,越讲越不通。现在的人应该多预备几副好眼镜,人类学的眼镜、考古学的眼镜、文法学的眼镜、文学的眼镜。眼镜越多越好,越精越好。例如"野有死麕,白茅包之。有女怀春,吉士诱之",我们若知道比较民俗学,便可以知道打了野兽送到女子家去求婚,是平常的事。又如"钟鼓乐之,琴瑟友之",也不必说什么文王太姒,只可看作少年男子在女子的门口或窗下奏乐唱和,这也是很平常的事。再从文法方面来观察,像《诗经》里"之子于归"、"黄鸟于飞"、"凤凰于飞"的"于"字;此外,《诗经》里又有几百个的"维"字,还有许多"助词"、"语词",这些都是有作用而无意义的虚字,但以前的人却从未注意及此。这些字若不明白,《诗经》便不能懂。再说在《墨子》一书里,有点光学、力学,又有点经济学。但你要懂得光学,才能懂得墨子所说的光;你要懂得各种智识,才能懂得《墨子》里一些最难懂的文句。总之,读书是为了要读书,多读书更可以读书。最大的毛病就在怕读书,怕读难书。越难读的书我们越要征服它们,把它们作为我们的奴隶或向导,我们才能够打倒难书,这才是我们的"读书乐"。若是我们有了基本的科学知识,那末,我们在读书时便能左右逢源。我再说一遍,读书的目的在于读书,要读书越多才可以读书越多。

第三点,读书可以帮助解决困难,应付环境,供给思想材料。知识是思想材料的来源。思想可分作五步。思想的起源是大的疑问。吃饭拉屎不用想,但逢着三岔路口、十字街头那样的环境,就发生困难了。走东或走西,这样做或是那样做,有了困难,才有思想。第二步要把问题弄清,究竟困难在那一点上。第三步才想到如何解决,这一步,俗话叫作出主意。但主意太多,都采用也不行,必须要挑选。但主意太少,或者竟全无主意,那就更没有办法了。第四步就是要选择一个假定的解决方法。要想到这一个方法能不能解决。若不能,那末,就换一个;若能,就行了。这好比开锁,这一个钥匙开不开,就换一个;假定是可以开的,那末,问题就解决了。第五步就是证实。凡是有条理的思想都要经过这步,或是逃不了这五个阶段。科学家要解决问题,侦探要侦探案件,多经过这五步。

这五步之中,第三步是最重要的关键。问题当前,全靠有主意(Ideas)。主意从哪儿来呢?从学问经验中来。没有智识的人,见了问题,两眼白瞪瞪,抓耳挠腮,一个主意都不来。学问丰富的人,见着困难问题,东一个主意,西一个主意,挤上来,涌上来,请求你录用。读书是过去智识学问经验的记录,而智识学问经验就是要用在这时候,所谓养军千日,用在一朝。否则,学问一些都没有,遇到困难就要糊涂起来。例如达尔文把生物变迁现象研究了几十年,却想不出一个原则去整统他的材料。后来无意中看到马尔萨斯的人口论,说人口是按照几何学级数一倍一倍的增加,粮食是按照数学级数增加,达尔文研究了这原则,忽然触机,就把这原则应用到生物学上去,创了物竞天择的学说。读了经济学的书,可以得着一个解决生物学上的困难问题,这便是读书的功用。古人说:"开卷有益",正是此意。读书不是单为文凭功名,只因为书中可以供给学问知识,可以帮助我们解决困难,可以帮助我们思想。又譬如从前的人以为地球是世界的中心,后来天文学家科白尼却主张太阳是世界的中心,地球绕着而行。据罗素说,科白尼所以这样的解说,是因为希腊人已经讲过这句话;假使希腊没有这句话,恐怕更不容易有人敢说这句话吧。这也是读书的好处。有一家书店印了一部旧小说叫作《醒世姻缘》,要我作序。这部书是西周生所著的,印好后在我家藏了六年,我还不曾考出西周生是谁。这部小说讲到婚姻问题,其内容是这样:有个好老婆,不知何故,后来忽然变坏,作者没有提及解决方法,也没有想到可以离婚,只说是前世作孽,因为在前世男虐待女,女就投生换样子,压迫者变为被压迫者。这种前世作孽,起先相爱,后来忽变的故事,我仿佛什么地方看见过。后来忽然想起《聊斋》一书中有一篇和这相类似的笔记,也是说到一个女子,起先怎样爱着她的丈夫,后来怎样变为凶太太,便想到这部小说大约是蒲留仙或是蒲留仙的朋友做的。去年我看到一本杂记,也说是蒲留仙做的,不过没有多大证据。今年我在北京,才找到了证据。这一件事可以解释刚才我所说的第二点，就是读书可以帮助读书，同时也可以解释第三点，就是读书可以供给出主意的来源。当初若是没有主意，到了逢着困难时便要手足无措，所以读书可以解决问题，就是军事、政治、财政、思想等问题，也都可以解决，这就是读书的用处。

我有一位朋友，有一次傍着灯看小说，洋灯装有油，但是不亮，因为灯芯短了。于是他想到《伊索寓言》里有一篇故事，说是一只老鸦要喝瓶中的水，因为瓶太小，得不到水，它就衔石投瓶中，水乃上来。这位朋友是懂得化学的，于是加水于灯中，油乃碰到灯芯。这是看《伊索寓言》给他看小说的帮助。读书好像用兵，养兵求其能用，否则即使坐拥十万二十万的大兵也没有用处，难道只好等他们"兵变"吗？

至于"读什么书"，下次陈钟凡先生要讲演，今天我也附带的讲一讲。我从五岁起到了四十岁，读了三十五年的书。我可以很诚恳的说，中国旧籍是经不起读的。中国有五千年文化，"四部"的书已是汗牛充栋。究竟有几部书应该读，我也曾经想过。其中有条理有系统的精心结构之作，二千五百年以来恐怕只有半打。"集"是杂货店，"史"和"子"还是杂货店。至于"经"，也只是杂货店，讲到内容，可以说没有一些东西可以给我们改进道德增进智识的帮助的。中国书不够读，我们要另开生路，辟殖民地，这条生路，就是每一个少年人必须至少要精通一种外国文字。读外国语要读到有乐而无苦，能做到这地步，书中便有无穷乐趣。希望大家不要怕读书，起初的确要查阅字典，但假使能下一年苦功，继续不断做去，那末，在一二年中定可开辟一个乐园，还只怕求知的欲望太大，来不及读呢。我总算是老大哥，今天我就根据我过去三十五年读书的经验，给你们这一个临别的忠告。

读书的习惯重于方法*

读书会进行的步骤,也可以说是采取的方式大概不外三种:

第一种是大家共同选定一本书本读,然后互相交换自己的心得及感想。

第二种是由下往上的自动方式,就是先由会员共同选定某一个专题,限定范围,再由指导者按此范围拟定详细节目,指定参考书籍。每人须于一定期限内作成报告。

第三种是先由导师拟定许多题目,再由各会员任意选定。研究完毕后写成报告。

至于读书的方法我已经讲了十多年,不过在目前我觉到读书全凭先养成好读书的习惯。读书无捷径,是没有什么简便省力的方法可言的。读书的习惯可分为三点:一是勤,二是慎,三是谦。

勤苦耐劳是成功的基础,做学问更不能欺己欺人,所以非勤不可。其次谨慎小心也是很重要的,清代的汉学家著名的如高邮王氏父子,段茂堂等的成功,都是遇事不肯轻易放过,旁人看不见的自己便可看见了。如今的放大几千万倍的显微镜,也不过想把从前看不见的东西现在都看见罢了。谦就是态度的谦虚,自己万不可先存一点成见,总要不分地域门户,一概虚心的加以考察后,再决定取舍。这三点都是很要紧的。

其次还有个买书的习惯也是必要的,闲时可多往书摊上逛逛,无论什么书都要去摸一摸,你的兴趣就是凭你伸手乱摸后才知道的。图

---
* 本文原载 1935 年 5 月 14 日《大学新闻》第三卷第 11 期。——编者

书馆里虽有许多的书供你参考,然而这是不够的。因为你想往上圈画一下都不能。更不能随便的批写。所以至少像对于自己所学的有关的几本必备书籍,无论如何,就是少买一双皮鞋,这些书是非买不可的。

青年人要读书,不必先谈方法,要紧的是先养成好读书、好买书的习惯。

论家庭教育*

唉，可怜呵！可怜我中国几万万同胞，懵懵懂懂无知无识的生在世界上，给人家瞧不起，给人家当奴才当牛马。这种种的苦趣，种种的耻辱，究竟祸根在哪里？病源在哪里呵？照我看起来，总归是没有家庭教育的结果罢了。

什么叫作家庭教育呢？就是一个人小的时候在家中所受的教训。列位看官，你们不听见俗语中有一句话么："山树条，从小弯"（这是我们徽州的俗语）；又说道："三岁定八十"，可见一个人小的时候，最是要紧。将来成就大圣大贤大英雄大豪杰，或是成就一个大奸大盗小窃偷儿，都在这"家庭教育"四个字上分别出来。儿子孙子将来或是荣宗耀祖，或是玷辱祖宗，也都在这"家庭教育"四个字上分别出来。看官要晓得这少年时代，便是一个人最要紧的关头。这家庭教育便是过这关头的令箭，所以我今天便详详细细的说一番。

列位且听我道来。我们中国古时候，最注重这家庭教育。儿子还在母亲怀中没有生下来，便要行那胎教。做母亲的，席不正不坐；行步不敢不正；不听非礼之音；不说非礼之言，这便叫作胎教。儿子生下地来，便要拣一个好的褓姆，好好的教导他。六岁教他什么，七岁教他什么，八岁九岁教什么，到了十岁才出来从师读书。十岁以内，便都是父母的教训，这便叫作家庭教育。

看官须记清，我中国古时的人，都是受过家庭教育来的了。看官

---

* 本文原载 1908 年 9 月 6 日出版的《竞业旬报》第 26 期，收入《胡适教育论著选》（白吉庵等编）。——编者

要晓得,这家庭教育最重要的便是母亲。因为做父亲的,断不能不出外干事,断不能常常住在家中,所以这教儿子的事情,便是那做母亲的专责了。古时的人把娶妻的事情看得极重,女子教育还不致十分抛却。又把儿子看得极重,以为做父母的身后一切责任都靠儿子,所以这家庭教育十分发达。只可怜一天不如一天,一朝不如一朝,女子的教育一日不如一日,家庭教育便一日衰似一日了。做母亲的把儿子看作宝贝一般,一些[点]也不敢得罪,吃要吃得好,穿要穿得好,做了极狡猾极凶极恶的事情,做母亲的还要说这是我儿子的才干呢。这样的事情,把做儿子的纵容得无法无天,什么事都会干出来。有时候父亲看了不过意,说他几句,骂他几声,做母亲的还要偏护着儿子,种种替他遮掩。唉!这便是中国国民愚到这样地位的原因。这个问题,要再不改良,我们中国的人,要都变作蠢蠢的牛马了。

现在要改良家庭教育,第一步便要开广[办]女学堂。为什么呢?因为列位看官中,听了兄弟的话,或者有人回去要办起家庭教育来了。但是列位府上的嫂子们,未必个个都会懂得,列位要说改良,他们仍旧照老规矩,极力纵容,极力遮掩,列位又怎样奈何他呢?所以兄弟的意思,很想多开些女学堂。列位要晓得,这女学堂便是制造好母亲的大制造厂。列位要想得好儿子,便要兴家庭教育;要兴家庭教育,便要大开女学堂。列位万不可不留意于此呵。

开女学堂的办法,或者有什么地方办不到,所以兄弟很巴望列位看官个个回去,劝劝你们的嫂子们,说儿子是一定要教训的,儿子不教训,弄坏了,将来你们老了,倚靠何人。总而言之,这家庭教育在如今,格外要紧,格外不能不办。兄弟是从来不说玩话的呵!

八股的起原[*]

我常指出"律赋"是八股的娘家。八股文最重"破题","破题"之名亦起于"律赋"。律赋的起句必须扣住题目,故名曰"破题"。试举律赋中最有名的"破题"为例:

王安石　首善自京师赋
王化下究,人文内崇。繫京师首善之教,自太学亲民之功。

苏颂　历者天地之大纪赋
昔圣王建官司地,窥象知天,推历用明于大纪,考星岁自于初躔。

郑獬　圆丘象天赋
礼大必简,丘圆自然,盖推尊于上帝,遂拟象于高天。

苏轼　浊醪有妙理赋
酒勿嫌浊,人当取醇,失忧心于昨梦,信妙理之凝神。

林希　佚道使民赋
古者善政,陶乎庶民,上安行于佚道,下无惮于劳身。

---

[*] 本文作于1943年8月18日,见耿云志主编、黄山书社1994年12月版《胡适遗稿及秘藏书信》第13册。——编者

以上各例,均见《宋文鉴》卷十一。唐人集中"律赋"甚多,如白居易、元稹,都有律赋,亦各有"破题"的警句。

不但"破题"是律赋与八股同有的。承题以下分股开讲,其形式都与赋体最相近。

以上是我的旧说。

今天看明刻丛书"百陵学山",其中有《黎子杂释》一卷,是"未斋黎久之大"著作的。其中有"黎近授徒都市"一条,述黎近教弟子的话:

> 经义(八股)之破题,即律诗之起句也。承题即其第二句也。小大讲,即中二联也。结题即末二句也。

此论与我的见解大致相同。"律诗"与"律赋"大致同出于一个时代。他们的结构很相同。但普通的律诗比较更自由一点。只有"试帖诗",完全与律赋的格律相同。试举白居易《宣州试"窗中列远岫"诗》为例:

> 天静秋心好,窗明晓翠通。
> 遥怜峰窈窕,不隔竹蒙笼。
> 万点富虚室,千重叠远空。
> 列檐攒秀气,缘隟助清空。
> 碧爱新晴后,明宜返照中。
> 宣城郡斋在,望与古时同。

又举元稹的《赋得"雨后花"》作例:

> 红芳怜静色,深与雨相宜。
> 余滴下纤蕊,残珠堕细枝。
> 浣花江上思,啼粉镜中窥。
> 念此徘徊久,风光幸一吹。

这些律诗的第一、二句即是"破题"。黎说,律诗起句是破题,第二句是承题。我嫌他说的太拘太窄。如杜甫的"剑外忽传收蓟北"可说是破题,"初闻涕泪满衣裳"可说是承题。但在绝大多数的律诗里,破题实不限于第一句。即此两句杜诗,第二句写个"喜"字,仍可说是"破题"的一部分。

总之,律诗(严格的试帖的律诗)与律赋是八股文的来源,绝无可疑。律诗的局面太窄,不够发挥经义;而律赋的体裁原来就有"破题"一类的"术语",其分段转韵的篇幅格局尽够作敷演经义之用。故八股的形式最近于律赋。故我们可以说律赋是八股的生母。

世传王安石是八股的老祖宗,这是因为荆公始改科举制度,用经义替代辞赋。当时的文人都是受过律赋的训练的,他们若试作经义,当然不知不觉的采用或套取"律赋"的法门。经义时文出于律诗律赋,是历史上自然的趋势。

卅二,八,十八

书院制史略*

我为何讲这个题目？因为古时的书院与现今教育界所倡的"道尔顿制"精神大概相同。一千年以来，书院实在占教育上一个重要位置，国内的最高学府和思想的渊源，唯书院是赖。盖书院为我国古时最高的教育机关。所可惜的，就是光绪变政，把一千年来书院制完全推翻，而以形式一律的学堂代替教育。要知我国书院的程度，足可以比外国的大学研究院。譬如南菁书院，他所出版的书籍，等于外国博士所做的论文。书院之废，实在是吾中国一大不幸事。一千年来学者自动的研究精神，将不复现于今日了。所以我今日要讲这个书院的问题。本题计分两节：第一，书院的历史；第二，书院的精神。兹分别言之：

一、书院的历史

（一）精舍与书院。书院在顶古的时候，无史可考；因古代的学校，都是私家设立，不甚出名。周朝学制，亦无书院的名称。战国时候，讲学风起，私家学校渐为人所器重。汉时私家传授之盛，为古所未有。观汉朝的国子监太学生，多至数万人，即可见学风之盛。六朝时候，除官学外，复有精舍。此精舍系由少数的贵族或士大夫在郊外建屋数椽，以备他们春夏射御，秋冬读书的处所。唯此精舍，仍由私家学塾蝉蜕而来，其教授方法，与佛家讲经相同。佛家讲经只许和尚沉思默想，

---

* 本文是1923年12月10日胡适在南京东南大学的演讲词。原载1923年12月17、18日上海《时事新报》"学灯"副刊，又载1923年12月24日，《北京大学日刊》；收入人民教育出版社1992年版《胡适教育文选》（柳芳主编）等。——编者

倘和尚不明经理而欲请教于大和尚,此时大和尚就以杖叩和尚之头,在问者虽受重击,毫无怨言,仍俯首思索如故。有时思索不得,竟不远千里朝拜名山,俾一旦触机觉悟,此法系启发学者思想。不藉外界驱策而能自动学习,所以精舍也采取佛家方法。其后道家讲经,也和佛家相同。到唐明皇的时候,始有书院的名称。书院之有学校的价值,固自唐始,但至宋朝更进步了。

(二)宋代四大书院。书院名称,至宋朝时候才完全成立。当时最负盛名的书院,如石鼓、岳麓、应天、白鹿洞,世人称为四大书院。这些书院,都系私人集资建造,请一个学者来院主教,称他叫山长。书院大半在山水优秀的地方,院内广藏书籍,使学生自修时候,不致无参考书。此藏书之多,正所以引起学生自由研究的兴趣。此四大书院,不独藏书很多,并且请有学者在院内负指导责任。来兹学者,如有困难疑惑之处,即可向指导者请教,犹如今日道尔顿制的研究室。所以宋朝的书院,就是为学者自修的地方。

(三)宋代书院制度。宋代书院制度,很可研究。每一个书院,有山长一人,系学识丰富的人充任。书院里藏书极多,有所谓三舍制,就如湖南潭州书院,分县学、书院、精舍三种。在州府县学里读书,都是普通之才;优者升入书院。当时书院的程度,犹如今日大学本科,倘在书院里考得成绩很好,就升入精舍。此时犹如今日入大学研究院了。又当时又有所谓太学三舍制,就是在宋仁宗的时候,大兴学校,令天下皆设官学,自己复于京师设立太学。考他的组织方法,也有三种阶级,在州县学读书,称曰外舍,等于大学预科;经一种考试升入内舍,等于今日大学本科;再经严格的考试,就升入精舍,等于今日大学研究院。这种制度,已在浙江书院实行了。

(四)宋代讲学之风与书院。宋代讲学之盛,古所未有。当时所谓州学、县学、官学,只有其名,而无其实。此等学校,吾无以名之,只得叫它曰抽象的学校,大概一位老师就是一个学校,老师之责任,就在讲经。当时入官学者甚少,国子监大学生都可花钱捐得。然而尊崇一派奉为名师,日趋听讲者亦甚多。听讲时大半笔记,不用书籍,如《朱子语录》,即学生所做的笔记。教法亦大半采佛家问答领悟之法,至于讲学之风,迨南宋时可谓登峰造极。当时学生所最崇拜的,只有二人,因此分为两派:一派当推朱子,而另一则为陆象山派。朱陆既殁,其徒散居各处,亦复以讲学为号召,所以私立的书院,就从此增多了。

(五)会讲式的书院。会讲式的书院,起自明朝,如无锡东林书院,每月订有开会时间。开会之先,由书院散发请帖,开会时由山长主讲一段,讲毕,令学生自由讨论,各抒意见,互相切磋,终以茶点散会。

(六)考课式的书院。考课式的书院,亦起自明朝。此式定每月三、六、九日或朔、望两日,由山长出题,凡合于应试资格的人,即可往书院应试。书院并订津贴寒士膏火办法,供寒士生活之用。此等书院,仅在考试时非常忙碌,平时无须开门,考课者亦不必在场内,只要各抒谠论而已。

(七)清代的书院。清时学术思想,多不尊重理学一派,只孜孜研究考据实用的学问。学者贵能就性之所近,分门研究,研究所得,以笔记之。有时或做极长的卷折,以示造诣。所有书院,概系公立,山长由州府县官聘请富有学识者充之。山长薪水很大,书院经费,除山长薪水外,又有经临等费。学生除不收学费外,又有膏火津贴奖赏等。所以在学足供自给,安心读书,并可以膏火等费赡养家室,不致有家室之累。每一书院,藏书极多,学生可以自由搜求材料,并有学识丰富之山长,加以指导。其制度完备,为亘古所未有,而今则不复见了!

二、书院的精神

(一)代表时代精神。一时代的精神,只有一时代的祠祀,可以代表。因某时之所尊奉者,列为祠祀,即可觇某时代民意的趋向。古时书院常设神祠祀,带有宗教的色彩,其为一千年来民意之所寄托,所以能代表各时代的精神。如宋朝书院,多崇拜张载、周濂溪、邵康节、程颐、程颢诸人,至南宋时就崇拜朱子,明时学者又改崇阳明,清时偏重汉学。而书院之祠祀,不外供许慎、郑玄的神像。由此以观,一时代精神,即于一时代书院所崇祀者足以代表了。

(二)讲学与议政。书院既为讲学的地方,但有时亦为议政的机关。因为古时没有正式代表民意的机关;有之,仅有书院可以代行职权了。汉朝的太学生,宋朝朱子一派的学者,其干涉国家政治之气焰,盛极一时;以致在宋朝时候,政府立党籍碑,禁朱子一派者应试,并不准起复为官。明朝太监专政,乃有无锡东林书院学者出而干涉,鼓吹建议,声势极张。此派在京师亦设有书院,如国家政令有不合意者,彼辈虽赴汤蹈火,尚仗义执言,以致为宵小所忌,多方倾害,死者亦多,政府并名之曰东林党。然而前者死后者继,其制造舆论,干涉朝政,固不减于昔日,于此可知书院亦可代表古时候议政的精神,不仅为讲学之地了。

(三)自修与研究。书院之真正的精神唯自修与研究,书院里的学生,无一不有自由研究的态度,虽旧有山长,不过为学问上之顾问;至研究发明,仍视平日自修的程度如何。所以书院与今日教育界所倡道尔顿制的精神相同。在清朝时候,南菁、诂经、钟山、学海四书院的学者,往往不以题目甚小,即淡漠视之。所以限于一小题或一字义,竟终日孜孜,究其所以,参考书籍,不惮烦劳,其自修与研究的精神,实在令人佩服!

三、结　论

本题拟举二例,作为结论:(一)譬如南菁书院,其山长黄梨洲先生,常以八字告诫学生,即"实事求是,莫作调人"。因为研究学问,遇困难处若以调人自居,则必不肯虚心研究,而近乎自暴自弃了。(二)又如上海龙门书院,其屏壁即大书"读书先要会疑,学者须于无疑中寻找疑处,方为有得",即可知古时候学者的精神,唯在刻苦研究与自由思索了。其意以学问有成,在乎自修,不在乎外界压迫。这种精神,我恐今日学校中多轻视之。又当声明者,即书院并不拒绝科学,如清代书院的课程,亦有天文、算学、地理、历史、声、光、化、电等科学。尤以清代学者如戴震、王念孙等都精通算学为证。惜乎光绪变政,将一千年来的书院制度,完全推翻,而以在德国已行一百余年之学校代替此制,诩为自新。使一千年来学者自动的研究精神,将不复现于今日。吾以今日教育界提倡道尔顿制,注重自动的研究,与书院制不谋而合,不得不讲这书院制度的略史了。

书院的教育*

这一千年来的中国教育史，可说是书院制度的沿革史。这是我深信而不疑的。二十年前的盲目的革新家不认得书院就是学堂，所以他们毁了书院来办他们所谓"学堂"！他们不知道书院是中国一千年来逐渐演化出来的一种高等教育制度；他们忘了这一千年来造就人才，研究学问，代表时代思潮，提高文化的唯一机关全在书院里。他们不知道他们所谓"学堂"，——那挂着黑板，排着一排一排的桌凳，先生指手画脚地讲授，学生目瞪口呆地听讲的"学堂"，——乃是欧洲晚近才发明的救急方法，不过是一种"灌注"知识的方便法门，而不是研究学问和造就人才的适当办法。他们不知道这一千年演进出来的书院制度，因为他注重自修而不注重讲授，因为他提倡自动的研究而不注重被动的注射，真有他独到的精神。可以培养成一种很有价值的教育制度。

二十年前的革新家因反对八股的科举而一并废除了文官考试制度；因反对书院的课程不合时势而一并废除了一千年艰难演进出来的教育制度！没有历史眼光的革新家的流毒真不浅啊！

---

* 本文录自《胡适遗稿及秘藏书信》第 5 册（耿云志主编），黄山书社 1994 年版。——编者

清代学者的治学方法[*]

一

研究欧洲学术史的人知道科学方法不是专讲方法论的哲学家所发明的,是实验室里的科学家所发明的,不是亚里士多德(Aristotle)、倍根(Bacon)、弥儿(Mill)一班人提倡出来的,是格利赖(Galileo)、牛敦(Newton)、勃里斯来(Priestley)一班人实地试行出来的。即如世人所推为归纳论理的始祖的倍根,他不过曾提倡知识的实用和事实的重要,故略带着科学的精神。其实他所主张的方法,实行起来,全不能适用,决不能当"科学方法"的尊号。后来科学大发达,科学的方法已经成了一切实验室的公用品,故弥儿能把那时科学家所用的方法编理出来,称为归纳法的五种细则。但是弥儿的区分,依科学家的眼光看来,仍旧不是科学用来发明真理解释自然的方法的全部。弥尔和倍根把演绎法看得太轻了,以为只有归纳法是科学方法。近来的科学家和哲学家渐渐的懂得假设和证验都是科学方法所不可少的主要分子,渐渐的明白科学方法不单是归纳法,是演绎和归纳相互为用的,忽而归纳,忽而演绎,忽而又归纳;时而由个体事物到全称的通则,时而由全称的假设到个体的事实,都是不可少的。我们试看古今来多少科学的大发明,便可明白这个道理。更浅一点,我们走进化学实验室里去做完一小盒材料的定性分析,也就可以明白科学的方法不单是归纳一项了。

---

[*] 本文原载 1919 年 11 月、1920 年 9 月、1921 年 4 月《北京大学月刊》第 5、7、9 期,原题《清代汉学家的科学方法》,收入《胡适文存》时作者作了修改。——编者

欧洲科学发达了二三百年，直到于今方才有比较的圆满的科学方法论。这都是因为高谈方法的哲学家和发明方法的科学家向来不很接近，所以高谈方法的人至多不过能得到一点科学的精神和科学的趋势；所以创造科学方法和实用科学方法的人，也只顾他自己研究试验的应用，不能用哲学综合的眼光把科学方法的各方面详细表示出来，使人了解。哲学家没有科学的经验，决不能讲圆满的科学方法论。科学家没有哲学的兴趣，也决不能讲圆满的科学方法论。

不但欧洲学术史可以证明我这两句话，中国的学术史也可以引来作证。

二

当印度系的哲学盛行之后，中国系的哲学复兴之初，第一个重要问题就是方法论，就是一种逻辑。那个时候，程子到朱子的时候，禅宗盛行，一个"禅"字几乎可以代表佛学。佛学中最讲究逻辑的几个宗派，如三论宗和法相宗都很不容易研究，经不起少许政府的摧残，就很衰微了。只有那"明心见性，不立文字"的禅宗，仍旧风行一世。但是禅宗的方法完全是主观的顿悟，绝不是多数人"自悟悟他"的方法。宋儒最初有几个人曾采用道士派关起门来虚造宇宙论的方法，如周濂溪、邵康节一班人。但是他们只造出几种道士气的宇宙观，并不曾留下什么方法论。直到后来宋儒把《礼记》里面一篇一千七百五十个字的《大学》提出来，方才算是寻得了中国近世哲学的方法论。自此以后，直到明代和清代，这篇一千七百五十个字的小书仍旧是各家哲学争论的焦点。程、朱、陆、王之争，不用说了。直到二十多年前康有为的《长兴学记》里还争论"格物"两个字究竟怎样解说呢！

《大学》的方法论，最重要的是"致知在格物"五个字。程子、朱子一派的解说是：

所谓"致知在格物"者，言欲致吾之知，在即物而穷其理也。

盖人心之灵莫不有知，而天下之物莫不有理。惟于理有未穷，故其知有不尽也。是以《大学》始教，必使学者即凡天下之物，莫不因其已知之理而益穷之，以求至乎其极。至于用力之久，而一旦豁然贯通焉，则众物之表里精粗无不到，而吾心之全体大用无不明矣。（朱子补《大学》第五章）

这一种"格物"说便是程朱一派的方法论。这里面有几点很可注意。（1）他们把"格"字作"至"字解，朱子用的"即"字，也是"到"的意思。"即物而穷其理"是自己去到事物上寻出物的道理来。这便是归纳的精神。（2）"即凡天下之物，莫不因其已知之理而益穷之，以求至乎其极"，这是很伟大的希望。科学的目的，也不过如此。小程子也说，"语其大至天地之高厚，语其小至一物之所以然，学者皆当理会"。倘宋代的学者真能抱着这个目的做去，也许做出一些科学的成绩。

但是这种方法何以没有科学的成绩呢？这也有种种原因。（1）科学的工具器械不够用。（2）没有科学应用的需要。科学虽不专为实用，但实用是科学发展的一个绝大原因。小程子临死时说："道著用，便不是。"这种绝对非功用说，如何能使科学有发达的动机？（3）他们既不讲实用，又不能有纯粹的爱真理的态度。他们口说"致知"，但他们所希望的，并不是这个物的理和那个物的理，乃是一种最后的绝对真理。小程子说："今日格一件，明日格一件，积习既多，然后脱然有贯通处。"又说："自一身之中，至万物之理，但理会得多，自然豁然有觉悟处。"朱子上文说的"至于用力之久，而一旦豁然贯通焉，则众物之表里精粗无不到，而吾心之全体大用无不明矣"，这都可证宋儒虽然说"今日格一事，明日格一事"，但他们的目的并不在今日明日格的这一事。他们所希望的是那"一旦豁然贯通"的绝对的智慧。这是科学的反面。科学所求的知识正是这物那物的道理，并不妄想那最后的无上智慧。丢了具体的物理，去求那"一旦豁然贯通"的大彻大悟，绝没有科学。

再论这方法本身也有一个大缺点。科学方法的两个重要部分，一是假设，一是实验。没有假设，便用不着实验。宋儒讲格物全不注重假设。如小程子说:"致知在格物,物来则知起。物各付物,不役其知,则意诚不动。"天下那有"不役其知"的格物? 这是受了《乐记》和《淮南子》所说"人生而静,天之性也,感于物而动,性之欲也"那种知识论的毒。"不役其知"的格物,是完全被动的观察,没有假设的解释,也不用实验的证明。这种格物如何能有科学的发明?

但是我们平心而论,宋儒的格物说,究竟可算得是含有一点归纳的精神。"即凡天下之物,莫不因其已知之理而益穷之"一句话里,的确含有科学的基础。朱子一生有时颇能做一点实地的观察。我且举朱子《语录》里的两个例:

(1)今登高山而望,群山皆为波浪之状,便是水泛如此,只不知因什么事凝了。

(2)尝见高山有螺蚌壳,或生石中。此石即旧日之土,螺蚌即水中之物。下者却变而为高,柔者却变而为刚。此事思之至深,有可验者。

这两条都可见朱子颇能实行格物。他这种观察,断案虽不正确,已很可使人佩服。西洋的地质学者,观察同类的现状,加上胆大的假设,作为有系统的研究,便成了历史的地质学。

三

起初小程子把"格物"的物字解作"语其大至天地之高厚,语其小至一物之所以然",又解作"自一身之中,至万物之理"。这个"物"的范围,简直是科学的范围。但是当科学器械不完备的时候,这样的科学野心,不但做不到,简直是妄想。所以小程子自己先把"物"的范围缩小了。他说:"穷理亦多端,或读书讲明义理,或论古今人物,别其是非,或应接事物,处其当然:皆穷理也。"这是把"物"字缩到"穷经,应事,尚论古人"三项。后来朱子便依着小程子所定的范围。朱子是一个读书极博的人,他的一生精力大半都用在"读书穷理","读书求义"上。他曾费了大工夫把《四子书》、《四经》(《易》、《诗》、《书》、《春秋》)自汉至唐的注疏细细整理一番,删去那些太繁的和那些太讲不通的,又加上许多自己的见解,做成了几部简明贯串的集注。这几部书,八百年来,在中国发生了莫大的势力。他在《大学》、《中庸》两部书上用力更多。每一部书有《章句》,又有《或问》,《中庸》还有《辑略》。他教人看《大学》的法子:"须先读本文,念得,次将《章句》来解本文,又将《或问》来参《章句》,须逐一令记得,反复寻究,待他浃洽,既逐段晓得,将来统看温寻过,这方始是。"看这一条,可以想见朱子的格物方法在经学上的应用。

他这种方法是很繁琐的。在那禅学盛行的时代,这种方法自然很受一些人的攻击。陆子批评他道:"易简工夫终久大,支离事业竟浮沉。""支离事业"就是朱子一派的"传注"工夫。陆子自己说:"学苟知本,则《六经》皆我注脚。"又说:"《六经》注我,我注《六经》。"他所说的"本",就是自己的心。他说:"宇宙即是吾心,吾心即是宇宙。"他又说,"万物皆备于我。只要明理。然理不解自明,须是隆师亲友"。

朱子说,"人心之灵,莫不有知,而天下之物,莫不有理"。这是说"理"在物中,不在心内,故必须去寻求研究。陆子说"此心此理,实不容有二"。心就是理,理本在心中,故说"理不解自明"。这种学说和程朱一系所说"即物而穷其理"的方法,根本上立于反对的地位。

后来明代王阳明也攻击朱子的格物方法。阳明说:

> 众人只说格物要依晦翁,何曾把他的说去用。我着实曾用来。初年与钱友同论做圣贤要格天下之物,因指亭前竹子,令去格看。钱子早夜去穷格竹子的道理,竭其心思,至于三日,便致劳神成疾。当初说他是精力不足,某因自去穷格,早夜不得其理,到七日亦以劳思致疾。遂相与叹,圣贤是做不得的,无他大力量去格物了。

王阳明这样挖苦朱子的方法,虽然太刻薄一点,其实是很切实的批评。朱子一系的人何尝真做过"即凡天下之物,莫不因其已知之理而益穷之"的工夫?朱子自己说:"夫天下之物,莫不有理,而其精蕴则已具于圣贤之书,故必由是以求之。"从"天下之物"缩小到"圣贤之书",这一步可算跨得远了!

王阳明自己主张的方法大致和陆象山相同。阳明说:"心外无物。"又说:"物者,事也。凡意之所发,必有其事。意所在之事谓之物。"又说:"如吾心发一念孝亲,即孝亲便是物。"他把"格"字当作"正"字解,他说:"格者,正也,正其不正以归于正也。"他把"致知"解作"致吾心之良知",故要人"于其良知所知之善者,即其意之所在之物,而实为之,无有乎不尽;于其良知所知之恶者,即其意之所在之物,而实去之,无有乎不尽"。这就是格物。

陆、王一派把"物"的范围限于吾心意念所在的事物,初看去似乎比程、朱一派的"物"的范围缩小得多了。其实并不然。程、朱一派高谈"即凡天下之物",其实只有"圣贤之书"是他们的"物"。陆、王明明承认"格天下之物"是做不到的事,故把范围收小,限定"意所在之事谓之物"。但是陆、王都主张"心外无物"的,故"意所在之事"一句话的范围可大到无穷,比程、朱的"圣贤之书"广大得多了。还有一层,陆、王一派极力提倡个人良知的自由,故陆子说《六经》为我注脚;王子说:"夫学贵得之心,求之于心而非也,虽其言之出于孔子,不敢以为是也。"这种独立自由的精神便是学问革新的动机。

但是独立的思想精神,也是不能单独存在的。陆王一派的学说,解放思想的束缚是很有功的,但他们偏重主观的见解,不重物观的研究,所以不能得社会上一般人的信用。我们在三四百年后观察程、朱、陆、王的争论,从历史的线索上看起来,可得这样一个结论:"程、朱的格物论注重'即物而穷其理',是很有归纳的精神的。可惜他们存一种被动的态度,要想'不役其知',以求那豁然贯通的最后一步。那一方面,陆、王的学说主张真理即在心中,抬高个人的思想,用良知的标准来解脱'传注'的束缚。这种自动的精神很可以补救程朱一派的被动的格物法。程、朱的归纳手续，经过陆、王一派的解放，是中国学术史的一大转机。解放后的思想，重新又采取程、朱的归纳精神，重新经过一番'朴学'的训练，于是有清代学者的科学方法出现，这又是中国学术史的一大转机。"

四

中国旧有的学术，只有清代的"朴学"确有"科学"的精神。"朴学"一个名词包括甚广，大要可分四部分：

一、文字学（philology）。包括字音的变迁，文字的假借通转，等等。

二、训诂学。训诂学是用科学的方法，物观的证据，来解释古书文字的意义。

三、校勘学（textual criticism）。校勘学是用科学的方法来校正古书文字的错误。

四、考订学（higher criticism）。考订学是考定古书的真伪，古书的著者，及一切关于著者的问题的学问。

因为范围很广，故不容易寻一个总包各方面的类名。"朴学"又称为"汉学"，又称为"郑学"。这些名词都不十分满人意。比较起来，"汉学"两个字虽然不妥，但很可以代表那时代的历史背景。"汉学"是对于"宋学"而言的。因为当时的学者不满意于宋代以来的性理空谈，故抬出汉儒来，想压倒宋儒的招牌。因此，我们暂时沿用这两个字。

"汉学"这个名词很可表示这一派学者的公同趋向。这个公同趋向就是不满意于宋代以来的学者用主观的见解来做考古学问的方法。这种消极方面的动机，起于经学上所发生的问题，后来方才渐渐的扩充，变成上文所说的四种科学。现在且先看汉学家所攻击的几种方法：

（1）随意改古书的文字。

（2）不懂古音，用后世的音来读古代的韵文，硬改古音为"叶音"。

(3)增字解经。例如解"致知"为"致良知"。

(4)望文生义。例如《论语》"君子耻其言而过其行",本有错误,故"而"字讲不通,宋儒硬解为"耻者,不敢尽之意,过者,欲有余之辞",却不知道"而"字是"之"字之误(皇侃本如此)。

这四项不过是略举几个最大的缺点。现在且举汉学家纠正这种主观的方法的几个例。唐明皇读《尚书·洪范》:"无偏无颇,遵王之义",觉得下文都协韵,何以这两句不协韵,于是下敕改"颇"为"陂",使与义字协韵。顾炎武研究古音,以为唐明皇改错了,因为古音"义"字本读为我,故与颇字协韵。他举《易·象传》"鼎耳革,失其义也;覆公㻞,信如何也",又《礼记·表记》"仁者,右也;道者,左也;仁者,人也;道者,义也",证明义字本读为我,故与左字、何字、颇字协韵。

又《易·小过》上六:"弗遇过之,飞鸟离之。"朱子说当作"弗过遇之"。顾炎武引《易·离》九三,"日昃之离,不鼓缶而歌,则大耋之嗟",来证明"离"字古读如罗,与过字协韵,本来不错。

"望文生义"的例如《老子》"行于大道,唯施是畏",王弼与河上公都把"施"字当作"施为"解。王念孙证明"施"字当读为"迤",作邪字解。他举的证据甚多:(1)《孟子·离娄》,"施从良人之所之",赵岐注,"施者,邪施而行",丁公著音迤。(2)《淮南·齐俗训》,"去非者,非批邪施也",高诱注:"施,微曲也。"(3)《淮南·要略》,"接径直施",高注:"施,邪也。"以上三证,证明施与迤通,《说文》说:"迤,衺行也。"(4)《史记·贾生传》,"庚子日施兮",《汉书》写作"日斜兮"。(5)《韩非子》的《解老篇》解《老子》这一章,也说:"所谓大道也者,端道也。所谓貌施也者,邪道也。"以上两证,证明施字作邪字解。这种考证法还不令人心服吗?

这几条随便举出的例,可以表示汉学家的方法。他们的方法的根本观念可以分开来说:

(1)研究古书,并不是不许人有独立的见解,但是每立一种新见解,必须有物观的证据。

(2)汉学家的"证据"完全是"例证"。例证就是举例为证。看上文所举的三件事，便可明白"例证"的意思了。

（3）举例作证是归纳的方法。举的例不多，便是类推（analogy）的证法。举的例多了，便是正当的归纳法（induction）了。类推与归纳，不过是程度的区别，其实他们的性质是根本相同的。

（4）汉学家的归纳手续不是完全被动的，是很能用"假设"的。这是他们和朱子大不相同之处。他们所以能举例作证，正因为他们观察了一些个体的例之后，脑中先已有了一种假设的通则，然后用这通则所包涵的例来证同类的例。他们实际上是用个体的例来证个体的例，精神上实在是把这些个体的例所代表的通则，演绎出来。故他们的方法是归纳和演绎同时并用的科学方法。如上文所举的第一件事，顾炎武研究了许多例，得了"凡义字古音皆读为我"的通则。这是归纳。后来他遇着"无偏无颇，遵王之义"一个例，就用这个通则来解释他，说这个义字古音读为我，故能与颇字协韵。这是通则的应用，是演绎法。既是一条通则，应该总括一切"义"字，故必须举出这条"义读为我"的例，来证明这条"假设"的确是一条通则。印度因明学的三支，有了"谕体"（大前提），还要加上一个"谕依"（例），就是这个道理。

五

我现在且举几个最精密的长例来表示汉学家的科学方法。清代汉学的成绩要算文字学的音韵一部分为最大，故我先举钱大昕考定古今音变迁的一条例。钱氏于古音学上有两大发明，一是"古无轻唇音"，一是"古无舌头舌上之分"。前一条我已引在我的《中国哲学史大纲》里了。现在且举他的"古无舌头舌上之分"一条。舌上的音如北方人读"知"、"彻"、"澄"三组的字都是舌上音。舌头音为"端"、"透"、"定"三组的字（西文的 D、T 两母的字）。钱氏发明现读舌上音的字，古音都读舌头的音。他举的例如下：

（1）《说文》"冲读若动"。《书》"惟予冲人"，《释文》"直忠切"。

古读直如特,冲子犹童子也。字母家不识古音,读冲为虫,不知古读虫亦如同也。《诗》"蕴隆虫虫",《释文》,"直忠反";徐,"徒冬反"。《尔雅》作爞爞;郭,"都冬反"。《韩诗》作烔,音徒冬反。是虫与同,音不异。

(2)古音中如得。《三仓》云,"中,得也"。《史记·封禅书》,"康后与王不相中";《周勃传》,"子胜之尚公主,不相中"。小司马皆训为得。

(3)古音陟如得。《周礼》,"太卜掌三梦之法……三曰咸陟"。注,"陟之言得也,读如王德翟人之德"。

(4)古音赵如掉。《诗》"其镈斯赵",《释文》,"徒了反"。《周礼·考工记》注引此作"其镈斯掉",大了反。《荀子》杨倞注,"赵读为掉"。

(5)古音直如特。《诗》,"实惟我特",《释文》,"《韩诗》作直,云相当值也"。《檀弓》,"行并植于晋国",注,"植或为特"。《王制》"天子犆礿",《释文》,"犆音特"。

(6)古音竹如笃。《诗》"绿竹猗猗",《释文》,"《韩诗》作䈞,音徒沃反",与笃音相近,皆舌音也。笃竹并从得声。《论语》,"君子笃于亲",《汗简》云,"古文作竺"。《书》,"笃不忘",《释文》,"本又作竺"。《释诂》,"竺,厚也",《释文》,"本又作笃"。《汉书·西域传》,"无雷国北与捐毒接",师古曰,"捐毒即身毒,天毒也"。《张骞传》,"吾贾人转市之身毒国",邓展曰,"毒音督",李奇曰,"一名天竺"。《后汉书·杜笃传》,"摧天督",注,"即天竺国"。然则竺、笃、毒、督四字同音。

(7)古读猪如都。《檀弓》,"洿其宫而猪焉",注,"猪,都也,南方谓都为猪"。《书》"大野既猪",《史记》作既都。"荥波既猪",《周礼》注引作"荥播既都"。

(8)古读追如堆。《郊特牲》,"母追",《释文》,"多雷反"。枚乘《七发》,"逾岸出追",李善注,"追古堆字"。

(9)古读俾如裨。《诗》"俾彼甫田",《韩诗》作裨。

(10)古读枨如棠。孔子弟子申枨,《史记》作申棠。……因枨有棠音,可悟古读"长"丁丈切,与党音相似,正是音和,非类隔。

(11)古读池如沱。《诗》,"滮池北流",《说文》引作"滮沱"。《周礼》职方氏,"并州,其川虖池";《礼记》,"晋人将有事于河,必先有事于恶池",即滮沱之异文。

(12)古读廛如坛。《周礼》廛人,注,"故书廛为坛,杜子春读坛为廛"。"载师以廛里任国中之地",注,"故书廛或为坛,司农读为廛"。

(13)古读秩如梯。《书》,"平秩东作",《说文》引作梯,从丰,弟声。……凡从失之字,如跌、迭、胅、蛈、泆皆读舌音,则秩亦有迭音可信也。

(14)侄娣本双声字。《公羊·释文》,"侄,大结反,娣,大计反",此古音也。《广韵》,侄有"徒结"、"直一"两切。

(15)古读陈如田。《说文》:"田,陈也。"陈完奔齐,以国为氏,而《史记》谓之田氏。是古田陈同声。

钱氏所举的例,不只这十五个,我不能全抄了。看他每举一个例,必先证明那个例;然后从那些证明了的例上求出那"古无舌头舌上之分"的大通则。这里面有几层的归纳,和几层的演绎。他从《诗·释文》、《檀弓·注》、《王制·释文》各例上寻出"古读直如特"的一条通则,便是一层归纳。他用同样的方法去寻出"古读竹如笃","古读猪如都"等等通则,便是十几次的归纳。然后把这许多通则贯串综合起来,求出"古读舌上音皆为舌头音"的大通则,便是一层大归纳。经过这层大归纳之后,有了这个大通则,再看这个通则有没有例外。如字书读冲为虫,他便可应用这条大通则,说虫字古时也读如"同"。这是演绎。他怕演绎的证法还不能使人心服,故又去寻个体的例,如虫字的"直忠"和"都冬"两切,证明虫字古读如同。这又是归纳了。

这是汉学家研究音韵学的方法。三百年来的音韵学所以能成一种有系统有价值的科学,正因为那些研究音韵的人,自顾炎武直到章太炎都能用这种科学的方法,都能有这种科学的精神。

六

我再举一个训诂学的例。清代讲训诂的方法,到王念孙、王引之父子两人,方才完备。二王以后,俞樾、孙诒让一班人都跳不出他们两人的范围。王氏父子所著的《经传释词》,可算得清代训诂学家所著的最有统系的书,故我举的例也是从这部书里来的。古人注书最讲不通的,就是古书里所用的"虚字"。"虚字"在文法上的作用最大,最重要。古人没有文法学上的名词,一切统称为"虚字"(语词,语助词,等等),已经是很大的缺点了。不料有一些学者竟把这些"虚字"当作"实字"用,如"言"字在《诗经》里常作"而"字或"乃"字解,都是虚字,被毛公、郑玄等解作代名词的"我"字,便更讲不通了。王氏的《经传释词》全用归纳的方法,举出无数的例,分类排比起来,看出相同的性质,然后下一个断案,定他们的文法作用。我要举的例是用在句中或句首的"焉"字。

"焉"字用在句尾,是很平常的用法。例如"殆有甚焉","必有事焉",都作"于此"解,那是很容易的。但是"焉"字又常常用在一句的中间或一句的起首,他的功用等于"于是","乃","则"一类的状词,大概是表时间的关系,有时还带着一点因果的关系。王氏举的例如下:

(1)《礼记·月令》,"命舟牧覆舟,五覆五反,乃告舟备具于天子,天子焉(于是)始乘舟。"

(2)《晋语》,"尽逐群公子,乃立奚齐,焉(于是)始为令于国。"

(3)《墨子·鲁问》,"公输子自鲁南游楚,焉(于是)始为舟战之器。"

(4)《山海经·大荒西经》,"夏后开焉(于是)始得歌九招。"

(5)《祭法》,"坛墠有祷,焉(则)祭之;无祷乃止。"

(6)《三年问》,"故先王焉(乃)为之立中制节。"

(7)又,"焉(乃)使倍之,故再期也。"

(8)《大戴礼·王言篇》,"七教修,焉(乃)可以守;三至行,焉(乃)可以征。"

(9)《曾子·制言篇》,"有知,焉(乃)谓之友;无知,焉谓之主。"

(10)《齐语》,"乡有良人,焉(乃)以为军令。"

(11)《吴语》,"吾道路悠远,必无有二命,焉(乃)可以济事。"

(12)《老子》,"信不足,焉(于是)有不信。"

(13)《管子·幼官篇》,"胜无非义者,焉(乃)可以为大胜。"

(14)又《揆度篇》,"民财足则君赋欲焉(乃)不穷。"

(15)《墨子·亲士篇》,"焉(乃)可以长生保国。"

(16)又《兼爱》,"必知乱之所自起,焉(乃)能治之。"

(17)又《非攻》,"汤焉(乃)敢奉率其众以乡有夏之境。"

(18)《庄子·则阳篇》,"君为政,焉(乃)勿卤莽;治民,焉(乃)勿灭裂。"

(19)《荀子·议兵篇》,"若赴水火,入焉(则)焦没耳。"

(20)又,"凡人之动也,为赏庆为之,则见害伤焉(乃)止矣。"

(21)《离骚》,"驰椒邱且焉(于是)止息。"

(22)《九章》,"焉(于是)洋洋而为客","焉(于是)舒情而抽信兮。"

(23)《九辩》,"国有骥而不知乘兮,焉(乃)皇皇而更索。"

(24)《招魂》,"巫阳焉(乃)下招曰。"

(25)《远游》,"焉(乃)逝以徘徊。"

(26)僖十五年《左传》,"晋于是乎作爰田,晋于是乎作州兵。"《晋语》作,"焉作辕田,焉作州兵。"是"焉"与"于是"同义。

(27)《荀子·礼论篇》,"三者偏亡,焉无安人。"《史记·礼书》用此文,焉作则。《老子》,"故贵以身为天下,则可寄天下。"《淮南·道应训》引此,则作焉。是"焉"与"则"同义。

这种方法,先搜集许多同类的例,比较参看,寻出一个大通则来:完全是归纳的方法。但是以我自己的经验看起来,这种方法实行的时候,决不能等到把这些同类的例都收集齐了,然后下一个大断案。当我们寻得几条少数同类的例时,我们心里已起了一种假设的通则。有了这个假设的通则,若再遇着同类的例,便把已有的假设去解释他们,看他能否把所有同类的例都解释的满意。这就是演绎的方法了。演绎的结果,若能充分满意,那个假设的通则便成了一条已证实的定理。这样的办法,由几个(有时只须一两个)同类的例引起一个假设,再求一些同类的例去证明那个假设是否真能成立:这是科学家常用的方法。假设的用处就是能使归纳法实用时格外经济,格外省力。凡是科学上能有所发明的人,一定是富于假设的能力的人。宋儒的格物方法所以没有效果,都因为宋儒既想格物,又想"不役其知"。不役其知就是不用假设,完全用一种被动的态度。那样的用法,决不能有科学的发明。因为不能提出假设的人,严格说来,竟可说是不能使用归纳方法。为什么呢? 因为归纳的方法并不是教人观察"凡天下之物",并不是教人观察乱七八糟的个体事物;归纳法的真义在于教人"举例",在于使人于乱七八糟的事物里面寻出一些"类似的事物"。当他"举例"时,心里必已有了一种假设。如钱大昕举冲、中、陟、直、赵、竺……等字时,他先已有一种"类"的观念,先有了一种假设。不然,他为什么不举别的整千整万的字呢? 又如王氏讲"焉"字的例,他若先没有一点假设,为什么单排出这些句中和句首的"焉"字呢? 汉学家的长处就在他们有假设通则的能力。因为有假设的能力,又能处处求证据来证实假设的是非,所以汉学家的训诂学有科学的价值。道光年间有个方东澍做了一部《汉学商兑》,极力攻击汉学家,但他对于高邮王氏的《经义述闻》,也不能不佩服,不能不说"实足令郑、朱俛首,自汉唐以来未有其比"。这可见汉学家的方法精密,就是宋学的死党也不能不心服了。

七

我在上文已举了音韵学和训诂学的例,我现在再举清代校勘学作例。古书被后人抄写刻印,很难免去错抄错刻的弊病。譬如我做了一篇一百字的文章,写好之后,我自己校看一遍,没有错字。这个原稿可叫作"甲"。我的书记重抄一篇,送登《北京大学月刊》。因为"甲"是用草字写的,抄本"乙"误认了一个字,遂抄错了一个字。这篇"乙"稿拿去排印,商务印书馆的排工又排错了一字;这个印本,可叫作"丙"。这三个本子的"可靠性"有如下的比例:

"甲"本,100;"乙"本,99;"丙"本,98.02。

这一个本子,只经过三手,已比原本减少01.98的可靠性了。何况古代的著作,经过了一两千年的传抄翻印,那能保得住没有错误呢。校勘学的发生,只是要救正这种"日读误书"的危险。但是这种校勘的工夫,初看似乎很容易,其实真不容易。譬如上文说的"丙"本,只须寻着我的"甲"本,细细校对一遍,就可校正了。但是这种容易的校勘是不常有的。有些古书并没有原本可用来校对,所有的古本无论怎样古,终究是抄本。有时一部书只有一个传本,并无第二本。校书的人既不可随意乱改古书,又不可穿凿附会,勉强解说(说详本篇第四篇),自不能不用精密的方法,正确的证据,方才能使人心服。清代的校勘学所以能使人心服,正为他用的是科学的方法。

校勘学的方法可分两层说。第一是根据,第二是评判。根据是校勘时用来作比较参考的底本。根据大约有五种:(1)根据最古的本子。例如阮元的《论语注疏校勘记》引据的本子是:《汉石经残字》、《唐石经》、《宋石经》、皇侃《义疏》、《高丽本》(据陈鳣《论语古训》引的)、《十行本》(宋刻的,元明修补的)、《闽本》(明嘉靖时刊)、《非监本》(明万历时刊)、《毛本》(明崇祯时刊),共计九种古本。(2)根据古书里引用本书的文句。例如《群书治要》、《太平御览》等书引了许多古书,可以用做参考。又如阮元校勘《论语》"君子耻其言而过其行"一句,先说:"皇本,高丽本,而作之;行下有也。"这是前一种的根据。阮元又说:"按《潜夫论·交际篇》,孔子疾夫言之过其行者,亦作之字。"这是第二种根据。又如《荀子·天论》,"内外无别,男女淫乱,则父子相疑,上下乖离",这四项是平等的,不当夹一个"则"字。《韩诗外传》有这一段,没有"则"字;《群书治要》引的,也没有"则"字。故王念孙根据这两书,说"则"字是衍文。(3)根据本书通行的体例。最明显的例是《墨子·小取篇》："辟也者,举也物而以明之也。"第二个"也"字,初看似乎无意思,故毕沅校《墨子》,便删了这个字。王念孙后来发现"《墨子》书通以也为他"一条通例,故说这个"也"字也是"他"字:"举他物以明此物谓之譬",这就明白了。他的儿子王引之又用这条通例来校《小取篇》"无也故焉"的"也"字也是"他"字;又"无故也焉"一句也应该改正为"无也故焉",那"也"字也是"他"字。后来我校《小取篇》,"是犹谓也者同也,吾岂谓也者异也"两句,也用这条通例来把第一和第三个"也"字都读作"他"字。(4)根据古注和古校本。古校本最重要的莫如陆德明的《经典释文》。古注自汉以来多极了,不能遍举。我且举两个应用的例。《易·系辞传》,"拟之而后言,议之而后动",议字实在讲不通。《释文》云,"陆、姚、桓玄、荀柔之作仪"。"仪"字作效法解,与"拟"字并列,便讲得通了。《系辞》又有"几者,动之微,吉之先见者也"。我不懂得此处何故单说"吉",不说"吉凶"。后来我读孔颖达《正义》说"诸本或有凶字者,其定本则无也",方才知道唐初的人还见过有"凶"字的本子,可据此校改。后来我读《汉书·楚元王传》:"穆生曰,《易》称知几其神乎;几者,动之微,吉凶之先见者也。"此又可证我的前说。(5)根据古韵。我引王念孙《读书杂志》一段作例:

《淮南子·原道训》,"是故无所私而无所公,靡滥振荡,与天地鸿洞;无所左而无所右,蟠委错纷,与万物始终。"案始终当作终始。(上文云,"水流而不止,与万物终始"。)公洞为韵。右始为韵。(右,古读若"以",说见《唐韵正》。)若作始终,则失其韵矣。

《俶真训》,"若夫真人则动溶于至虚而游于灭亡之野,骑蜚廉而从敦圄,驰于外方(外方据道藏本;各本作方外),休乎宇内,烛十日而使风雨,臣雷公,役夸父,妾宓妃,妻织女。"案"宇内"当为"内宇"。(内宇犹宇内也,若林中谓之中林,谷中谓之中谷矣。)内宇与外方相对为文。宇与野,圄,雨,父,女为韵,(野,古读若"墅",说见《唐韵正》。)若作"宇内"则失其韵矣。

《说林篇》,"无乡之社,易为黍肉;无国之稷,易为求福。"案"黍肉"当作"肉黍"。后人以肉与福韵相协,故改为"黍肉"。不知福字古读若逼,不与肉为韵也。社稷为韵,(社,古读若"墅"。《说文》,社从示,土声。"甘誓","不用命戮于社",与祖为韵。"郊特牲","而君亲誓社",与赋、旅、伍为韵。《左传》闵二年,成季将生卜辞,"闲于两社",与辅为韵。《管子·揆度篇》,"杀其身以衅其社",与鼓、父,为韵。)稷福为韵。若作黍肉,则失其韵矣。

以上五项是校勘学的根据。但是这几种根据都有容易致误的危险。先说古本。我们所有的"古本",已不知是经过了多少次口授手写的抄本了,其中难保没有错误。近人最崇拜宋版的书,其实宋版也有好坏,未必都可用作根据。次说古书转引本书的文句,也有两大危险。第一,引书的人未必字字依照原文,往往随意增减字句。第二,初引或不误,后来传抄翻印,难免没有错误。次说本书的通例,也许著书的人偶然变例。次说古注与古校本,古校本往往有许多种不同的,究竟应该从那一个校本。古注本也有被后人妄改了的。例如,《老子》二十三章,"信不足焉,有不信焉。"这句本当作:"信不足,焉有不信。"(看上文第六节)故王弼注云:"忠信不足于下,焉有不信也。"(此据《永乐大典》本)但今本王注改作"忠信不足于下焉,有不信焉",这便不成话了。最后说古韵的根据,有时也容易致误。我且引一条最可注意的例:

《易经·剥象传》:"君子得舆,民所载也;小人剥庐,终不可用也。"又《丰象传》:"丰其沛,不可大事也;折其右肱,终不可用也。"这两条的韵很不容易说明。顾炎武作《易音》,竟不懂"用"何以能与"载"、"事"为韵。杨宾实说,两"用"字皆"害"字之误。卢文弨赞成此说,说:"害在十四泰,载在十九代,事在七志,古韵皆得相通。古害字作害,故易与'用'字相混。"

这一说,从表面看去,似乎很圆满了。后来王念孙驳他道:"凡《易》言君子小人者,其事皆相反。君子得舆,小人剥庐,亦取相反之义……非谓小人不能害君子也。右肱为人之所用,右肱折则终不可用……折肱则害及肱矣,何言终不可害乎?今案'用'读为'以'。《苍颉篇》,'用,以也。'用与以声近而义同,故用可读为以。犹'集'与'就'声近而义同,故集可读为就;'戎'与'汝'声近而义同,故戎可读为汝也。……《剥象传》以灾,尤,载,用,为韵;《丰象传》以灾,志,事,用,为韵……于古音并属'之'部。……若'害'字则从丰声,丰读若介,于古音属'祭'部……[在诸经中,与害为韵者]凡发,拨,大,达,败,晰,逝,外,未,说,辖,迈,卫,烈,月,揭,竭,世,艾,岁等字,皆属'祭'部。遍考群经《楚辞》,未有与'之'部之灾,尤,载,志,事等字同用者。至于老庄诸子,无不皆然。是害与灾,尤,载,志,事,五字,一属'祭'部,一属'之'部,两部绝不相通。"(《经义述闻》卷二)

因为这些根据都容易弄错,故校勘学不能全靠根据。校勘学的重要工夫在于"评判"。校勘两字都是法律的名词,都含有审判的意思;英文"textual criticism"译言"本子的评判",我们顾名思义,可知校勘学决不单靠本子或他种的根据,可知校勘重在细心的判断。上文王念孙校一个"用"字,便是评判的工夫。段玉裁有《与诸同志书论校书之难》一篇,说这个道理最明白:

校书之难,非照本改字,不讹不漏之难也,定其是非之难。是非有二:曰底本之是非,曰立说之是非。必先定其底本之是非,而后可断其立说之是非。二者不分,辁辖如治丝而棼,如算之淆乱其法实,而瞀乱乃至不可理。

何谓底本?著书者之稿本是也。何谓立说?著书者所言之义理是也。《周礼·轮人》:"望而视其轮,欲其幎尔而下迆也。"自《唐石经》以下各本皆作"下迆"。唐贾氏作"不迆"。故《疏》曰:"不迆者,谓辐上至毂,两两相当,正直不旁迆,故曰不迆也。"文理甚明。今各本疏文皆作"下迆",("下迆者,谓辐上至毂,两两相当,正直不旁迤,故曰下迤也。")其语绝无文理,则非贾文之底本矣。此由宋人以《疏》合经《注》者,改《疏》之"不"字合经之"下"字,所仍之经非贾氏之经本也。然则经本有二,"下"者是欤?"不"者是欤?

曰,"下"者是也。"望而视其轮",谓视其已成轮之牙。轮圜甚,牙皆向下迤邪,非谓辐与毂正直两两相当也。经下文,"县之以视其辐之直",自谓辐。"规之以视其圜",自谓圜。轮之圜在牙。上文"毂,辐,牙,为三材",此言轮,辐,毂。轮即牙也。然则《唐石经》及各本经作"下",是;贾氏本作"不",非也。而义理之是非得矣。倘有浅人校《疏》文"下迤"之误,改为"不迤",因以《疏》文之"不迤",改经文之"下迤",则"贾疏"之底本得矣,而于义理乃大乖也。(段氏共引五例,今略)……

故校经之法,必以贾还贾,以孔还孔,以陆还陆,以杜还杜,以郑还郑,各得其底本,而后判其义理之是非,而后经之底本可定,而后经之义理可以徐定。不先正《注》、《疏》、《释文》之底本,则多诬古人。不断其立说之是非,则多误今人。……(《经韵楼集》)

我们看了这种校勘学方法论,不能不佩服清代汉学家的科学精神。浅学的人只觉得汉学家斤斤的争辩一字两字的校勘,以为"支离破碎",毫无趣味。其实汉学家的工夫,无论如何琐碎,却有一点不琐碎的元素,就是那一点科学的精神。

凡成一种科学的学问,必有一个系统,绝不是一些零碎堆砌的知识。音韵学自从顾炎武、江永、戴震、钱大昕、段玉裁、王念孙,直到章炳麟、黄侃,研究古音的分部,声音的通转,不但分析更细密了,并且系统条理也更清楚明白了。训诂学用文字假借,声类通转,文法条例,三项作中心,也自成系统。校勘学的头绪纷繁,很不容易寻出一些通则来。但清代的校勘学却真有条理系统,故成一种科学。我们试看王念孙《读〈淮南子〉杂志》的《后序》,说他订正《淮南子》共九百余条,推求"致误之由",可得六十四条通则。这一篇一万二千字的空前长序(《读书杂志》九之二十二)真可算是校勘学的科学方法论。又如俞樾的《古书疑义举例》的五、六、七，三卷也提出许多校勘学的通则，也可算是校勘学的方法论。

八

我想上文举的例很可以使读者懂得清代学者的治学方法了。他们用的方法，总括起来，只是两点。(1)大胆的假设，(2)小心的求证。假设不大胆，不能有新发明。证据不充足，不能使人信仰。上文举的许多例，大概多偏重求证的一方面。我现在且引清学的宗师戴震论《尚书·尧典》"光被四表"的光字的历史作为最后的一条例，作为我这一篇方法论的总结束。

《尧典》"光被四表，格于上下"。蔡沈解"光"为"显"，这是最普通的解法。但是孔安国《传》说："光，充也。"光字作显解，何等近情近理？为什么古人偏要解作"充"字呢？岂不是舍近而求远吗？但是戴震说：

> 《孔传》"光，充也。"陆德明《释文》无音切。孔冲远《正义》曰，"光，充，《释言》文。"据郭本《尔雅》"桄，颎，充也。"注曰，"皆充盛也"。《释文》曰，"桄，孙作光，古黄反。"用是言之，光之为充，《尔雅》具其义。……虽《孔传》出魏晋间人手，以仆观此字，据依《尔雅》，又密合古人属词之法，非魏晋间人所能，必袭取师师相传旧解，见其奇古有据，遂不敢易尔。后人不用《尔雅》及古注，殆笑《尔雅》迂远，古注胶滞，如光之训充，兹类实繁。余独以谓病在后人不能遍观尽识，轻疑前古，不知而作也。

戴震是不信伪《孔传》的人，但他却要为"光，充也"一句很不近情理的话作辩护士。我们且看他的说法：

> 《尔雅》桄字，六经不见。《说文》"桄，充也。"孙愐《唐韵》"古旷反。"《乐记》，"钟声铿铿以立号，号以立横，横以立武。"郑康成

注曰,"横,充也。谓气作充满也。"《释文》曰,"横,古旷反。"《孔子闲居》篇,"夫民之父母乎,必达于礼乐之原,以致五至而行三无,以横于天下。"郑注曰,"横,充也。"疏家不知其义出《尔雅》。

《尧典》古本必有作"横被四表"者。横被,广被也。正如《记》所云,"横于天下","横于四海"是也。横四表,格上下,对举。……横转写为桄,脱误为光。追原古初,当读"古旷反",庶合充霈广远之义。

这真是大胆的假设。他见郭本《尔雅》的桄字在孙本作光,又见《说文》有"桄,充也"的话,又见《唐韵》读桄为古旷反,而《礼记》的横字既训为充,又读古旷反,——他看了这些事实,忽然看出他们的关系来,遂大胆下一个假设,说《尧典》的光字就是桄字,也就是横字。但是《尚书》的各本明明都作"光"字。戴震于是更大胆的提出一个很近于武断的假设,说"《尧典》古本必有作横被四表者"。这话是乾隆乙亥(1755)年《与王内翰凤喈书》里说的。过了两年(1757)钱大昕和姚鼐各替他寻着一个证据:

证一　《后汉书·冯异传》有"横被四表,昭假上下"。

证二　班固《西都赋》有"横被六合"。

过了七年多(1762),戴震的族弟受堂又替他寻着两个证据:

证三　《汉书·王莽传》,"昔唐尧横被四表"。

证四　王褒《圣主得贤臣颂》,"化溢四表,横被无穷"。

过了许多年,他的弟子洪榜又寻得一证:

证五　《淮南·原道训》,"横四维而含阴阳"。高诱注,"横读桄车之桄"。是汉人横桄通用,甚明。

他的弟子段玉裁又寻得一证:

证六　李善注《魏都赋》,引《东京赋》:"惠风横被。"今本《东京赋》作"惠风广被",后人妄改也。

这一个字的考据的故事,很可以表示清代学者做学问的真精神。假使这个光字的古本作横已无法证实了,难道戴震就不敢下那个假设了吗？我可以断定他仍是要提出这个假设的。如果一个假设是站在很充分的理由上面的,即使没有旁证,也不失为一个很好的假设。但他终究只是一个假设,不能成为真理。后来有了充分的旁证,这个假设便升上去变成一个真理了。

戴震自己论这个字的考据道：

> 述古之难,如此类者,遽数之不能终其物。六书废弃,经学荒谬,二千年以至今。……仆情僻识狭,以谓信古而愚,愈于不知而作。但宜推求,勿为株守。例以光之一字,疑古者在兹,信古者亦在兹。

"但宜推求,勿为株守"八个字是清学的真精神。

　　附记　此篇第一至第六章是民国八年八月作的；第七章是九年春间作的；第八章是十年十一月作的。相隔日久,中间定有不贯串之处。将来有暇时,当细细修正。

十,十一,三

找书的快乐*

主席、诸位先生：

我不是藏书家，只不过是一个爱读书、能够用书的书生，自己买书的时候，总是先买工具书，然后才买本行书，换一行时，就得另外买一种书。今年我六十九岁了，还不知道自己的本行到底是那一门，是中国哲学呢？还是中国思想史？抑或是中国文学史？或者是中国小说史？《水经注》？中国佛教思想史？中国禅宗史？我所说的"本行"，其实就是我的兴趣，兴趣愈多就愈不能不收书了。十一年前我离开北平时，已经有一百箱的书，大约有一二万册。离开北平以前的几小时，我曾经暗想着：我不是藏书家，但却是用书家。收集了这么多的书，舍弃了太可惜，带吧，因为坐飞机又带不了。结果只带了一些笔记，并且在那一二万册书中，挑选了一部书，作为对一二万册书的纪念，这一部书就是残本的《红楼梦》。四本只有十六回，这四本《红楼梦》可以说是世界上最老的抄本。收集了几十年的书，到末了只带了四本，等于当兵缴了械，我也变成一个没有棍子、没有猴子的变把戏的叫花子。

这十一年来，又蒙朋友送了我很多书，加上历年来自己新买的书，又把我现在住的地方堆满了，但是这都是些不相干的书，自己本行的书一本也没有。找资料还需要依靠"中研院"史语所的图书馆和别的图书馆，如台湾大学图书馆、"中央图书馆"等救急。

---

* 本文是 1959 年 12 月 27 日胡适在台湾"中国图书馆学会"年会上的演讲词，载 1962 年 12 月 16 日台北《"中国图书馆学会"会报》第 14 期。——编者

找书有甘苦，真伪费推敲

我这个用书的旧书生，一生找书的快乐固然有，但是找不到书的苦处也尝到过。民国九年(1920年)七月，我开始写《水浒传考证》的时候，参考的材料只有金圣叹的七十一回本《水浒传》、《征四寇》及《水浒后传》等，至于《水浒传》的一百回本、一百一十回本、一百一十五回本、一百廿回本、一百廿四回本，还都没有看到。等我的《水浒传考证》问世的时候，日本才发现《水浒》的一百一十五回本及一百回本、一百一十回本及一百廿回本。同时我自己也找到了一百一十五回本及一百廿四回本。做考据工作，没有书是很可怜的。考证《红楼梦》的时候，大家知道的材料很多，普通所看到的《红楼梦》都是一百廿回本。这种一百廿回本并非真的《红楼梦》。曹雪芹四十多岁死去时，只写到八十回，后来由程伟元、高鹗合作，一个出钱，一个出力，完成了后四十回。乾隆五十六年的活字版排出了一百廿回的初版本，书前有程、高二人的《序文》，说：

> 世人都想看到《红楼梦》的全本，前八十回中黛玉未死，宝玉未娶，大家极想知道这本书的结局如何？但却无人找到全的《红楼梦》。近因程、高二人在一卖糖摊子上发现有一大卷旧书，细看之下，竟是世人遍寻无着的《红楼梦》后四十回，因此特加校订，与前八十回一并刊出。

可是天下这样巧的事很少，所以我猜想《序文》中的说法不可靠。

考证《红楼梦》，清查曹雪芹

三十年前我考证《红楼梦》时，曾经提出两个问题，这是研究红学的人值得研究的：一、《红楼梦》的作者是谁？作者是怎样一个人？他的家世如何？家世传记有没有可考的资料？曹雪芹所写的那些繁华世界是有根据的吗？还是关着门自己胡诌乱说？二、《红楼梦》的版本问题，是八十回？还是一百廿回？后四十回是那里来的？那时候有七八种《红楼梦》的考证，俞平伯、顾颉刚都帮我找过材料。最初发现乾隆五十七年(1792年)有程伟元《序》的乙本，其中并有高鹗的《序文》及引言七条，以后发现早一年出版的甲本，证明后四十回是高鹗所续，而由程伟元出钱活字刊印。又从其他许多材料里知道曹雪芹家为江南的织造世职，专为皇室纺织绸缎，供给宫内帝后、妃嫔及太子、王孙等穿戴，或者供皇帝赏赐臣下。后来在清理故宫时，从康熙皇帝一秘密抽屉内发现若干文件，知道曹雪芹的祖父曹寅，等于皇帝派出的特务，负责察看民心年成，或是退休丞相的动态，由此可知曹家为阔绰大户。《红楼梦》中有一段说到王熙凤和李嬷嬷谈皇帝南巡，下榻贾家，可知是真的事实。以后我又经河南的一位张先生指点，找到杨钟羲的《雪桥诗话》及《八旗经文》，以及有关爱新觉罗宗室敦诚、敦敏的记载，知道曹雪芹名霑、号雪芹，是曹寅的孙子，接着又找到了《八旗人诗抄》、《熙朝雅颂集》，找到敦诚、敦敏兄弟赐送曹雪芹的诗，又找到敦诚的《四松堂集》，是一本清抄未删底本，其中有挽曹雪芹的诗，内有"四十年华付杳冥"句，下款年月日为甲申(即乾隆甲申廿九年，西历1764年)。从这里可以知道曹雪芹去世的年代，他的年龄为四十岁左右。

险失好材料，再评《石头记》

民国十六年我从欧美返国，住在上海，有人写信告诉我，要卖一本《脂砚斋评石头记》给我，那时我以为自己的资料已经很多，未加理会。不久以后和徐志摩在上海办新月书店，那人又将书送来给我看，原来是甲戌年手抄再评本，虽然只有十六回，但却包括了很多重要史料。里面有"壬午除夕，书未成，芹为泪尽而逝。甲午八月泪笔"的句子，指出曹雪芹逝于乾隆廿七年冬，即西历一七六三年二月十二日。"字字看来皆是血，十年辛苦不寻常"诗句，充分描绘出曹雪芹写《红楼梦》时的情态。脂砚斋则可能是曹雪芹的太太或朋友。自从民国十七年二月我发表了《考证红楼梦的新材料》之后,大家才注意到《脂砚斋评本石头记》。不过,我后来又在民国廿二年从徐星署先生处借来一部庚辰秋定本脂砚斋四阅评过的《石头记》,是乾隆廿五年本,八十回,其中缺六十四、六十七两回。

谈《儒林外史》,推赞吴敬梓

现在再谈谈我对《儒林外史》的考证。《儒林外史》是部骂当时教育制度的书,批评政治制度中的科举制度。我起初发现的只有吴敬梓的《文木山房集》中的赋一卷(4篇),诗二卷(131首),词一卷(47首),拿这当作材料。但是在一百年前,我国的大诗人金和,他在跋《儒林外史》时,说他收有《文木山房集》,有文五卷。可是一般人都说《文木山房集》没有刻本,我不相信,便托人在北京的书店找,找了几年都没有结果,到了民国七年才在带经堂书店找到。我用这本集子参考安徽《全椒县志》,写成一本一万八千字的《吴敬梓年谱》,中国小说传记资料,没有一个能比这更多的,民国十四年我把这本书排印问世。

如果拿曹雪芹和吴敬梓二人做一个比较,我觉得曹雪芹的思想很平凡,而吴敬梓的思想则是超过当时的时代,有着强烈的反抗意识。吴敬梓在《儒林外史》里,严刻地批评教育制度,而且有他的较科学化的观念。

有计划找书,考证神会僧

前面谈到的都是没有计划的找书,有计划的找书更是其乐无穷。所谓有计划的找书,便是用"大胆的假设,小心的求证"方法去找书。现在再拿我找神会和尚的事做例子,这是我有计划的找书。神会和尚是唐代禅宗七祖大师,我从《宋高僧传》的慧能和神会传里发现神会和尚的重要，当时便作了个大胆的假设，猜想有关神会和尚的资料只有日本和敦煌两地可以发现。因为唐朝时，日本派人来中国留学的很多，一定带回去不少史料。经过"小心的求证"，后来果然在日本找到宗密的《圆觉大疏抄》和《禅源诸诠集》，另外又在巴黎的国家图书馆及伦敦的大英博物馆发现数卷神会和尚的资料。知道神会和尚是湖北襄阳人，到洛阳、长安传播大乘佛法，并指陈当时的两京法祖三帝国师非禅宗嫡传，远在广东的六祖慧能才是真正禅宗一脉相传下来的。但是神会的这些指陈不为当时政府所取信，反而贬走神会。刚好那时发生安史之乱，唐玄宗远避四川，肃宗召郭子仪平乱，这时国家财政贫乏，军队饷银只好用度牒代替，如此必须要有一位高僧宣扬佛法令人乐于接受度牒。神会和尚就担任了这项推行度牒的任务。郭子仪收复两京（洛阳、长安），军饷的来源，不得不归功神会。安史之乱平了后，肃宗迎请神会入宫奉养，并且尊神会为禅宗七祖，所以神会是南宗的急先锋，北宗的毁灭者，新禅学的建立者，《坛经》的创作者，在中国佛教史上没有第二个人有这样伟大的功勋。我所研究［编校］的《神会和尚遗集》可望在明年由"中央研究院"历史语言研究所出版。

最后，根据我个人几十年来找书的经验，发现我们过去的藏书的范围是偏狭的，过去收书的目标集中于收藏古董，小说之类决不在藏书之列。但我们必须了解了解，真正收书的态度，是要无所不收的。

国语运动的历史 *

今天国语讲习所给我一个很大的荣誉,这种盛会,将来的影响,一定极大,所以极愿意到这儿来。推行国语教育,只凭政府一纸空文,是不行的。从民国八年教育部办一个国语统一筹备会,到现在不过一年半,能推行到这步田地,实在是私人和团体组织种种机关——像这个国语讲习所等——来竭力推行的力量,不是政府的力量。很可喜。然而我是主张有政府的,政府是一种工具。就把国语来讲,政府一纸空文,可以抵得私人几十年的鼓吹。凡私人做不到的事,一定要靠政府来做。照现在情形讲来,大家要帮政府,又要政府来帮我们。换句话说,一方面政府是很有力的工具,一方面还要私人和团体来提倡扶助。商务印书馆印行了许多国语的书本,又开办这国语讲习所,于国语教育史上占个重要的地位。

时间很短,我要简略的讲一讲国语运动的历史——国语的过去、现在和将来的情形。国语运动最早的第一期,是白话报的时期。这时期内,有一部分人要开通民智,怕文言太深,大家不能明了,便用白话做工具,发行报纸,使知识很低的人亦能懂得。那时杭州、上海、安徽等处都有这种白话报出现。这种改用白话的目的,是为他们——为小百姓——做的,不是为我们自己做的。第二期可叫作字母时期。大家觉得白话报不能流行得很广,所用的名词咧,主义咧,还是太深,不能使普通人都懂得。要把名为象形、会意,而实非象形、会意的文字,改

---

* 本文是 1921 年 11 月胡适在商务印书馆开办的国语讲习所的演讲词,由严既澄、华超记录。原载 1921 年 11 月 20 日《教育杂志》第十三卷第 11 号,收入《胡适教育论著选》(白吉庵等编)。——编者

作拼音的文字,所以各地方拼音字母很多。用各地土音字母来教人,使不识字的人,认得了几十个字母,便能看书。像王蕴山和劳玉初先生,都是研究字母的。这时期的字母,还不是为我们设置的,是为老百姓设置的。这一点是第一和第二两时期的共通的缺点。国语教育所以不能推行很广,原因就在这缺点。第三期是国语时期。有国语研究会、国语统一筹备会等研究国语的机关。用注音字母来拼全国各地的音,再编国语教科书。注音字母,白话文用入教科书中,算是进步了。然而限于小学,大部分人对于注音字母和白话文,全不热心。看得国语,好像是为他们——小学生——而设,不是为我们而设。这还是一个缺点。第四期是国语的文学时期。知道提倡国语不能分他们和我们。倘使学了注音字母,只能跟小学生、黄包车夫通通信,怎能使全国青年注意他呢?十几年前,大家都瞧不起英文,以为"刚白大"、"洋奴"才去学英文,英文没有旁的用处。现在大学校都注重英文,看得英文是求高等文化、高等知识的一种工具,英文才能唤起人家的注意。提倡国语的文学,把白话作为求高等文化、高等知识的媒介;一切讲义咧,演讲咧,报纸杂志咧,都改用白话。这样一来,一方面惹起古文家的反对,一方面唤起青年的注意。无论什么事,什么主张,要得人家的反对——要值得别人的一驳——才有价值。这个时期,我们可拿十个字来代表他:国语的文学,文学的国语。国语到了这个时期,便引入了我们的范围中了。第五期是国语的联合运动时期。把以前四个时期——白话报、字母、国语教科书、国语文学——都包括在内,实行联合的运动,前途的希望最大。但有两个问题:一是添加各地闰母,因为只有注音字母而没有闰母,犹如只有金本位而没有银和铜来帮助交换;一是怎样去教授国语。

诸君是国语的传道者,国语的先锋队,为国语下种子的人。我最后有个忠告——许多人以为注音字母就是国语,学了注音字母就是学国语:这是一个根本的误解。其实注音字母不过是国语的一小部分。所谓国语,是指从长城到长江,从东三省到西南三省,这个区域里头大同小异的普通话。诸君提倡国语,对于国语的语音、语法和文法,都要加上详细的考究。据我看来，教育儿童，音的一层，还不甚重要，只要把文法先校正，譬如说："我来了三天了！"用国音说去可以，用苏州音说去亦可以，文法却不能变更的。

　　总之，国语是我们求高等知识、高等文化的一种工具。讲求国语，不是为小百姓、小学生，是为我们自己。我们对于国语，要有这样的信心，才能有决心和耐心努力做去。这是我的一点意思。

论无文字符号之害*

（一）无符号，则文字之意旨不能必达，而每多误会之虞

试举例以明之。《论语》云："民可使由之，不可使知之。"前人皆作两截读。故朱子注曰："民可使之由于是理之当然，而不能使之知其所以然也。"此则愚民之策矣。今之尊孔者以为孔子必不作此秦政语。于是为之解曰，此十字当作四截读："民可，使由之；不可，使知之。"则注重之点，在于明民，今之所谓教育是也。句读偶异，意旨顿别。使孔子作文时，已用规定之符号，则此十字之是非久定于二千五百年前，毋容吾辈今日之聚讼矣。

文字无符号不能达意之害，至于今日而益显。盖在今日，生活程度增高，人事日益复杂，学术日益繁赜，举凡个人社会之间，所以会意达情，政府之所以发令施政，与乎国际交涉之所以邀约结盟，无不惟文字是赖。一字之讹，一句之误读，小之或足失机偾事，大之或足以丧师蹙国，差以毫厘，失之千里。文字符号之重要，又岂独为读书看报之助而已哉？

---

* 本文原载 1918 年 12 月 30 日《法政学报》第一卷第 6、7 期合刊，页下注均为原注。——编者

(二)无符号,文字之用不能及于粗识字义之人,而教育决不能收普及之效

今欧美诸国之民,其读书之难,在于识字之不多。及其识字,能用字典,则无不能看书者。以其书报皆句读分明,意旨了然也。至于吾国则不然。即能识字,能用字典矣,未必即能读书。何也?以其识字之外,尚有"断句"之难也。国中古籍率无圈点,即有之矣,其所用符号,又不完备;或有圈而无点,有句而无读,其圈点又不依文法构造,但截长为短,以便口齿而已。至于今之报章虽用圈点,而其不完不备之弊,正与此同。尤下者,则圈点但为醒目之具,而非复句读之符。其更下者,则滥用圈点;字字句句,密密圈之,此与无有圈点更复何别乎?是故吾国人读书,盖有四难:吾国文字源出象形会意,无有字母,其于初学,已较他国为难,一也;字典不完善,不易检查,二也;此二难已足阻文明之进步矣,又况书籍无有句读符号,句其为难,三也;其有符号者,又不完不尽,不足为助,四也。合此四难,则国中读书看报之人之寡,固意中事也。今之有意于国中教育之普及,文化之增进者,何至今犹昧然不加意于此重要之问题也?

(三)无符号,则文字之结构,与句中文法上之关系,皆无由见也

今人渐知文法之不可不讲求,而不知文法非符号无由明。夫一句之中,其各部分或为读,或为顿,其间皆有交互密切之关系。或相为主宾,或相为因果;或相形容,或相譬晓;或为假定之词,或定后先之序。凡此种种关系,非有文字符号,无以表示之。今就此诸关系而举其一二以明吾言:

口之于味也,目之于色也,耳之于声也,鼻之于臭也,四肢之于安佚也,性也。(《孟子》)

此二十九字,乃一句也。而前二十七字共分五读,皆为"性也"起词①,若依旧法分为六句,则其互为主宾之关系不可见矣。又如:

> 如使口之于味也,其性与人殊,若犬马之与我不同类也,则天下何耆皆从易牙之于味也。(《孟子》)

此三十五字,亦一句也。"天下何耆皆从易牙之于味也",乃正读②。"如使口之于味也,其性与人殊"乃假设之偏读"若犬马之与我不同类也",所以状味与人殊之状,乃偏读之偏。旧法读此三十五字为四句,则句中各部分相统属相依倚之关系全失矣。又如:

> 故天将降大任于斯人也,必先苦其心志,劳其筋骨,饿其体肤,困乏其身,行拂乱其所为;所以动心,忍性,曾益其所不能。(《孟子》)

此四十六字亦一句也,天将降十字为一读,以示后时,"必先苦其心志"以下五读,皆正读也。"所以"以下为三读,总结上文,以明苦之劳之饿之困乏拂乱之故也,凡此类表时之读,或明故溯因之读,必不可与正读分离。离,则文法上交互之关系不易见矣。

(四)无引语符号之害

引语符号之功用,一言以蔽之,曰:所以示所引语之何自起何自止而已。无符号则读书者不能知引语终于何所。即有曰字云字,亦仅足以示引语之起于何所耳。有时乃并此亦不可得。试检庄子之《逍遥游》一篇,当可知吾言之非虚矣。此一篇之中,凡引二书,其一为志怪之《齐谐》,其一为列子之《汤问篇》,读此书者,未有能决然指定《齐谐》

---

① 起词即英文之 Subject,高元按长沙章先生译为"主词"。
② 正读即英文之 Principal Clause,偏读即英文之 Subordinate Clause。

之言止于某所，《汤问》之言止于某所者，此无他，无引语符号之害耳。使庄生著书时，即能于引语之上下，各用符号以别之，则注庄者之无数心血脑力，何致浪掷乎？吾国古籍于问答之辞，或竟并曰字，云字，而亦省去之，初学者每不知何者为问，何者为答。例如：

孟季子问公都子曰："何以谓义内也？"曰："行吾敬，故谓之内也。""乡人长于伯兄一岁，则谁敬？"曰："敬兄。""酌则谁先？"曰："先酌乡人。""所敬在此，所长在彼，果在外，非由内也。"（《孟子》）

此节中凡三问而三答，而结以问者驳语，盖共七引语，而仅有四曰字。若无引号以别之，则初学者决不能辩何者为公都子之言，何者为孟季子之言矣。

然上所举例，犹为浅近易读者，犹有"谁敬""谁先"诸疑问字可凭，今再举一例则更难矣。

杨朱游于鲁，舍于孟氏，孟氏问曰："人而已矣，奚以名为？"曰："以①名者为富。""既富矣，奚不已焉？"曰："为贵。""既贵矣，奚不已焉？"曰："为死。""既死矣，奚为焉？"曰："为子孙。""名奚益于子孙？"曰："名乃苦其身，燋其心；乘其名者，泽及宗族利兼乡党，况子孙乎？""凡为名者必廉，廉斯贫；为名者必让，让斯贱。"曰："管仲之相齐也，君淫亦淫，君奢亦奢。志合言从，道行国霸，死之后，管氏②而已。田氏之相齐也，君盈则降，君敛则已施，民皆归之，因有齐国，子孙享之，及今不绝。""若③实名贫伪名富。"曰："实无名，名无实，名者，伪而已矣，昔者尧舜伪以天下让许由善卷④，而不失天下，享祚百年，伯夷叔齐实以孤竹君让，而终失

---

① "以"，用也。
② 言终为管氏而已耳。
③ "若"，犹今言"似乎"也。
④ 善卷亦人名。

其国,饿死于首阳之山,实伪之辩,如此其审也。"(《列子·杨朱篇》)

此文中凡七问而七答,而其末二问乃不作发问之词,读者最易误会。前数年,英人傅尔克(Anton Forke)译此篇,竟以"凡为名者必廉"以下十七字合于上文,以为杨朱之言;而以下文"曰"字以下至"实伪之辩如此其审也"别列为一章,以为皆杨朱之言也。无引语符号之害盖如此。此吾所以深望他日有人能以文字符号重印吾国古籍也,此吾所以喋喋论文字符号之功用,而日夜盼其普及国中也。

(五)无疑问及感叹符号之害

我从前曾说:"吾国文凡疑问之语,皆有特别助字以别之。故凡何、安、乌、孰、岂、焉、乎、哉、欤诸字,皆即吾国之疑问符号也。故问号可有可无了。"吾对于感叹符号,也颇有这个意思。但后来我的友钱玄同先生说,这两种符号(?!)都不可废。因为中国文字的疑问语往往不用上举诸字;并且这些字有各种用法,不是都拿来表疑问的意思。我记不得钱先生所举的例了。中国京调戏里常有两个人问答,一个问道:"当真?"一个答道:"当真。"又问道:"果然?"又答道:"果然。"这四句写出来若不用疑问符号便没有分别了。又如人说:"你吃过饭了?"答道:"我吃过饭了。"又如说:"你敢来?"答道:"我敢来。"都是这一类的例。又如《檀弓》上曾子怒曰:"商汝何无罪也!"这句虽用"何"字,却不是疑问语,乃是怒骂语,故当用感叹符号。又如《孟子》上陈仲子说:"恶用是鶃鶃者为哉!"这句用了"恶"字和"哉"字。但不是疑问语,乃是厌恶语,故当用感叹号。又如我们说"做什么"三个字,若大声喝问,当用感叹号;若是平常问话,当用疑问号。钱先生曾举古书"也""邪"两字通用的例(俞樾说),若"也"字用作"耶"字时,有疑问号指出,便不致误会了。

论中学的工具教育[*]

北大这一年度复员,与清华、南开联合招生,全国七区连同今天已在沈阳招生共八区,由西南、东南区至东北,考生有三万五千人之多,考试科目有国文、英语、数学、理化、史地、公民六项,试卷的数目达廿万本,现在已经保存起来,由中等教育专家们来鉴定,并且研究中等学校在抗战期中的得失。这些研究的材料,是可宝贵的。三校考生已考定的七区,三万人中录取了三千人,其中一半是先修班新生。我们如果用战前的标准定录取的去取,三万人合格的只有一百廿人,这是值得考虑的事情。他们的英文程度差,数学、史地、理化也不好,北大工学院的考生成绩比较好。我们看看教育部订的课程,很容易明瞭,症结在中学功课太重,科目太多,因此不能注意到工具的训练。三校此次考试录取的标准,是以工具科目国文、英文、数学三门为决定的部分,其余的理化、史地、公民则为参考的。这次沈阳招考,索性把参考的科目除去不考,更注意数学、国文的成绩。关于东北招考的原因:(1)应给予东北学生一个投考的机会,这是傅斯年先生一再提出的;(2)加上东北区的中学毕业生的程度,作为研究抗战来的中等教育的材料。我建议地方与中央教育当局联合起来,研究这批材料,决定中学的功课,"化繁为简,化多为少"。我对中等教育是一个门外汉,先不谈高深理论,什么启发教育,或是其他。像这次招考,实在是一种会考性质。如果教育当局给予我们有二年、三年或四年的机会,取消不必

---

[*] 1946年10月13日,胡适应北平中等教育界邀请,在艺文中学讲演。这篇演讲词原载1946年10月14日《经世日报》,收入《胡适教育论著选》(白吉庵等编)。——编者

要的科目，集中工具科目的教育，用以实验这种方法的结果究竟如何。美国、英国在战事中的语言教育，用实际的需要，八个月要教育成一个能说、能写、能看、能读一种外国语文的优良结果，是值得供给我们作为参考的。我国中等学校的外国语教育，只有教会学校的女校成绩为佳。我主张用直接教授法，教授先用语音的原理，文法的原理，告初学外国语的学生。经过三四星期，再发给课本。美国教育用的启导员也是造成学习环境的良好方法。教学要用前进的方法，要有活的语言，活的文字。国文方面，不论大学、中学必须打倒全旧的一套，用活的白话文，活的白话。

我的建议是"大胆之至"，贡献各位中等教育的朋友参考。

教育学生培养兴趣[*]

问 现在一般优秀青年不愿受师范教育,就受了师范教育的人,不愿从事教育工作,对这个现象,有什么办法补救?

答 世界各国一般都有此现象,因为教育界待遇,较之工厂公司及自由职业者要低,国外也如此。专门学师范的人才,常转业到别的方面去,对此我还不知道有何普通的解决方法。美国在战后曾通过一个法律,以保障军人权利,即大战时国家征调的军人,服役完毕后,政府要给他付学费,受四年大学教育。于是投这些退役军人之好,有许多后期预备学校,私立大学和专门职业学校的设立。在我前次回来时,因为有千多万[?]服役军人,享有四年受教育权利——受大学教育,或者补完高中教育,于是大学由六百多个增加到一千多个。地方的职业专科学校也是一样的增多,这样一来,发生师资问题。在战时,又因为各种工厂需要人才,很多人又跑到工厂去做工,以致师资时时感到缺乏。这的确是一普遍问题,我也常常听到他们讨论这个问题。

记得上海有一年发生过交易所的狂热,一年中产生七十多个证券物品交易所。那时许多中学教员,都放弃学校工作,跑到交易所去,尤其教英文、算学的,这是外面的职业引起他转业,所以有很多学堂受了影响。

问 现在台湾中等学校情形,大学也不免,就是课程相当繁重。并且要特别注重国文,所以整个时间都被课程占据,除了功课之外,还

---

[*] 本文是1952年12月19日胡适在台北市中等以上学校校长座谈会上的答问。原载1952年12月20日台北《中央日报》,收入台北1970年版《胡适演讲集》下册、《胡适教育论著选》(白吉庵等编)。——编者

有两小时用在火车上。学生没有一点时间，让他自己摸索，扩充课外的知识，所以全省有十四万中学生，而几份中学生读物都失败了。学生根本没有时间读课外读物。

答 也许读物本身要负一点责任，它不能引起学生兴趣。我们做学生时，许多东西先生不许看，自己偷偷的看。关于大学的功课，三十年前我们在北京，就提倡选课制。大学选课制度是让学生减少必修课，增加选修课，让他多暗中摸索一点，扩大其研究兴趣。讲新教育要注重兴趣。所谓兴趣，不是进了学堂就算是最后兴趣。兴趣也要一点一点生长出来，范围一点一点的扩大。比方学音乐，中国的家庭，没有钢琴提琴，就是小孩子有此天才，有此兴趣，没有工具也不行。台湾的中小学教育，设备较大陆完善。如果把必修课时间减少一点，让他们活泼自动的去摸索，以养成兴趣，那么，成绩一定更好些。"得天下英才而教育之"，教育也是有一种兴趣的。美国对教育兴趣的培养，用许多方法，教育影片是其中的一个。由于电影教育的关系，也可以引起许多人对教育的兴趣。

现在新教育注重兴趣，我们的中等学校，兴趣范围太窄，应该力求扩大。我对中等教育是外行，不过我是从内地来的，总觉得台湾在三四十年中，打下了一个好的教育基础。日据时代，在别的方面也许是错误的，但是教育基础的确打得不错。我看台湾的小学、中学建筑和设备，都比大陆高明，尤其中等职业学校。我们从前提倡职业教育，这个用手、用脚、用脑的教育虽然提倡过，但结果等于没有。大家都觉得职业教育难办，没有设备、没有机器、没有工厂。所以普通学校特别发达，办普通学校比较容易，政府又没有限制。台湾的情形，则比较好得多。职业学校的基础好，加上我们几年来自己的努力，在这环境之下，的确大有可为。

问 现在美国男子和女子教育有哪几点不同？

答 江校长这个问题确考倒了我。在我所读书的学堂，都是男女同学，如康乃尔大学，就是美国第一个男女同学最早的学校。以后哥伦比亚大学，本科只有几百人，分男女两部，而研究院的人比较多，完全男女同学,以我所看见的,看不出有什么大的区别。康乃尔的工学院方面,没有看到女生,其他在家政、护士医学方面女生特别多,很少有男护士。所有各科,都有女学生。在我做学生时,看见学工程的只有一个女的,后来就多了,在美国没有不许女子进去的学校,只有几个女学堂,不许男子进去。

问 胡先生回来后有何观感?

答 我到今天,回来刚一个月,此地朋友待我太好,天天要我用嘴吃饭、喝酒和讲话,就没有用眼睛看,用耳朵听。用眼睛看的只有台大图书馆,甚至师范学院图书馆因为讲演后已经天黑,没有去看。只有在台中看了一天,看过两个电厂,和日月潭的风景,其他什么都没有看见。我回来时间很短,只能说一点普通观感,这个观感超过我没有回来之前的希望。就教育上说,的确超过我当初的希望,现在台湾有百多万学龄儿童,国民学校一年十几万的毕业生,有几万人去受中等教育,一个县份就有几个中学,在我的家乡,到现在,县里还没有一个中学。我此次到过南投、彰化等县,一个县就有八个中学。并且不但中等学校如此,就大学教育,这几年来,也很发达。在日据时代,台湾的大学,只有几百学生,在这几百人之中,台湾籍学生占极少数,现在有一个"国立大学",三个省立学院,人数都很多,在受教育的比例上,实在超过我的企望。同时学生也很活泼,我在彰化时,看到一千多学生赶火车,看到我来时,就临时集合在火车站要我说话。在农学院也是如此,大家集合要我说话,所以我看他们活泼,很高兴的和他们谈谈,讲了半点钟的话,觉得他们很活泼,很自由。

我看台湾的民主政治方面,因为教育发达,各县市民选的县市长和民选县市议会议长、议员,这些民选代表都不错。这几年实行民主政治,有此收效,恐怕是要归功于教育基础。这是我在很短时间内的一个普通粗浅的观察,觉得很满意,至少满意的程度超过我没有来以前的企望,所以我很高兴。诸位先生不要以为我所说的满意,只是恭维,的确我不是恭维,而是没有成见,虚心的看来的结果。

问 现在美国的学校教育与社会教育、家庭教育,如何配合?我们总配合不起来。

答 这个问题太大,我不是专门弄教育的,不学教育的不能答复这个大题目。我觉得这种配合总是不能完全满意。因为年轻的人,进学堂不一定有一定的宗旨。照规矩说,学的东西,不一定是社会或家庭需要的东西,一个学校也不一定为各个学生来适应家庭和社会的需要。总结还是一句话,是注重训练学生本能天才的发展,使他的知识能力有创造性,能应付新的问题,新的环境,我认为一切教育都应该如此,决不能为某种环境、某种家庭,去设想。

1952 年 12 月 19 日

对于新学制的感想[*]

我对于第七次全国教育会联合会议决的学制系统草案，大致都很满意。陶行知先生要我把我个人对于这个草案的意见写出来。我觉得这个问题很重要，这个讨论的时期尤其重要，故我不敢推辞，就把我的几个感想——或是赞同，或是疑问——都写了出来，请国内教育家指教。

一、关于初等教育的一段

新学制改小学七年制为六年制，废去国民学校与高等小学的名称，统称为小学校，但得分为二期：第一期四年，第二期二年。这个改革把小学的年限缩短了一年。我想这一层有几层好处：第一，省出一年来，加在中等教育上去，使六年的中学制容易实行。第二，当此义务教育未能实行的时候——后三年的实行更不知在何年！——缩短一年便可以减轻学生家属一年的负担。第三，有人疑心年限的缩短便是程度的降低。这是错的。小学改用语体文以后，时间应该可以大缩短，而程度可以必不降低。但这个责任，课程与教科书也应该分担一部分。若把旧日古文体的教科书翻成了白话，就算完了事，那是决不行的。小学里用白话教授，教学的困难可以减去不少，教学的效率应该可以增加。若仍旧一课只能教"一只手；一只右手"，那就是大笑

---

[*] 本文原载1922年2月《新教育》第4卷第2期，收入《胡适教育文选》（柳芳主编）。——编者

话了。

新学制关于初等教育,还有一个大长处。总说明第四条云:

> 教育以儿童为中心,学制系统宜顾及其个性及智能,故于高等及中等教育之编课,采用选科制;于初等教育之升级,采用弹性制。

又第五条云:

> 图之左行年龄,以示入学及升级之标准。但实施时,仍以其智力与成绩或他种关系分别入学或升级。

这个弹性制是现在很需要的。现在的死板板的小学对于天才儿童实在不公道,对于受过很好的家庭教育的儿童也不公道。我记得十七年前,我在上海梅溪学堂的时候,曾在十二日之中升了四级。后来在澄衷学校,一年之后,也升了两级。我在上海住了五年多,换了四个学校,都不等到毕业就跑了。那时学制还没有正式实行,故学校里的升级与转学都极自由,都是弹性的。现在我回想那个时代,觉得我在那五年之中不曾受转学的损失,也不曾受编级的压抑。我很盼望这个弹性主义将来能实行;我很盼望办小学的人能随时留心儿童才能的个性区别,使天才生不致受年级的制限与埋没。当此七年小学制未废止的时候,我知道有许多儿童可以不须七年的;将来六年制实行之后,也许有一些儿童还可以缩短修业年限的。当缩短而不缩短,不但耽误了天才的发展,还可以减少求学的兴趣,养成怠学的不良结果。

二、关于中等教育的一段

新学制把中学的修业期限由四年改为六年,分作两级:前一级为初级中学,或三年,或四年,或二年;后一级为高级中学,或三年,或二年,或四年。中学改为六年,是很好的。但我有几点疑问。现在的中学,可算是失败了。但失败的原因并不全在四年时间之短,乃在中学教员之缺乏与教授之不得法。年限的加长并不能救现在中学的弊病。用现在办中学的人,不变现在的教授法,即使六年的工夫全用来教现制中学四年的课程,也是不会有进步的。何况新制的六年中学,除了做完现制四年的中学课程之外,还要做完大学预科和高专预科的课程呢?现在单办中学,人才还不够用;将来办这些兼大学预科的中学,又从那里得人才呢?这几点都是我们应该注意的。

大学及各种高等专门学校皆不设预科,这固是我极赞成的。我常说,民国元年的学制把各省的高等学堂都废去了,规定"大学预科须附设于大学,不得独立",那是民国开国的一件大不幸的事。因为(1)各省设立大学的一点小基础,从此都扫去了;(2)各省从此没有一个最高学府了,本省的高等人才就不能在本省做学术上的事业了;(3)大学太少了,预科又必须附在大学,故各省中学毕业生,为求一个大学预科的教育,必须走几千里路去投考那不可必得的机会,岂不是太不近情理吗?试想四川、云南、贵州的中学毕业生必须跑到北京、南京,方才有一个投考预科的机会。这两年的预科教育,值得这么大的牺牲吗?

新学制主张废止预科,使各省的高级中学都可以做大学预科和高专预科的课程。这就等于添设无数大学高专的预科了。这是极好的意思。但是有一个大疑问。现在国立大学(北京、山西等)的预科成绩实在不能满人意。我们自己承认北京大学预科办的实在不好。但是北京请教员自然比他处容易多多了;国立各大学对于预科教员的待遇,自然比将来高级中学教员的待遇要高的多了。北京的预科办不好,将来的高级中学分做现在预科的职务能更满意吗?这不是很可注意的一个疑问吗?

综合以上各点,我们对于新制六年中学的办法,不能不提出几条辅助的条件:

第一,高级中学之设立必须十分审慎。经费、设备、人才、教员资格、课程……等项,必须有严格的规定。

第二,高级中学教员之待遇,须与现在大学预科教员的待遇略相等。

三、余 论

有许多别的问题,我不能讨论了。我现在且下两三个普通的观察。

(1)新学制的特别长处在于他的弹性。他的总标准的第三第五两条是:"发展青年个性,使得选择自由";"多留各地方伸缩余力"。这就是弹性。学校的种类加多了,中等学校的种类更加多了,使各地方可以按照各地方的需要与能力,兴办相当的学校。职业教育多至六种以上,年限有一年至六年的不同,内容有完全职业的与由普通而渐趋向职业的两大类。中学修业年限也有四二、三三、二四的不同。大学也有四年、五年、六年的不同。这还是新制哩。若加上现制未能即改的种种学校,那就真成了一个"五花八门"的学制系统了!但这个"五花八门性"正是补救现在这种形式上统一制的相当药剂。中国这样广大的区域,这样种种不同的地方情形,这样种种不同的生活状况,只有五花八门的弹性制是最适用的。

(2)学制系统的改革究竟还是纸上的改革,他的用处至多不过是一种制度上的解放。我们现在需要的是进一步研究这个学制的内容。内容的研究并不是规定详细的课程表,乃是规定每种学校的最低限度的标准。这件事绝不是教育部的几个参事司长能办到的。我很盼望国内的教育家应该早日作细密的研究,把研究的结果发表出来,引起公开的讨论。

(3)前日听见孟禄博士说,他对于学制改革,主张"一种新制学校非到办理有成效时,不得代替同种的旧制学校"。这是一个极重要的忠告。我们决不可随便把旧制学校的招牌改了就算行新制了。这种"换汤不换药"的法子是行不得的。我以为新制的大部分(中学一段尤其如此)应该从试验学校办起。旧制之下的学校暂时不去改动；旧制学校非确有最高成效为专家公认的，不得改为新制。等到试验学校的成效已证明了，然后设法推行这个新制。

论大学学制

现有安福部议员克希克图提议请恢复民国元年的大学学制。这个提议很不通，为什么呢？因为"民国元年大学学制"所指的是元年的"大学令"呢，还是元年的大学原状呢？

若说是"大学令"，则元年的大学令和六年的大学令，除了第八条预科修业年限由三年改为两年外，其余的并无根本的区别。两年以来大学的改革除了预科一项，并无和元年大学令不相容的地方。

若说是"大学原状"，则元年的组织有许多不能恢复的，也有许多绝不该恢复的。如元年的农科已于三年改为农业专门学校了，这是不能恢复的；又如元年各科各有学长又各有教务长，这种制度是绝不该恢复的。至于民国六年以来大学之成绩为全国所公认，若非丧心病狂，决无主张回到八年前的原状之理。

如此看来，这个提案的用意不出两条：第一是恢复工科大学；第二是公然想破坏蔡校长两年余以来的内部改革，使蔡校长难堪，使他无北来的余地。

我且先论工科的问题。北京大学与北洋大学本来都有工科，蔡校长因为这个办法太不经济了，况且北洋也是国立的大学，工科成绩较好，不如由北洋专办工科，把北大的工科并入北洋，而北洋的法科并入北大。这个办法，两校的设备都经济，是一利；两校的教授都经济，是二利；北洋附近多工厂，便于实习，是三利；两校各办所长，不相重复，

＊ 本文原载1919年7月9日上海《民国日报·觉悟》副刊，收入《胡适教育文选》（柳芳主编）等。——编者

不相冲突,是四利——有如此四利而无一弊,何以还有人偏反对呢?这里面的情形不消说得,只是一个饭碗问题了。

我再论蔡校长这两年多的种种改革。

第一,预科三年改为两年。预科的功课大都是语言文字的预备,中学毕业生不能进大学,已是大不经济了。单习这些大学预备功课,要用三年的工夫,那是更不经济了。预科占了三年,本科也只得三年,三年的本科能学得些什么?蔡校长改预科为两年,是极好的办法,其中只要教授得人得法,两年仅够了。将来中学程度增高,预科还可减少,到后来竟可完全废止。一方面延长本科为四年,开办大学院后,又加上两年,如此方才有高深学问可望。

第二,文理两科合并。造谣人说大学废止理科,专办文科,这是极荒谬的话。蔡校长因为学文科的人或专治文学,或专治哲学,于一切科学都不注意,流弊极大;理科的人专习一门科学,于世界思潮及人生问题多不注意,流弊也很大。因此他主张把文理两科打通,并为大学本科。他的目的是要使文科学生多懂得一些科学,不致流为空虚;使理科学生多研究一点人生基础观念,不致流为陋隘。这种制度是世界最新的制度,美国之大学以"文理院"为基本,即是此意。世之妄人,乃引中古相传的学制来驳他,岂非大笑话吗?

第三,法科问题。法科也不曾废除。蔡校长因为经济、政治两门在欧美各国都不属于法科,况且新合并之大学本科之哲学、史学诸门皆与政治、经济极有关系,故想把这两门加入文理科真成一个完备的大学基础。而法科则专习法律,为养成律师法官之人才。这是欧美各国通行的制度,用意本很好,后来因为法律一门孤立,于事实上颇不方便,故索性把法律一门也合起来,和其他各科同组织一个大学教务处,以归划一。但法科学长一职至今存在,法科大学并不曾废,何用恢复呢?

以上诸项,除预科年限一项系由民国六年北京国立六大学校长联名请教育部核准公布外,其余各项均由去年十月全国专门以上七十余校校长会议通过,又由本年三月教育部召集全国教育调查会详细审定通过，请部颁大学试行。原案具在，利害得失，都可复核。我因为一二腐败政客任意诋毁蔡校长一片苦心，故不能不把这里面的实情报告给全国知道。

国立北京大学文科教授　胡适

谈 谈 大 学*

今天承各位青年朋友如此热烈欢迎,深感荣幸。本人于四年前曾来台中,当时所听到有关于东大者,仅仅是一个董事会,甚至连校名也未曾确定;四年后的今天,东大不仅是开学了,而且有这么好的建筑,这么幽静的环境,最高班也已至三年级了。这种迅速的进度,实在令人敬佩,我愿意借今天的机会向各位道喜!

我在美国时,曾看过贝聿铭先生的建筑设计,今天在此地又看到东大的校舍,诸位能在这么一个美丽的建筑、安静的环境中,安居乐业,专心研究,实在是够幸运了!昨天我在北沟看到许多名贵的古籍和历代的艺术作品,就联想到贵校的地理优势,假如诸位每周都能有机会看看故宫文物和"中央图书馆"的藏书,真是太理想了,因为这两个宝库中所收藏的,全是中国的精华,不仅是国宝,即在全世界,也占着最崇高的价值。

我现在已决定回美后,于本年秋间,和内子带一些破烂的书籍一同回来,那时希望有更多的时间,一方面研究,一方面可以多来东大看看,多作几次有关学术的讲演。

东大是一所私立的大学,到底私人设立的大学,对于教育的历史和地位又有什么关系,什么影响呢?今天我们可以说是最困难的时候……我们过去在学术上的一点成就和基础,现在可说是全毁了。记得二十余年前,中日战争没有发生时,从北平到广东,从上海到成都,差

---

* 本文是1958年5月7日胡适在台中东海大学的演讲词,原载1958年5月8日台北"《中央日报》",收入1970年台北出版的《胡适演讲集》中册。文章选入本书有删节。
——编者

不多有一百多所的公私立大学,当时每一个大学的师生都在埋头研究,假如没有日本的侵略,敢说我们在今日世界的学术境域中,一定占着一席重要的地位,可惜过去的一点基础现在全毁了。所以诸位今天又得在这一个宝岛上,有如平地起楼台,这是何等艰巨的一份工作啊!

……有关于公私立大学校的延续问题,中国可考的历史固然已有四千年,但一直到今天还没有一个有过六十年以上历史的大学。中国第一个大学,就是汉武帝时,由公孙弘为相,发起组织,招收学生所设立的太学。这所太学,就是今日"国立大学"的起源,不过在设立之初只有五个教授,五十个学生,也就是所谓五经博士。至纪元后一百多年,王莽篡汉时,这个太学不仅建筑扩大了,而且学生人数,也达到一万人,光武中兴时的许多政坛人物,多是出身自这所太学。到第二世纪,这所太学的学生已发展到三万多人,比当今之哈佛、哥伦比亚等,毫无逊色。最可惜的,是当时政治腐败达于极点,因此许多的太学生,就开始批评政治,进而干预,结果演成党锢之祸,使太学蒙受影响。其后各代虽也有太学,但没有多大作用,到最后太学生可以用钱捐买,因此就不成为太学了。此外汉代也有私人讲学,其学生多少不等,有的三五百,有的二三千,这可以说是私立大学的起源,如郑玄所创者,即是一个很好的例子。

自纪元二百年郑玄逝世,至一千二百年朱熹逝世,在这一千年中,中国的学术多靠私人讲学传授阐扬,不过因政治问题,常受到压迫,虽然环境如此,但私人讲学并没有因此而中辍,而且仍旧成为传播学术的重要基础,如历代的书院,与学派的盛行,都是实例。

中国的高等教育虽然发达得很早,但是不能延续,没有一个历史悠久的学校,比起欧美来,就显然落后了。即使新兴的国家如菲律宾,也有三百多年历史的圣多玛大学。美国的历史只有一百六十余年,而美国的大学如哈佛、哥伦比亚等,都有二三百年的历史。至于欧洲,尤其古老,如意大利就有一千年和九百多年历史的大学,英国的牛津和剑桥历史也达到八九百年,若几百年历史的大学,在德、法等国也为数不少。为什么历史不及我们的国家,会有那么长远历史的大学,而我们反而没有呢？因为人家的大学有独立的财团，独立的学风，有坚强的组织，有优良的图书保管，再加上教授可以独立自由继续的研究，和坚强的校友会组织，所以就能历代相传，悠久勿替；而我们多少年来都没有一个学校能长期继续，实在是很吃亏的。

　　这几十年来，教会在中国设立了很多优良的大学和中学，它们对于近代的学术实在有很多的贡献和影响，可惜现在又都没有了，因此这些光荣的传统，就不得不再落于诸位的身上。我们的私立学校是否在将来世界的学术上占一席地，其在世界的高等教育中又若何，可以说都是诸位的责任。我以为私立学校有其优点，它比较自由，更少限制。所以我希望东海能有一个好榜样，把握着自由独立的传统，以为其他各校的模范，因为只有在自由独立的原则下，才能有高价值的创造，这也就是我今天所希望于诸位的。

北京大学五十周年*

北京大学今年整五十岁了。在世界的大学之中,这个五十岁的大学只能算一个小孩子。欧洲最古的大学,如意大利的萨劳诺(Salerno)大学是一千年前创立的;如意大利的波罗那(Bologna)大学是九百年前创立的。如法国的巴黎大学是八百多年前一两位大师创始的。如英国的牛津大学也有八百年的历史了,剑桥大学也有七百多年的历史了。今年四月中,捷克都城的加罗林大学庆祝六百年纪念。再过十六年,波兰的克拉可(Gracow)大学,奥国的维也纳大学都要庆祝六百年纪念了。全欧洲大概至少有五十个大学是五百年前创立的。

在十二年前,我曾参加美国哈佛大学的三百年纪念;八年前,我曾参加美国彭州大学(University of Pennsylvania)的二百年纪念。去年到今年,普林斯敦(Princeton)大学补祝二百年纪念,清华、北大都有代表参加。再过三年,耶尔大学是庆祝二百五十年纪念了。美国独立建国不过是一百六七十年前的事,可是这个新国家里满二百年的大学已有好几个。

所以在世界大学的发达史上,刚满五十岁的北京大学真是一个小弟弟,怎么配发帖子做生日,惊动朋友赶来道喜呢?

我曾说过,北京大学是历代的"太学"的正式继承者,如北大真想用年岁来压倒人,他可以追溯"太学"起于汉武帝元朔五年(西历纪元前124年)公孙弘奏请为博士设弟子员五十人。那是历史上可信的"太

---

* 1948年12月13日作,原载1948年12月北京大学出版部出版的《北大五十周年纪念特刊》,收入《胡适教育文选》(柳芳主编)等。——编者

学"的起源,到今年是两千零七十二年了。这就比世界上任何大学都年高了!

但北京大学向来不愿意承认是汉武帝以来的太学的继承人,不愿意卖弄那二千多年的高寿。自从我到了北大之后,我记得民国十二年(1923)北大纪念二十五周年,廿七年纪念四十周年,都是承认戊戌年是创立之年。(北大也可以追溯到同治初年同文馆的设立,那也可以把校史拉长二十多年。但北大好像有个坚定的遗规,只承认戊戌年"大学堂"的设立是北大历史的开始。)

这个小弟弟年纪虽不大,着实有点志气!他在这区区五十年之中,已经过了许多次的大灾难,吃过了不少的苦头。他是"戊戌新政"的产儿,但他还没生下地,那百日的新政早已短命死了,他就成了"新政"遗腹子。他还不满两周岁,就遇着义和拳的大乱,牺牲了两年的生命。辛亥革命起来时,他还只是一个十三岁的小孩子。民国成立的初期,他也受了政治波浪的影响,换了许多次校长。直到蔡元培、蒋梦麟两位先生相继主持北大的三十年之中,北大才开始养成一点持续性,才开始造成一个继续发展的学术中心。可是在这三十年之中,北大也经过不少的灾难。北大的三十周年(民国十七年,1928)纪念时,他也变成北平大学的一个学院了。他的四十周年(民国廿七年,1938)纪念是在昆明流离时期举行的。

我今天要特别叙说北大遭遇的最大的一次危机,并且要叙述北大应付那危机的态度。

话说民国二十年一月,蒋梦麟先生受了政府的新任命,回到北大来做校长。他有中兴北大的决心,又得到了中华教育文化基金董事会的研究合作费国币一百万元的援助,所以他能放手做去,向全国去挑选教授与研究的人才。他是一个理想的校长,有魄力、有担当,他对我们三个院长说:"辞退旧人,我去做;选聘新人,你们去做。"

蒋校长和他的同事们费了整整八个月的工夫筹备北大的革新。我们准备九月十七日开学,全国教育界也颇注意北大的中兴,都预料九月十七日北大的新阵容确可以"旌旗变色",建立一个"新北大"的底子。

民国二十年(1931)九月十七日,新北大开学了。蒋校长和全体师生都很高兴。可怜第二天就是"九一八"!那晚上日本的军人在沈阳闹出一件震惊全世界的事件,造成了第二次世界大战的序幕!

我们北大同人只享受了两天的高兴。九月十九日早晨我们知道了沈阳的大祸,我们都知道空前的国难已到了我们的头上,我们的敌人决不容许我们从容努力建设一个新的国家。我们那八个月辛苦筹备的"新北大",不久也就要被摧毁了!

但我们在那个时候,都感觉一种新的兴奋,都打定主意,不顾一切,要努力把这个学校办好,努力给北大打下一个坚实可靠的基础。所以北大在那最初六年的国难之中,工作最勤,从没有间断。现在的地质馆、图书馆、女生宿舍都是那个时期里建筑的。现在北大的许多白发教授,都是那个时期埋头苦干的少壮教授。

我讲这段故事,是要说明北大这个多灾多难的孩子实在有点志气,能够在很危险、很艰苦的情形之下努力做工,努力奋斗。我觉得这个"国难六年中继续苦干"的故事在今日是值得我们北大全体师生记忆回念的,——也许比"五四"、"六三"等等故事还更有意味。

现在我们又在很危险、很艰苦的环境里给北大做五十岁生日,我用很沉重的心情叙述他多灾多难的历史,祝福他长寿康强,祝他能安全的渡过眼前的危难正如同他渡过五十年中许多次危难一样!

卅七,十二,十三

争取学术独立的十年计划

我很深切的感觉中国的高等教育应该有一个自觉的十年计划,其目的是要在十年之后建立起中国学术独立的基础。

我说的"学术独立",当然不是一班守旧的人们心里想的"汉家自有学术,何必远去欧美"。我决不想中国今后的学术可以脱离现代世界的学术而自己寻出一条孤立的途径,我也决不主张十年之后就可以没有留学外国的中国学者了。

我所谓"学术独立"必须具有四个条件:

(一)世界现代学术的基本训练,中国自己应该有大学可以充分担负,不必向国外去寻求。(二)受了基本训练的人才,在国内应该有设备够用和师资良好的地方,可以继续作专门的科学研究。(三)本国需要解决的科学问题如工业问题、医药与公共卫生问题、国防工业问题等等,在国内都应该有适宜的专门人才与研究机构可以帮助社会国家寻求得解决。(四)对于现代世界的学术,本国的学人与研究机构应该和世界各国的学人与研究机构分工合作,共同担负人类学术进展的责任。

要做到这样的学术独立,我们必须及早准备一个良好的、坚实的基础。所以我提议,中国此时应该有一个大学教育的十年计划,在十年之内,集中国家的最大力量,培植五个到十个成绩最好的大学,使他们尽力发展他们的研究工作,使他们成为第一流的学术中心,使他们

---

* 1947年9月18日定稿,原载1947年9月28日《中央日报》,收入《胡适的时论》一集、《胡适教育文选》(柳芳主编)等。——编者

成为国家学术独立的根据地。

这个十年计划也可以分做两个阶段。第一个五年，先培植起五个大学；五年之后，再加上五个大学。这个分两期的方法有几种好处：第一，国家的人才与财力恐怕不够同时发展十个第一流的大学；第二，先用国家力量培植五所大学，可以策励其他大学努力向上，争取第二期五个大学的地位。

我提议的十年计划，当然不是只顾到那五个、十个大学，而不要那其余的大学和学院了，说的详细一点，我提议：

（一）政府应该下大决心，在十年之内，不再添设大学或独立学院。

（二）本年宪法生效之后，政府必须严格实行宪法第一百六十四条的规定，"教育文化科学之经费，在中央不得少于其预算总额百分之十五，在省不得少于其预算总额百分之二十五，在市县不得少于其预算总额百分之三十五"。全国人民与人民团体应该随时监督各级政府严格执行。

（三）政府应该有一个高等教育的十年计划，分两期施行。

（四）在第一个五年里，挑选五个大学，用最大的力量培植他们，特别发展他们的研究所，使他们能在已有的基础之上，在短期间内，发展成为现代学术的重要中心。

（五）在第二个五年里，继续培植前期五个大学之外，再挑选五个大学，用同样的力量培植他们，特别发展他们的研究所，使他们在短期内发展成为现代学术的重要中心。

（六）在这十年里，对于其余的四十多个国立大学和独立学院，政府应该充分增加他们的经费，扩充他们的设备，使他们有继续整顿发展的机会，使他们成为各地最好的大学；对于有成绩的私立大学和独立学院，政府也应该继续民国二十二年以来补助私立学校的政策，给他们适当的补助费，使他们能继续发展。

（七）在选择每一期的五个大学之中，私立的学校与国立的学校应该有同样被挑选的机会，选择的标准应该注重人才、设备、研究成绩。

（八）这个十年计划应该包括整个大学教育制度的革新，也应该包括"大学"的观念的根本改换。近年所争的几个学院以上才可办大学,简直是无谓之争。今后中国的大学教育应该朝着研究院的方向去发展。凡能训练研究工作的人才的,凡有教授与研究生做独立的科学研究的,才是真正的大学。凡只能完成四年本科教育的,尽管有十院七八十系,都不算是将来的最高学府。从这个新的"大学"观念出发,现行的大学制度应该及早彻底修正,多多减除行政衙门的干涉,多多增加学术机关的自由与责任。例如现行的学位授予法,其中博士学位的规定最足以阻碍大学研究的发展。这部分的法令公布了十六年,至今不能实行,政府应该早日接受去年中央研究院评议会的建议,"博士候选人之平时研究工作及博士论文,均应由政府核准设立研究所五年以上并经特许收受博士候选人之大学或独立学院自行审查考试,审查考试合格者,由该校院授予博士学位"。今日为了要提倡独立的科学研究,为了要提高各大学研究的尊严,为了要减少出洋镀金的社会心理,都不可不修正学位授予法,让国内有资格的大学自己担负授予博士学位的责任。

  这是我的建议的大概。这里面我认为最重要又最简单易行而收效最大最速的,是用国家最大力量培植五个到十个大学的计划。眼前的人才实在不够分配到一百多个大学与学院去。(照去年夏天的统计,全国有二十八个国立大学,十八个国立学院,二十个私立大学,十三个省立学院,二十一个私立学院,共计一百个。此外还有四十八个公私立专科学校。)试问中国第一流的物理学者,国内外合计,有多少人? 中国专治西洋历史有成绩的,国内外合计,有多少人? 这都是大学必不可少的学科,而人才稀少如此。学术的发达,人才是第一要件,我们必须集中第一流的人才,替他们造成最适宜的工作条件,使他们可以自己做研究,使他们可以替全国训练将来的师资与工作人员。有了这五个、十个最高学府做学术研究的大本营,十年之后,我相信中国必可以在现代学术上得着独立的地位。

  这不是我过分乐观的话,世界学术史上有许多事实可以使我说这样大胆的预言。

在我出世的那一年(1891)，罗氏基金会决定捐出二千万美金来创办芝加哥大学。第一任校长哈勃尔(W. R. Harper)担任筹备的事，他周游全国，用当时空前的待遇(年俸 7500 元)选聘第一流人物做各院系的主任教授，美国没有的，他到英国欧洲去挑。一年之后，人才齐备了，设备够用了，开学之日，芝加哥大学就被公认为第一流大学。一个私家基金会能做到的事，一个堂堂的国家当然更容易做得到。

更数上去十多年，一八七六年，吉尔门校长(D. C. Gilman)创立霍铿斯大学，专力提倡研究院的工作。那时候美国的大学还都只有大学本科的教育。耶鲁大学的研究院成立于一八七一年，哈佛大学的研究院成立于一八七二年，吉尔门在霍铿斯大学才创立了专办研究院的新式大学，打开了"大学是研究院"的新风气。当时霍铿斯大学的人才盛极一时，哲学家如杜威，如罗以斯(Royce)，经济学家如伊黎(Ely)，政治学家如威尔逊总统，都是霍铿斯大学研究院出来的博士。在医学方面，当霍铿斯大学开办时(1876)，美国全国还没有一个医学院是有研究实验室的设备的！吉尔门校长选聘了几个有研究成绩的青年医学家，如倭斯勒(Osler)、韦尔渠(Wellch)诸人，创立了第一个注重研究提倡实验的医学院，就奠定了美国新医学的基础。所以美国史家都承认美国学术独立的风气是从吉尔门校长创立大学研究院开始的。一个私人能倡导的风气，一个堂堂的国家当然更容易做得到。

所以我深信，用国家的大力来造成五个十个第一流大学，一定可以在短期间内做到学术独立的地位。我深信，只有这样集中人才，集中设备，只有这一个方法可以使我们这个国家走上学术独立的路。

三六，九，一八

赠与今年的大学毕业生[*]

这一两个星期里,各地的大学都有毕业的班次,都有很多的毕业生离开学校去开始他们的成人事业。学生的生活是一种享有特殊优待的生活,不妨幼稚一点,不妨吵吵闹闹,社会都能纵容他们,不肯严格的要他们负行为的责任。现在他们要撑起自己的肩膀来挑他们自己的担子了。在这个国难最紧急的年头,他们的担子真不轻!我们祝他们的成功,同时也不忍不依据我们自己的经验,赠与他们几句送行的赠言,——虽未必是救命毫毛,也许作个防身的锦囊罢!

你们毕业之后,可走的路不出这几条:绝少数的人还可以在国内或国外的研究院继续作学术研究;少数的人可以寻着相当的职业;此外还有做官,办党,革命三条路;此外就是在家享福或者失业闲居了。第一条继续求学之路,我们可以不讨论。走其余几条路的人,都不能没有堕落的危险。堕落的方式很多,总括起来,约有这两大类:

第一是容易抛弃学生时代的求知识的欲望。你们到了实际社会里,往往所用非所学,往往所学全无用处,往往可以完全用不着学问,而一样可以胡乱混饭吃,混官做。在这种环境里,即使向来抱有求知识学问的决心的人,也不免心灰意懒,把求知的欲望渐渐冷淡下去。况且学问是要有相当的设备的;书籍,试验室,师友的切磋指导,闲暇的工夫,都不是一个平常要糊口养家的人所能容易办到的。没有做学问的环境,又谁能怪我们抛弃学问呢?

[*] 本文原载1932年7月3日《独立评论》第7号。——编者

第二是容易抛弃学生时代的理想的人生的追求。少年人初次与冷酷的社会接触，容易感觉理想与事实相去太远，容易发生悲观和失望。多年怀抱的人生理想，改造的热诚，奋斗的勇气，到此时候，好像全不是那么一回事。眇小的个人在那强烈的社会炉火里，往往经不起长时期的烤炼就镕化了，一点高尚的理想不久就幻灭了。抱着改造社会的梦想而来，往往是弃甲曳兵而走，或者做了恶势力的俘虏。你在那俘虏牢狱里，回想那少年气壮时代的种种理想主义，好像都成了自误误人的迷梦！从此以后，你就甘心放弃理想人生的追求，甘心做现成社会的顺民了。

要防御这两方面的堕落，一面要保持我们求知识的欲望，一面要保持我们对于理想人生的追求。有什么好法子呢？依我个人的观察和经验，有三种防身的药方是值得一试的。

第一个方子只有一句话："总得时时寻一两个值得研究的问题！"问题是知识学问的老祖宗；古今来一切知识的产生与积聚，都是因为要解答问题，——要解答实用上的困难或理论上的疑难。所谓"为知识而求知识"，其实也只是一种好奇心追求某种问题的解答，不过因为那种问题的性质不必是直接应用的，人们就觉得这是"无所为"的求知识了。我们出学校之后，离开了做学问的环境，如果没有一个两个值得解答的疑难问题在脑子里盘旋，就很难继续保持追求学问的热心。可是，如果你有了一个真有趣的问题天天逗你去想他，天天引诱你去解决他，天天对你挑衅笑你无可奈何，——这时候，你就会同恋爱一个女子发了疯一样，坐也坐不下，睡也睡不安，没工夫也得偷出工夫去陪她，没钱也得搏衣节食去巴结她。没有书，你自会变卖家私去买书；没有仪器，你自会典押衣服去置办仪器；没有师友，你自会不远千里去寻师访友。你只要能时时有疑难问题来逼你用脑子，你自然会保持发展你对学问的兴趣，即使在最贫乏的智识环境中，你也会慢慢的聚起一个小图书馆来，或者设置起一所小试验室来。所以我说：第一要寻问题。脑子里没有问题之日，就是你的智识生活寿终正寝之时！古人说："待文王而兴者，凡民也。若夫豪杰之士，虽无文王犹兴。"试想葛理略(Galieo)和牛敦(Newton)有多少藏书？有多少仪器？他们不过是有问题而已。有了问题而后，他们自会造出仪器来解答他们的问题。没有问题的人们，关在图书馆里也不会用书，锁在试验室里也不会有什么发现。

　　第二个方子也只有一句话："总得多发展一点非职业的兴趣。"离开学校之后，大家总得寻个吃饭的职业。可是你寻得的职业未必就是你所学的，或者未必是你所心喜的，或者是你所学而实在和你的性情不相近的。在这种状况之下，工作就往往成了苦工，就不感觉兴趣了。为糊口而作那种非"性之所近而力之所能勉"的工作，就很难保持求知的兴趣和生活的理想主义。最好的救济方法只有多多发展职业以外的正当兴趣与活动。一个人应该有他的职业，又应该有他的非职业的玩艺儿，可以叫做业余活动。凡一个人用他的闲暇来做的事业，都是他的业余活动。往往他的业余活动比他的职业还更重要，因为一个人的前程往往全靠他怎样用他的闲暇时间。他用他的闲暇来打麻将，他就成个赌徒；你用你的闲暇来做社会服务，你也许成个社会改革者；或者你用你的闲暇去研究历史，你也许成个史学家。你的闲暇往往定你的终身。英国十九世纪的两个哲人，弥儿(J. S. Mill)终身做东印度公司的秘书，然而他的业余工作使他在哲学上，经济学上，政治思想史上都占一个很高的位置；斯宾塞(Spencer)是一个测量工程师，然而他的业余工作使他成为前世纪晚期世界思想界的一个重镇。古来成大学问的人，几乎没有一个不是善用他的闲暇时间的。特别在这个组织不健全的中国社会，职业不容易适合我们性情，我们要想生活不苦痛或不堕落，只有多方发展业余的兴趣，使我们的精神有所寄托，使我们的剩余精力有所施展。有了这种心爱的玩意儿，你就做六个钟头的抹桌子工夫也不会感觉烦闷了，因为你知道，抹了六点钟的桌子之后，你可以回家去做你的化学研究，或画完你的大幅山水，或写你的小说戏曲，或继续你的历史考据，或做你的社会改革事业。你有了这种称心如意的活动，生活就不枯寂了，精神也就不会烦闷了。

　　第三个方子也只有一句话："你总得有一点信心。"我们生当这个不幸的时代,眼中所见,耳中所闻,无非是叫我们悲观失望的。特别是在这个年头毕业的你们,眼见自己的国家民族沉沦到这步田地,眼看世界只是强权的世界,望极天边好像看不见一线的光明,——在这个年头不发狂自杀,已算是万幸了,怎么还能够希望保持一点内心的镇定和理想的信心呢?我要对你们说:这时候正是我们要培养我们的信心的时候!只要我们有信心,我们还有救。古人说:"信心(Faith)可以移山。"又说:"只要工夫深,生铁磨成绣花针。"你不信吗?当拿破仑的军队征服普鲁士占据柏林的时候,有一位穷教授叫作菲希特(Fichte)的,天天在讲堂上劝他的国人要有信心,要信仰他们的民族是有世界的特殊使命的,是必定要复兴的。菲希特死的时候(1814),谁也不能预料德意志统一帝国何时可以实现。然而不满五十年,新的统一的德意志帝国居然实现了。

一个国家的强弱盛衰,都不是偶然的,都不能逃出因果的铁律的。我们今日所受的苦痛和耻辱,都只是过去种种恶因种下的恶果。我们要收将来的善果,必须努力种现在的新因。一粒一粒的种,必有满仓满屋的收,这是我们今日应该有的信心。

我们要深信:今日的失败,都由于过去的不努力。

我们要深信:今日的努力,必定有将来的大收成。

佛典里有一句话:"福不唐捐。"唐捐就是白白的丢了。我们也应该说:"功不唐捐!"没有一点努力是会白白的丢了的。在我们看不见想不到的时候,在我们看不见想不到的方向,你瞧!你下的种子早已生根发叶开花结果了!

你不信吗?法国被普鲁士打败之后,割了两省地,赔了五十万万佛郎的赔款。这时候有一位刻苦的科学家巴斯德(Pasteur)终日埋头在他的试验室里做他的化学试验和微菌学研究。他是一个最爱国的人,然而他深信只有科学可以救国。他用一生的精力证明了三个科学问题:(1)每一种发酵作用都是由于一种微菌的发展;(2)每一种传染病都是由于一种微菌在生物体中的发展;(3)传染病的微菌,在特殊的培养之下,可以减轻毒力,使它从病菌变成防病的药苗。——这三个问题,在表面上似乎都和救国大事业没有多大的关系。然而从第一个问题的证明,巴斯德定出做醋酿酒的新法,使全国的酒醋业每年减除极大的损失。从第二个问题的证明,巴斯德教全国的蚕丝业怎样选种防病,教全国的畜牧农家怎样防止牛羊瘟疫,又教全世界的医学界怎样注重消毒以减除外科手术的死亡率。从第三个问题的证明,巴斯德发明了牲畜的脾热瘟的疗治药苗,每年替法国农家灭除了二千万佛郎的大损失;又发明了疯狗咬毒的治疗法,救济了无数的生命。所以英国的科学家赫胥黎(Huxley)在皇家学会里称颂巴斯德的功绩道:"法国给了德国五十万万佛郎的赔款,巴斯德先生一个人研究科学的成绩足够还清这一笔赔款了。"

巴斯德对于科学有绝大的信心,所以他在国家蒙奇辱大难的时候,终不肯抛弃他的显微镜与试验室。他绝不想他的显微镜底下能偿还五十万万佛郎的赔款,然而在他看不见想不到的时候,他已收获了科学救国的奇迹了。

朋友们,在你最悲观最失望的时候,那正是你必须鼓起坚强的信心的时候。你要深信:天下没有白费的努力。成功不必在我,而功力必不唐捐。

二十一,六,二十七夜

我们对于学生的希望*

今天是五月四日。我们回想去年今日,我们两人都在上海欢迎杜威博士,直到五月六日方才知道北京五月四日的事。日子过得真快,匆匆又是一年了。

当去年的今日,我们心里只想留住杜威先生在中国讲演教育哲学,在思想一方面提倡实验的态度和科学的精神;在教育一方面输入新鲜的教育学说,引起国人的觉悟,大家来做根本的教育改革。这是我们去年今日的希望。不料事势的变化大出我们意料之外。这一年以来,教育界的风潮几乎没有一个月平静的,整整的一年光阴就在这风潮扰攘里过去了。

这一年的学生运动,从远大的观点看起来,自然是几十年来的一件大事。从这里面发生出来的好效果,自然也不少。引起学生的自动精神,是一件;引起学生对于社会国家的兴趣,是二件;引出学生的作文演说的能力、组织的能力、办事的能力,是三件;使学生增加团体生活的经验,是四件;引起许多学生求知识的欲望,是五件。这都是旧日的课堂生活所不能产生的,我们不能不认为学生运动的重要贡献。

社会若能保持一种水平线以上的清明,一切政治上的鼓吹和设施,制度上的评判和革新,都应该有成年的人去料理;未成年的一班人(学生时代的男女),应该有安心求学的权利,社会也用不着他们来做学校生活之外的活动。但是我们现在不幸生在这个变态的社会里,没

---

* 本文载 1920 年 1 月《新教育》第 2 卷第 5 期,与蒋梦麟联合署名,文章由胡适起草。
——编者

有这种常态社会中人应该有的福气;社会上许多事,被一班成年的或老年的人弄坏了。别的阶级又都不肯出来干涉纠正,于是这种干涉纠正的责任,遂落在一般未成年的男女学生的肩膀上。这是变态的社会里一种不可免的现象。现在有许多人说学生不应该干预政治,其实并不是学生自己要这样干,这都是社会和政府硬逼出来的。如果社会国家的行为没有受学生干涉纠正的必要,如果学生能享安心求学的幸福而不受外界的强烈刺激和良心上的督责,他们又何必甘心抛了宝贵的光阴,冒着生命的危险,来做这种学生运动呢?

简单一句话:在变态的社会国家里面,政府太卑劣腐败了,国民又没有正式的纠正机关(如代表民意的国会之类),那时候干预政治的运动,一定是从青年的学生界发生的。汉末的太学生,宋代的太学生,明末的结社,戊戌政变前的公车上书,辛亥以前的留学生革命党,俄国从前的革命党,德国革命前的学生运动,印度和朝鲜现在的独立运动,中国去年的"五四"运动与"六三"运动,都是同一个道理,都是有发生的理由的。

但是我们不要忘记:这种运动是非常的事,是变态的社会里不得已的事。但是它又是很不经济的不幸事,因为是不得已,故它的发生是可以原谅的。因为是很不经济的不幸事,故这种运动是暂时不得已的救急办法,却不可长期存在的。

荒唐的中年老年人闹下了乱子,却要未成年的学生抛弃学业,荒废光阴,来干涉纠正,这是天下最不经济的事。况且中国眼前的学生运动更是不经济。何以故呢?试看自汉末以来的学生运动,试看俄国、德国、印度、朝鲜的学生运动,那有一次用罢课作武器的?即如去年的"五四"与"六三",这两次的成绩,可是单靠罢课作武器的吗?单靠用罢课作武器,是最不经济的方法,是下下策,屡用不已,是学生运动破产的表现!

罢课于敌人无损,于自己却有大损失。这是人人共知的。但我们看来,用罢课作武器,还有精神上的很大损失:

(一)养成倚赖群众的恶心理。 现在的学生很像忘了个人自己有许多事可做，他们很像以为不全体罢课便无事可做。个人自己不肯牺牲，不敢做事，却要全体罢了课来呐喊助威。自己却躲在大众群里跟着呐喊。这种倚赖群众的心理是懦夫的心理！

(二)养成逃学的恶习惯。 现在罢课的学生，究竟有几个人出来认真做事，其余无数的学生，既不办事，又不自修，究竟为了什么事罢课？从前还可说是"激于义愤"的表示，大家都认作一种最重大的武器，不得已而用之。久而久之，学生竟把罢课的事看作很平常的事。我们要知道，多数学生把罢课看作很平常的事，这便是逃学习惯已养成的证据。

(三)养成无意识的行为的恶习惯。 无意识的行为就是自己说不出为什么要做的行为。现在不但学生把罢课看作很平常的事，社会也把学生罢课看作很平常的事。一件很重大的事，变成了很平常的事，还有什么功效灵验？既然明知没有灵验功效，却偏要去做；一处无意识的做了，别处也无意识的盲从。这种心理的养成，实在是眼前和将来最可悲观的现象。

以上说的是我们对于现在学生运动的观察。

我们对于学生的希望，简单说来，只有一句话："我们希望学生从今以后要注重课堂里、自修室里、操场上、课余时间里的学生活动。只有这种学生活动是能持久又最有功效的学生运动。"

这种学生活动有三个重要部分：

(1)学问的生活。

(2)团体的生活。

(3)社会服务的生活。

第一，学问的生活。 这一年以来，最可使人乐观的一种好现象，就是许多学生对于知识学问的兴趣渐渐增加了。新出的出版物的销数增加，可以估量学生求知识的兴趣增加。我们希望现在的学生充分发展这点新发生的兴趣，注重学问的生活。要知道社会国家的大问题，绝不是没有学问的人能解决的。我们说的"学问的生活"，并不限于从前的背书抄讲义的生活。我们希望学生(无论中学大学)都能注重下列的几项细目：

(1)注重外国文　现在中文的出版物,实在不够满足我们求知识的欲望。求新知识的门径在于外国文,每个学生至少须要能用一种外国语看书。学外国语须要经过查生字,记生字的第一难关。千万不要怕难,若是学堂里的外国文教员确是不好,千万不要让他敷衍你们,不妨赶跑他。

(2)注重观察事实与调查事实　这是科学训练的第一步。要求学校里用实验来教授科学,自己去采集标本,自己去观察调查。观察调查须要有个目的(例如本地的人口、风俗、出产、植物、鸦片烟馆等项的调查)。还要注重团体的互助,分工合作,做成有系统的报告。现在的学生天天谈"二十一条",究竟二十一条是什么东西,有几个人说得出吗?天天谈"高徐济顺",究竟有几个指得出这条路在什么地方吗?这种不注重事实的习惯,是不可不打破的。打破这种习惯的唯一法子,就是养成观察调查的习惯。

(3)建设的促进学校的改良　现在的学校课程和教员,一定有许多不能满足学生求学的欲望的。我们希望学生不要专做破坏的攻击,须要用建设的精神,促进学校的改良。与其提倡考试的废止,不如提倡考试的改良;与其攻击校长不多买博物标本,不如提倡学生自去采集标本。这种建设的促进,比教育部和教育厅的命令的功效大得多咧!

(4)注重自修　灌进去的知识学问,没有多大用处的。真正可靠的学问都是从自修得来,自修的能力,是求学问的唯一条件。不养成自修的能力,决不能求学问。自修注重的事是:(一)看书的能力。(二)要求学校购备参考书报,如大字典、词典、重要的大部书之类。(三)结合同学多买书报,交换阅看。(四)要求教员指导自修的门径和自修的方法。

第二,团体的生活。　"五四"运动以来,总算增多了许多学生的团体生活的经验。但是现在的学生团体有两大缺点:(一)是内容太偏枯了。(二)是组织太不完备了。内容偏枯的补救,应注意各方面的

"俱分并进"。

（1）学术的团体生活，如学术研究会或讲演会之类。应该注重自动的调查、报告、试验、讲演。

（2）体育的团体生活，如足球、运动会、童子军、野外幕居、假期旅游等等。

（3）游艺的团体生活，如音乐、图画、戏剧等等。

（4）社交的团体生活，如同学茶会、家人恳亲会、师生恳亲会、同乡会等等。

（5）组织的团体生活，如本校学生会、自治会、各校联合会、学生联合总会之类。

要补救组织的不完备，应注重议会法规（Parliamentary Law）的重要条件。简单说来，至少须有下列的几个条件：

（1）法定开会人数。这是防弊的要件。

（2）动议的手续与修正议案的手续。这是议会法规里最繁难又最重要的一项。

（3）发言的顺序。这是维持秩序的要件。

（4）表决的方法。（一）须规定某种议案必须全体几分之几的可决，某种必须到会人数几分之几的可决，某种仅须过半数的可决。（二）须规定某种重要议案必须用无记名投票，某种必须用有记名投票。某种可用举手的表决。

（5）凡是代表制的联合会（无论校内校外）皆须有复决制（Referendum）。遇重大的案件，代表会议的议决案，必须再经过会员的总投票。总会的议决案，必须再经过各分会的复决。

（6）议案提出后，应有规定的讨论时间，并须限制每人发言的时间与次数。

现在许多学生会的章程，只注重职员的分配，却不注重这些最要紧的条件。这是学生团体失败的一个大原因。

此外还须注意团体生活最不可少的两种精神：

（1）容纳反对党的意见。现在学生会议的会场上，对于不肯迎合群众心理的言论,往往有许多威压的表示。这是暴民专制,不是民治精神。民治主义的第一个条件,就是要使各方面的意见都可自由发表。

(2)人人要负责任。天下有许多事,都是不肯负责任的"好人"弄坏的。好人坐在家里叹气,坏人在议场上做戏,天下事所以败坏了。不肯出头负责任的人,便是团体的罪人,便不配做民治国家的国民。民治主义的第二个条件,是人人要负责任,要尊重自己的主张,要用正当的方法来传播自己的主张。

第三,社会服务的生活。 学生运动是学生对于社会国家的利害发生兴趣的表示,所以各处都有平民夜校、平民讲演的发起。我们希望今后的学生继续推广这种社会服务的事业。这种事业,一来是救国的根本办法;二来是学生的能力做得到的;三来可以发展学生自己的学问与才干;四来可以训练学生待人接物的经验。我们希望学生注意以下各点:

(1)平民夜校 注重本地的需要,介绍卫生的常识、职业的常识和公民的常识。

(2)通俗讲演 现在那些"同胞快醒,国要亡了"、"杀卖国贼"、"爱国是人生的义务"等等空话的讲演,是不能持久的,说了两三遍就没有了。我们希望学生注重科学常识的讲演,改良风俗的讲演,破除迷信的讲演。譬如你今天演说"下雨",你不能不先研究雨是怎样来的,何以从天上下来。听的人也可以因此知道雨不是龙王菩萨洒下来的,也可以知道雨不是道士和尚求得下来的。又如你明天演说"种田何以须用石灰作肥料",你就不能不研究石灰的化学,听的人也可以因此知道肥料的道理。这种讲演,不但于人有益,于自己也极有益。

(3)破除迷信的事业 我们希望学生不但用科学的道理来解释本地的种种迷信,并且还要实行破除迷信的事业。如求神合婚、求仙方、放焰口、风水等等迷信,都该破除。学生不来破除迷信,迷信是永远不会破除的。

(4)改良风俗的事业 我们希望学生用力去做改良风俗的事业。

如女子缠足的,现在各处多有,学生应该组织天足会,相戒不娶小脚的女子。不能解放你的姊妹们的小脚,你就不配谈"女子解放"。又如鸦片烟与吗啡,现在各处仍旧很销行。学生应该组织调查队,侦缉队,或报告官府,或自动的捣毁烟间与吗啡店。你不能干涉你村上的鸦片吗啡,你也不配干预国家的大事。

以上说的是我们对于学生的希望。

学生运动已发生了,是青年一种活动力的表现,是一种好现象,决不能压下去的,也决不可把他压下去的。我们对于办教育的人的忠告是:"不要梦想压制学生运动。学潮的救济只有一个法子,就是引导学生向有益有用的路上去活动。"

学生运动现在四面都受攻击,"五四"的后援也没有了,"六三"的后援也没有了。我们对于学生的忠告是:"单靠用罢课作武器是下下策。可一而再再而三的么?学生运动如果要想保存'五四'和'六三'的荣誉,只有一个法子,就是改变活动的方向,把'五四'和'六三'的精神用到学校内外有益有用的学生活动上去。"

我们讲的话,是很直率。但这都是我们的老实话。

提高与普及[*]

今天我带病来参与开学典礼，很愿意听听诸位新教授的言论及对于我们的希望。我从一九一七年（即民国六年）来到本校，参与了三年的开学典礼。一年得一年的教训，今天又是来亲受教训的日子了。

我本来不预备说话，但蒋先生偏偏提出我的谈话的一部分，偏偏把"且听下回分解"的话留给我说，所以我不能不来同诸位谈谈。

我暑假里，在南京高等师范的暑期学校里讲演，听讲的有七八百人，算是最时髦的教员了。这些教员是从十七省来的，故我常常愿意同他们谈天。他们见面第一句话就恭维我，说我是"新文化运动"的领袖。我听了这话，真是"惭惶无地"。因为我无论在何处，从来不曾敢说我做的是新文化运动。他们又常常问我，新文化的前途如何，我也实在回答不出来。我以为我们现在那里有什么文化，我们北京大学，不是人称为新文化运动的中心吗？你看最近的一期《学艺杂志》里有一篇《对于学术界的新要求》，对于我们大学很有些忠实的规谏。他引的陈惺农先生对于编辑《北京大学月刊》的启事，我们大学里四百多个教职员，三千来个学生，共同办一个月刊，两年之久，只出了五本。到陈先生编辑的时候，竟至收不到稿子，逼得他自己做了好几篇，方才敷衍过去。《大学丛书》出了两年，到现在也只出了五大本。后来我们想，著书的人没有，勉强找几个翻译人，总该还有，所以我们上半年，弄了一个《世界丛书》，不想五个月的经验结果，各处寄来的稿子虽有一

---

[*] 本文是 1920 年 9 月 17 日胡适在北京大学开学典礼上的演讲词，原载 1920 年 9 月 18 日《北京大学日刊》，又载 1920 年 9 月 23 日《晨报副刊》。收入《胡适教育文选》（柳芳主编）等。——编者

百多种,至今却只有一种真值得出版。像这样学术界大破产的现象,还有什么颜面讲文化运动。所以我对于那一句话的答语,就是:"现在并没有文化,更没有什么新文化"。再讲第二问题,现在外面学界中总算有一种新的现象,是不能不承认。但这只可说是一种新动机、新要求,并没有他们所问的新文化运动。他们既然动了,按物理学的定理,决不能再使不动。所以惟一的方法,就是把这种运动的趋向,引导到有用有结果的路上去。

这种动的趋向有两个方面:

(一)普及　现在所谓新文化运动,实在说得痛快一点,就是新名词运动。拿着几个半生不熟的名词,什么解放、改造、牺牲、奋斗、自由恋爱、共产主义、无政府主义……你递给我,我递给你,这叫作"普及"。这种事业,外面干的人很多,尽可让他们干去,我自己是赌咒不干的,我也不希望我们北大同学加入。

(二)提高　提高就是——我们没有文化,要创造文化;没有学术,要创造学术;没有思想,要创造思想。要"无中生有"地去创造一切。这一方面,我希望大家一齐加入,同心协力用全力去干。只有提高才能真普及,愈"提"得"高",愈"及"得"普"。你看,桌上的灯决不如屋顶的灯照得远,屋顶的灯更不如高高在上的太阳照得远,就是这个道理。

现在既有这种新的要求和新的欲望,我们就应该好好预备一点实在的东西,去满足这种新要求和新欲望。若是很草率的把半生不熟的新名词,去解决他们的智识饥荒,这岂不是耶稣说的"人问我讨面包,我却给他石块"吗?

我们北大这几年来,总算是挂着"新思潮之先驱"、"新文化的中心"的招牌,但是我刚才说过,我们自己在智识学问这方面贫穷到这个地位,我们背着这块金字招牌,惭愧不惭愧,惭愧不惭愧!所以我希望北大的同人,教职员与学生,以后都从现在这种浅薄的"传播"事业,回到一种"提高"的研究功夫。我们若想替中国造新文化,非从求高等学问入手不可。我们若想求高等学问,非先求得一些求学必需的工具不可。外国语、国文、基本科学,这都是求学必不可少的工具。我们应该拿着这种切实的工具，来代替那新名词的运动；应该用这种工具，去切切实实的求点真学问，把我们自己的学术程度提高一点。我们若能这样做去，十年二十年以后，也许勉强有资格可以当真做一点"文化运动"了。二三十年以后，朱遏先生和陈女士做中国现代史的时候，也许我们北大当真可以占一个位置。

我把以上的话总括起来说：

若有人骂北大不活动，不要管他；若有人骂北大不热心，不要管他。但是若有人说北大的程度不高，学生的学问不好，学风不好，那才是真正的耻辱！我希望诸位要洗刷了它。我不望北大来做那浅薄的"普及"运动，我希望北大的同人一齐用全力向"提高"这方面做功夫。要创造文化、学术及思想，唯有真提高才能真普及。

学生与社会[*]

今天我同诸君所谈的题目是"学生与社会"。这个题目可以分两层讲：(一)个人与社会，(二)学生与社会。现在先说第一层。

个人与社会

(一)个人与社会有密切的关系，个人就是社会的出产品。我们虽然常说"人有个性"，并且提倡发展个性，其实个性于人，不过是千分之一，而千分之九百九十九全是社会的。我们的说话，是照社会的习惯发音；我们的衣服，是按社会的风尚为式样；就是我们的一举一动，无一不受社会的影响。

六年前我作过一首《朋友篇》，在这篇诗里我说："清夜每自思，此身非吾有：一半属父母，一半属朋友。"如今想来，这百分之五十的比例算法是错了。此身至少有千分之九百九十九是属于广义的朋友的。我们现在虽在此地，而几千里外的人，不少的同我们发生关系。我们不能不穿衣，不能不点灯，这衣服与灯，不知经过多少人的手才造成功的。这许多为我们制衣造灯的人，都是我们不认识的朋友，这衣与灯就是这许多不认识的朋友给与我们的。

再进一步说，我们的思想、习惯、信仰……等等都是社会的出产品，社会上都是说"吃饭"，我们不能改转来说"饭吃"。我们所以为我

---

[*] 本文是1922年2月19日胡适在平民中学的演讲词。原载1922年3月10日《共进》增刊第11期。收入《胡适教育文选》(柳芳主编)。——编者

们,就是这些思想、信仰、习惯……这些既都是社会的,那末除掉社会,还能有我吗?

这第一点内要义:我之所以为我,在物质方面,是无数认识与不认识的朋友的,在精神方面,是社会的,所谓"个人"差不多完全是社会的出产品。

(二)个人——我——虽仅是千分之一,但是这千分之一的"我"是很可宝贵的。普通一班的人,差不多千分之千都是社会的,思想、举动、言语、服食都是跟着社会跑。有一二特出者,有千分之一的我——个性,于跟着社会跑的时候,要另外创作,说人家未说的话,做人家不做的事。社会一班人就给他一个诨号,叫他"怪物"。

怪物原有两种:一种是发疯,一种是个性的表现。这种个性表现的怪物,是社会进化的种子,因为人类若是一代一代的互相仿照,不有变更,那就没有进化可言了。惟其有些怪物出世,特立独行,做人不做的事,说人未说的话,虽有人骂他打他,甚而逼他至死,他仍是不改他的怪言、怪行。久而久之,渐渐的就有人模仿他了,由少数的怪,变为多数,更变而为大多数,社会的风尚从此改变,把先前所怪的反视为常了。

宗教中的人物,大都是些怪物,耶稣就是一个大怪物。当时的人都以为有人打我一掌,我就应该还他一掌。耶稣偏要说:"有人打我左脸一掌,我应该把右边的脸转送给他。"他的言语、行为,处处与当时的习尚相反,所以当时的人就以为他是一个怪物,把他钉死在十字架上。但是他虽死不改其言行,所以他死后就有人尊敬他,爱慕、模仿他的言行,成为一个大宗教。

怪事往往可以轰动一时,凡轰动一时的事,起先无不是可怪异的。比如缠足,当时一定是很可怪异的,而后来风行了几百年。近来把缠小的足放为天足,起先社会上同样以为可怪,而现在也渐风行了。可见不是可怪,就不能轰动一时。社会的进化,纯是千分之一的怪物,可以牺牲名誉、性命,而作可怪的事,说可怪的话以演成的。

社会的习尚,本来是革不尽,而也不能够革尽的,但是改革一次,虽不能达完全目的,至少也可改革一部分的弊习。譬如辛亥革命,本是一个大改革,以现在的政治社会情况看,固不能说是完全成功,而社会的弊习——如北京的男风,官家厅的公门……等等——附带革除的,实在不少。所以在实际上说,总算是进化的多了。

这第二点的要义:个人的成分,虽仅占千分之一,而这千分之一的个人,就是社会进化的原因。人类的一切发明,都是由个人一点一点改良而成功的。惟有个人可以改良社会,社会的进化全靠个人。

学生与社会

由上一层推到这一层,其关系已很明白。不过在文明的国家,学生与社会的特殊关系,当不大显明,而学生所负的责任,也不大很重。惟有在文明程度很低的国家,如像现在的中国,学生与社会的关系特深,所负的改良责任也特重。这是因为学生是受过教育的人,中国现在受过完全教育的人,真不足千分之一,这千分之一受过完全教育的学生,在社会上所负的改良责任,岂不是比全数受过教育的国家的学生,特别重大吗?

教育是给人戴一副有光的眼镜,能明白观察;不是给人穿一件锦绣的衣服,在人前夸耀。未受教育的人,是近视眼,没有明白的认识,远大的视力;受了教育,就是近视眼戴了一副近视镜,眼光变了,可以看明清楚远大。学生读了书,造下学问,不是为要到他的爸爸面前,要吃肉菜,穿绸缎;是要认他爸爸认不得的,替他爸爸说明,来帮他爸爸的忙。他爸爸不知道肥料的用法,土壤的选择,他能知道,告诉他爸爸,给他爸爸制肥料,选土壤,那他家中的收获,就可以比别人家多出许多了。

从前的学生都喜欢戴平光的眼镜,那种平光的眼镜戴如不戴,不是教育的结果。教育是要人戴能看从前看不见,并能看人家看不见的眼镜。我说社会的改良,全靠个人,其实就是靠这些戴近视镜,能看人所看不见的个人。

从前眼镜铺不发达,配眼镜的机会少,所以近视眼,老是近视看不远。现在不然了,戴眼镜的机会容易的多了,差不多是送上门来,让你去戴。若是我们不配一副眼镜戴,那不是自弃吗?若是仅戴一副看不清、看不远的平光镜,那也是可耻的事呀。

这是一个比喻,眼镜就是知识,学生应当求知识,并应当求其所要的知识。

戴上眼镜,往往容易招人家厌恶。从前是近视眼,看不见人家脸上的麻子,戴上眼镜,看见人家脸上的麻子,就要说:"你是个麻子脸。"有麻子的人,多不愿意别人说他的麻子。要听见你说他是麻子,他一定要骂你,甚而或许打你。这一层意思,就是说受过教育,就认识清社会的恶习,而发不满意的批评。这种不满意社会的批评,最容易引起社会的反感。但是人受教育,求知识,原是为发现社会的弊端,若是受了教育,而对于社会仍是处处觉得满意,那就是你的眼镜配错了光,应该返回去审查审查,重配一副光度合适的才好。

从前伽利略因人家造的望远镜不适用,他自己造了一个扩大几百倍的望远镜,能看木星现象。他请人来看,而社会上的人反以为他是魔术迷人,骂他为怪物、革命党,几乎把他弄死。他惟其不屈不挠,才不抛弃他的学说,停止他的研究,而望远镜竟为今日学问上、社会上重要的东西了。

总之,第一要有知识,第二要有图书。若是没骨子便在社会上站不住。有骨子就是有奋斗精神,认为是真理,虽死不畏,都要去说去做。不仅我看见我知道而已,还要使一班人都认识,都知道。由少数变为多数,由多数变为大多数,使一班人都承认这个真理。譬如现在有人反对修铁路,铁路是便利交通,有益社会的,你们应该站在房上喊叫宣传,使人人都知道修铁路的好处。若是有人厌恶你们,阻挡你们,你们就要拿出奋斗的精神,与他抵抗,非把你们的目的达到,不止你们的喊叫宣传,这种奋斗的精神,是改造社会绝不可少的。

二十年前的革命家,现在哪里去了?他们的消灭不外两个原因:(1)眼镜不适用了。二十年前的康有为是一个出风头的革命家,不怕死的好汉子。现在人都笑他为守旧、老古董,都是由他不去把不适用的眼镜换一换的缘故。(2)无骨子。有一班革命家,骨子软了,人家给他些钱,或给他一个差事,教他不要干,他就不敢干了。没有一种奋斗精神,不能拿出"你不干我干,我偏要干"的决心,所以都消灭了。

我们学生应当注意的就是这两点:眼镜的光若是不对了,就去换一副对的来带;摸着脊骨软了,要吃一点硬骨药。

我的话讲完了,现在讲一个故事来作结束。易卜生所作的《国民公敌》一剧,写一个医生司铎门发现了本地浴场的水里有传染病菌,他还不敢自信,请一位大学教授代为化验,果然不错。他就想要去改良他。不料浴场董事和一班股东因为改造浴池要耗费资本,拼死反对,他的老大哥与他的老丈人也都多方的以情感利诱,但他总是不可软化。他于万分困难之下设法开了一个公民会议,报告他的发明。会场中的人不但不听他的老实话,还把他赶出场去,裤子撕破,宣告他为国民公敌。他愤气不过,说:"出去争真理,不要穿好裤子。"他是真有奋斗精神,能够特立独行的人,于这种迫逼之下还是不少退缩。他说:"世界最有强力的人就是那最孤立的人。"我们要改良社会,就要学这"争真理不穿好裤子"的态度,相信这"最孤立的人是最有强力的人"的名言。

考试与教育[*]

我在民国二十三年，曾在考试院住过几天，也在此会场讲过话，所以这次重来，非常愉快。尤其看到考试院的建筑没有被破坏，并知道今年参加高考的人数超过以前任何时期，现在交通如此不方便，而全国各大城市参加高考的人数，竟达万人以上（就在我们北大的课室中，也有不少的人在应试）。我感觉到，自民国二十年举行第一次考试以来，这十六年间，考试制度的基础已相当巩固。我是拥护考试制度的一个人，目睹考试制度的巩固，与应考人数的增多，至为高兴。

今天考试院的几位朋友，要我来谈谈考试与教育的问题。当然考试与教育，与学校，都有很深的关系。中国的考试制度，可算有二千多年历史。在汉朝初开国的几十年，本来没有书生担负政治上的重要责任，后来汉武帝的宰相公孙弘，向武帝建议两件大事。其一是"予博士以弟子"。因过去只有博士，而没有学生，公孙弘主张给博士收学生，每个博士给予学生十人，后来学生数目逐渐增加，至王莽时代，增至一万人，迨东汉中期，更增至三万人。

其二就是考试制度。公孙弘见国家的法令与皇帝的诏书，不但百姓不能了解，甚至政府的官吏亦多不懂，故献议武帝，采用考试的办法，即指定若干经典为范围，凡能背诵一部的，便予以官吏职位。这是最早的考试制度，约在纪元前一百二十四年开始实行，到现在已经二千一百年。有了这种考试制度，便可以吸收学校训练出来的人才。风

---

[*] 本文是1947年10月21日胡适在考试院的演讲词，原载1947年10月24日《中央日报》，收入《胡适教育论著选》等。——编者

气一开,就另外产生一种私人创办的学校。在后汉时,此种学校达一百余所,各校学生有五六百人的,也有一二千人的。但因私人住宅无法容纳,所以在学校附近,就有许多做小买卖的商店应运而生,以供应学生的衣着和食宿。

其后学校的开办,主要的便是为适应此种考试制度而设,学校学生根据政府订定的标准,大家去努力竞争。最初应考的人,还有阶级的限制,就是只有士大夫阶级才能应试。后来这种阶级观念也打破了,只问是否及格,而不问来历。考试制度其后也逐渐改进,在唐朝时,还有人到处送自己的卷子,此种办法易影响主考人的观念,所以大家觉得不妥当,而加以禁止。到宋朝真宗时代,更采用密封糊名的办法,完全凭客观的成绩来录取人才。

由于考试制度的渐趋严密和阶级制度的逐渐打破,所以无论出身如何寒微的人,都有应考的机会和出任官吏的可能。

以前我在外国,有人要我讲中国的考试制度,我便引用一个戏台上的故事,就是《鸿鸾禧》所描写的"金玉奴棒打薄情郎"。这个戏也许大家都看过,是叙述一个乞丐头儿金松的女儿金玉奴,在一个寒冷的冬天打开大门看见有人僵倒在地上,便和他父亲把这个人救活了。那个人是一位来京应试的穷书生,因为没有钱,又饥又饿,所以冻僵在门前。后来金玉奴请他的父亲把他收留了,这个书生不久便做了金松的女婿,并且考中了进士,还不能做知县,只在县中做县尉县丞之类的小官。但是他做了官之后,总觉得当一个乞丐头的女婿没有面子,所以在上任的路上,便要设法解决他的太太。在一个月明星稀的晚上,他叫她走出船头,硬把她推下水去,但想不到金玉奴却被后面一只船的人救起来。这个船上的主人,便是那书生的上司,他询明情由,就收金玉奴为养女,等到那书生到差之后,仍将她嫁回给他。于是在洞房之夜,金玉奴便演出了棒打薄情郎这幕喜剧。

这个故事是说明那个时候的人,谁都可以参加考试和有膺选的机会,完全没有阶级的限制。这种以客观的标准和公开竞争的考试制度,打破了社会阶级的存在,同时也是保持中国二千多年来的统一安定的力量。

我认为中国到现在还是没有阶级存在的,穷富并不是阶级,因为有钱的人,可能因一次战争或投机失败而破产,贫穷的人,亦可以积累奋斗而致富,不像印度那样,有许多明显的阶级存在。我国的阶级观念,已为考试制度所打破。

再说考试制度对于国家的统一,也有很大的关系。从前的交通非常不便,不像现在到甘肃、到四川,坐飞机只花几个小时就可以到,并且还有火车、汽车和轮船等交通工具。在古时那种阻塞的情形下,中央可以不用武力而委派各地以至边疆的官吏,来维持国家的统一达两千多年,这实在是有其内在的原因,就是由于考试制度的公开和公平。当时中央派至各地的官吏(现在称之为封建制度,我却认为并不怎样封建,因为不是带了许多兵马去的)皆由政府公开考选而来。政府考选人才,固然注意客观的标准,同时也顾及到各地的文化水准,因此录取的人员,并不偏于一方或一省,而普及全国。在文化水准低的地方,也可以发现天才,有天才的人,便可以考中状元,所以当选的机会各地是平等的。

同时还有一种回避的制度,就是本省的人不能任本省的官吏,而必须派往其他省份服务,有时候江南的人,派到西北去,有时候西北的人派到东南来。这种公道的办法,大家没有理由可以反对抵制。所以政府不用靠兵力和其他工具来统治地方,这是考试制度影响的结果。

今天我到考试院来,班门弄斧的说了一套关于考试制度的话,一定很多人不愿意听,所以我要向大家告罪。

再说到本题来,即从汉朝以后,考试和教育的关系。那时候的学校,差不多都是为文官考试制度而设,迄至隋唐,流于以文取士的制度。本来考试内容,包含多种,除进士外,有天文、医学、法律、武艺等等,不过进士却成为特别注重的一科。进士是考诗经、词赋的,即是以创作文学为标准,社会的眼光,也特别重视这一科。有女儿的人家,要选进士为女婿,女子的理想丈夫,就是状元进士。这种社会风气,改变了考试的内容。本来古代考试,不单纯是作诗词或八股文章,不过因为后来大家看不起学法律和医药的人,觉得这种学问,并不是伟大的创作,而进士却能在严格的范围内来创作文学,当然应看作是天才了。社会这种要求,并不是没有道理,不过因为太看重进士,所以便偏于以进士科为考试制度的标准。

王安石时,他想变更这种风气而提倡法治,研究法律。但是他失败以后,便依然回复到做八股文章,走上错误的道路,但这种错误是基于当时的社会背景的。

因为考试内容的改变,便影响到学校的教育。考试要用诗赋,学堂的教育便要讲诗赋,考试要作八股文章,学堂教育便要讲八股文章。社会的要求和小姐们的心理,影响了考试制度,考试制度也影响了学校教育的内容。

由进士科考取的人才,多数是天才,天才除了做诗赋和八股之外,当然还可以发挥其天才做其他的事业,所以这并不是完全失败的制度。此处并非说我同情进士制(我是最反对做律诗和八股文的),不过我们要知道这是有历史背景的。

我近年来,在国外感觉到,中国文化对世界有一很大的贡献,就是这种文官考试制度。没有其他的民族和国家,其考试制度会有二千多年历史的。我们即以隋朝到现在来说,已有一千四百年,唐朝迄今,有一千三百年,宋朝迄今,也有九百多年。没有别的国家,能有这样早的考试制度。我国以一个在山东牧豕出身的公孙弘先生,能于二千年前有这种见地,实在是件了不起的事。

再从世界的眼光来看,中国考试制度,也影响了别的国家。哈佛大学的《亚洲研究杂志》,前年刊登一篇北京大学教授丁士仪先生写的文章,题为《中国文官考试制度影响英国文官考试制度的研究》。丁先生特别搜寻英国国会一百多年来赞成和反对采用中国文官制度的历次讨论纪录,用作引证。并说明十八世纪(其实早在十七世纪)便有耶稣会的传教士介绍中国的历史文化和政治制度到欧洲,其中便曾有人提到中国的考试制度。首先在法国革命时(纪元 1791 年),法国革命政府宣布要用考试制度,这思想是受了中国影响的,不过后来革命政府失败,所以没有实现这个制度。其后这种思想,由欧洲大陆传入英国,英国当时有所谓"公理学派",主张改革政治、改革社会以谋取最大多数人类的最大幸福为目标(这个学派也可称为幸福主义学派),他们同样看重了中国的文官考试制度,主张英国也应加以采用。

后来英国议会讨论这个问题时,有赞成和反对的两派意见。赞成派的理由,是中国能维持几千年的统一局面,主要的是因为政府采用这种公开的客观的考试制度;反对派则认为中国自鸦片战争以来,历次对外打败仗,所以不应仿效中国的制度。由此可知无论赞成的和反对的,都承认这是中国发明的制度。

后来英国先在印度和缅甸试行这种制度,到十九世纪以后,再在国内施行。

其后德国也采用考试制度,不久复传到美国。这都是直接或间接受到中国影响的。

在太平天国时代(十九世纪中叶),英国出版一本书叫做《中国人与中国革命》,这本书前面,有个附录,是一个英国官员向英政府及人民写的条陈,要求英国采用中国的文官考试制度。

由这些事例,可以看出中国文官考试制度影响之大,及其价值之被人重视,这也是我们中国对世界文化贡献的一件可以自夸的事。

现在我们的考试,已经不采用诗词了(考试院的各位先生平常作诗作词,不过是一种余兴),考试的内容已和世界各国相差无多。比之古代,虽然进步了很多,但是我们回过头看,现在却缺少了上面所讲的社会上的心理期望。

现在人家择女婿,不以高考及格为条件的,小姐们的理想丈夫,也不是高考第一名的先生! 现在大家所仰慕的,高考还不够,要留学生,顶好是个博士,而且是研究工程的,这是一个显明的事实。

尽管现在社会对考试制度已较民国二十年时,认识得清楚,参加考试的人数也已增多,但是小姐们并不很看重高考及格的人员。我们不可忽视,小姐是有影响考试制度的相当权力的。

怎样才能使社会人士和小姐们养成对考试制度的重视呢? 我还没有方案来答复大家这个问题。

我曾和戴院长谈过北京大学一个学生的故事。这个学生,今年毕业,是学法律的,中英文都很好,他的毕业论文,全篇用英文写成,故被目为该系成绩最优的一个。学校要留他当助教,他说:"谢谢,我不干。"北平地方法院的首席检察官在学校兼课,也邀他到法院去帮忙,他也说:"谢谢,我不干。"后来一查,他的毕业论文虽作了,却没有参加毕业考试,原来他到一个私立银行当研究生去了,他的薪津比敝校的校长还要多,他用不着参加考试,因为这个私立银行是不用铨叙的。

我有三十二张博士文凭(有一张是自己用功得来,另31张是名誉博士),又当了大学校长,但是我所拿的薪津,和一个银行练习生相差不多。我并不是拿钱做标准来较量,但是在这种状态之下,如何能使社会上的人士对考试及格的人起一种信仰呢?

我希望各位在研究国内外各种高深学问之余,再抽时间看明朝以来三百年间流行的才子佳人小说,研究一下怎样才可以恢复过去社会上对考试制度敬重的心理,就算我出这个题目来考考大家。

选科与择业[*]

我在北大二十年，前后参加办理学生入学考试，由出题阅卷至放榜，不下十三四次之多，对学生投考情形，颇为了解。大概考理学院的平均四人取一，考文学院的八人取一，考法学院的十二人取一。顶好的是考理工科，因为须数学程度好，次一点的考文学院，这些人多从家庭或教师中得到良好的国英文基础教育，考法学院的人最多，认为考政治、经济、法律，人人可以尝试。外国的情形也是如此，程度顶好的学生选工科，现在工科里最时髦的是航空工程，其次是物理，物理中最时髦的是原子能。这种现象，不知道有什么方法可以纠正？我个人觉得只有希望教育的领导人多方面向青年们开导，使他们明了选择专门学科与将来的职业是一件事，选科与将来的职业有两个标准：一个是社会的需要，一个是我配干什么？这两个标准中，第二个标准比第一个更重要，因为社会的需要是跟着时代变迁的，过去社会的职业普通多说三百六十行，现在的社会职业恐怕三千六百行、三万六千行都不止了，需要航空工程，需要原子能，也需要诗人、戏剧家、哲学家；做马桶、开水沟的卫生工程，也不可少。而个人兴之所近，力之所能的只有一行，天才高的最多不过二三行，怎能样样都能适合社会的需要呢？如果为了迎合社会需要，放弃个人兴之所近，成功的往往很少，故"社会需要"的标准应在其次，个人兴之所近，力之所能最重要。青年学生在选择学科时，切不要太迁就社会需要。

---

[*] 本文是 1952 年 12 月 11 日胡适在台中农学院座谈会上的答问，收入台北华国出版社 1953 年版《胡适言论集》乙编，选入本书有删节。——编者

近年来中国的大学教育有一个缺点,便是必修科太多,选修科太少。大学里应该提倡选修科,使青年学生们可以自由挑选。

历史上有很多明显的例子,如西洋新科学的老祖宗伽利略,他的父亲是个数学家,因当时数学不得用,不喜欢伽利略学数学,要他学医。可是伽利略对于医学并不感兴趣,许多朋友见他的绘画很好,认为他有美术素养,多劝他学美术。当他正要改系的时候,某日偶在校内专为公爵们补习几何学的补习班里,偷听了一两个钟头的几何学,觉得大有兴趣,于是不学医、不学画而专学他父亲不要他学的数学。结果,伽利略成了新天文学、新物理学的老祖宗。选修科就有这样的好处!

选修科等于探险,在座的董作宾先生是世界有名的考古学家,假使你在探险中偶然听了董先生的课,而对考古学发生了兴趣,你就可能成了董作宾先生的一个好徒弟。

所以,教育的领导人应该教青年学生明了选择学科要注意两个标准:社会的需要和你能干什么? 尤其要减少必修科,使青年学生可以有余力去作各种的试探,这样也许可以挽救偏枯的趋势。

大学的生活[*]
——学生选择科系的标准

校长、主席、各位同学：

我刚才听见主席说今天大家都非常愉快和兴奋，我想大家一定会提出抗议的，在这大热的天气，要大家挤在一起受罪，我的内心感到实在不安，我首先要向各位致百分之百的道歉。回来后一直没有做公开演讲，有许多团体来邀请，我都谢绝了，因为每次演讲房子总是不够用。以前在三军球场有过一次演说，我也总以为房子是没问题了，但房子仍是不够。今天要请各位原谅，实在不是我的罪过，台大代联会邀请了几次，我只好勉强的答应下来。

前两天我就想究竟要讲些什么，我问了钱校长和好几位朋友，他们都很客气，不给我出题，就是主席也不给我出题。今天既是台大代联会邀请，那末，我想谈谈大学生的生活，把我个人的或者几位朋友的经验，贡献给大家，也许可作各位同学的借镜，给各位一点暗示的作用。

记得在民国三十八年应傅斯年校长之请，在中山堂作一次公开演讲。我也总以为房子够用了，谁知又把玻璃窗弄破了不少。从民国三十八年到今天已有八九年的工夫了，这九年来，看到台大的进步和发展，不仅在学生人数方面已增加到七千多，设备、人才和学科方面也进步很多，尤其是医农两学院的进步，更得国外来参观过的教育家很大的赞誉。这是我要向校长、各位同学道贺的。

---

[*] 本文是胡适1958年6月5日在台湾大学法学院的演讲词，原载1958年6月19日台北《大学新闻》，收入《胡适演讲集》中册（1970年台北出版）、《胡适教育文选》（柳芳主编）等。——编者

不过,我又听见许多朋友讲,目前很多学生选择科系时,从师长的眼光看,都不免带有短见,倾向于功利主义方面。天才比较高的都跑到医工科去,而且只走入实用方面,而又不选择基本学科。譬如学医的,内科、外科、产科、妇科,有很多人选,而基本学科譬如生物化学、病理学,很少青年人去选读,这使我感到今日的青年不免短视,带着近视眼镜去看自己的前途与将来。我今天头一项要讲的,就是根据我们老一辈的对选科系的经验,贡献给各位。我讲一段故事。

记得四十八年前,我考取了官费出洋,我的哥哥特地从东三省赶到上海为我送行,临行时对我说,我们的家早已破坏中落了,你出国要学些有用之学,帮助复兴家业,重振门楣。他要我学开矿或造铁路,因为这是比较容易找到工作的,千万不要学些没用的文学、哲学之类没饭吃的东西。我说好的,船就要开了。那时和我一起去美国的留学生共有七十人,分别进入各大学。在船上我就想,开矿没兴趣,造铁路也不感兴趣,于是只好采取调和折中的办法,要学有用之学,当时康奈尔大学有全美国最好的农学院,于是就决定进去学科学的农学,也许对国家社会有点贡献吧!那时进康大的原因有二:一是康大有当时最好的农学院,且不收学费,而每个月可获得八十元的津贴;我刚才说过,我家破了产,母亲待养,那时我还没有结婚,一切从俭,所以可将部分的钱拿回养家。另一是我国有百分之八十的人是农民,将来学会了科学的农业,也许可以有益于国家。

入校后头一星期就突然接到农场实习部的信,叫我去报到。那时教授便问我:"你有什么农场经验?"我答:"没有。""难道一点都没有吗?""要有嘛,我的外公和外婆,都是道地的农夫。"教授说:"这与你不相干。"我又说:"就是因为没有,才要来学呀!"后来他又问:"你洗过马没有?"我说:"没有。"我就告诉他中国人种田是不用马的。于是老师就先教我洗马,他洗一面,我洗另一面。他又问我会套车吗,我说也不会。于是他又教我套车,老师套一边,我套一边,套好跳上去,兜一圈子。接着就到农场做选种的实习工作,手起了泡,但仍继续的忍耐下去。农复会的沈宗瀚先生写一本《克难苦学记》,要我为他作一篇序,我也就替他做一篇很长的序。我们那时学农的人很多,但只有沈宗翰先生赤过脚下过田,是惟一确实有农场经验的人。学了一年,成绩还不错,功课都在八十五分以上。第二年我就可以多选两个学分,于是我就选种果学,即种苹果学。分上午讲课与下午实习。上课倒没有什么,还甚感兴趣;下午实习,走入实习室,桌上有各色各样的苹果三十个,颜色有红的、有黄的、有青的……形状有圆的、有长的、有椭圆的、有四方的……要照着一本手册上的标准,去定每一苹果的学名,蒂有多长?花是什么颜色?肉是甜是酸?是软是硬?弄了两个小时。弄了半个小时一个都弄不了,满头大汗,真是冬天出大汗。抬头一看,呀!不对头,那些美国同学都做完跑光了,把苹果拿回去吃了。他们不需剖开,因为他们比较熟习,查查册子后面的普通名词就可以定学名,在他们是很简单。我只弄了一半,一半又是错的。回去就自己问自己学这个有什么用?要是靠当时的活力与记性,用上一个晚上来强记,四百多个名字都可记下来应付考试。但试想有什么用呢?那些苹果在我国烟台也没有,青岛也没有,安徽也没有……我认为科学的农学无用了,于是决定改行,那时正是民国元年,国内正在革命的时候,也许学别的东西更有好处。

  那末,转系要以什么为标准呢?依自己的兴趣呢?还是看社会的需要?我年轻时候《留学日记》有一首诗,现在我也背不出来了。我选课用什么做标准?听哥哥的话?看国家的需要?还是凭自己?只有两个标准:一个是"我";一个是"社会",看看社会需要什么,国家需要什么,中国现代需要什么。但这个标准——社会上三百六十行,行行都需要,现在可以说三千六百行,从诺贝尔得奖人到修理马桶的,社会都需要,所以社会的标准并不重要。因此,在定主意的时候,便要依着自我的兴趣了——即性之所近,力之所能。我的兴趣在什么地方?与我性质相近的是什么?问我能做什么?对什么感兴趣?我便照着这个标准转到文学院了。但又有一个困难,文科要缴费,而从康大中途退出,要赔出以前两年的学费,我也顾不得这些。经过四位朋友的帮忙,由八十元减到三十五元,终于达成愿望。在文学院以哲学为主,英国文学、经济、政治学三门为副。后又以哲学为主,经济理论、英国文学为副科。到哥伦比亚大学后,仍以哲学为主,以政治理论、英国文学为副。我现在六十八岁了,人家问我学什么,我自己也不知道学些什么。我对文学也感兴趣,白话文方面也曾经有过一点小贡献。在北大,我曾做过哲学系主任、外国文学系主任、英国文学系主任,中国文学系也做过四年的系主任,在北大文学院六个学系中,五系全做过主任。现在我自己也不知道学些什么,我刚才讲过现在的青年太倾向于现实了,不凭性之能近,力之所能去选课。譬如一位有作诗天才的人,不进中文系学作诗,而偏要去医学院学外科,那末文学院便失去了一个一流的诗人,而国内却添了一个三四流甚至五流的饭桶外科医生,这是国家的损失,也是你们自己的损失。

在一个头等、第一流的大学,当初日本筹划帝大的时候,真的计划远大,规模宏伟,单就医学院就比当初日本总督府还要大。科学的书籍都是从第一号编起。基础良好,我们接收已有十余年了,总算没有辜负当初的计划。今日台大可说是最完善的大学,各位不要有成见,带着近视眼镜来看自己的前途,看自己的将来。听说入学考试时有七十二个志愿可填,这样七十二变,变到最后不知变成了什么,当初所填的志愿,不要当作最后的决定,只当做暂时的方向。要在大学一二年的时候,东摸摸西摸摸的瞎摸。不要有短见,十八九岁的青年仍没有能力决定自己的前途、职业。进大学后第一年到处去摸、去看,探险去,不知道的我偏要去学。如在中学时候的数学不好,现在我偏要去学,中学时不感兴趣,也许是老师不好。现在去听听最好的教授的讲课,也许会提起你的兴趣。好的先生会指导你走上一个好的方向,第一二年甚至于第三年还来得及,只要依着自己"性之所近,力之所能"的做去,这是清代大儒章学诚的话。

现在我再说一个故事,不是我自己的,而是近代科学的开山大师——伽利略(Galileo)。他是意大利人,父亲是一个有名的数学家,他的父亲叫他不要学他这一行,学这一行是没饭吃的,要他学医。他奉命而去。当时意大利正是文艺复兴的时候,他到大学以后曾被教授和同学捧誉为"天才的画家",他也很得意。父亲要他学医,他却发现了美术的天才。他读书的佛劳伦斯地方是一工业区,当地的工业界首领希望在这大学多造就些科学的人才,鼓励学生研究几何,于是在这大学里特为官儿们开设了几何学一科,聘请一位叫 Ricci 氏当教授。有一天,他打从那个地方过,偶然的定脚在听讲,有的官儿们在打瞌睡,而这位年轻的伽利略却非常感兴趣。于是不断地一直继续下去,趣味横生,便改学数学。由于浓厚的兴趣与天才,就决心去东摸摸西摸摸,摸出一条兴趣之路,创造了新的天文学、新的物理学,终于成为一位近代科学的开山大师。

大学生选择学科就是选择职业。我现在六十八岁了,我也不知道所学的是什么,希望各位不要学我这样老不成器的人。勿以七十二志愿中所填的一愿就定了终身,还没有定,就是大学二三年也还没定。各位在此完备的大学里,目前更有这么多好的教授人才来指导,趁此机会加以利用。社会上需要什么,不要管他,家里的爸爸、妈妈、哥哥、朋友等,要你做律师、做医生,你也不要管他们,不要听他们的话,只要跟着自己的兴趣走。想起当初我哥哥要我学开矿、造铁路,我也没听他的话。自己变来变去变成一个老不成器的人。后来我哥哥也没说什么。只管我自己,别人不要管他。依着"性之所近,力之所能"学下去,其未来对国家的贡献也许比现在盲目所选的或被动选择的学科会大得多,将来前途也是无可限量的。下课了!下课了!谢谢各位。

大学教育与科学研究*

方才进礼堂来，看大家都是有颜色的，我却是没颜色的。我在政治上没有颜色，在科学上也没有颜色。我也可算是一个科学者，因为历史也算一种科学。凡是用一种严格的求真理的站在证据之上来立说来发现真理，凡拿证据发现事实，评判事实，这都是一种科学的。希望明年"双十节"，史学会也能参加这会，条子也许会是白颜色的。

我今天讲一个故事，希望给负责教育行政或负责各学会大学研究部门的先生们一点意见。我讲的题是"大学教育与科学研究"，不用说，科学研究是以大学为中心。在古代却以个人为出发点，以个人好奇心理，来造些粗糙器皿。还有，为什么科学发达起于欧洲呢？这一点很值得注意。对这虽有不少解释，可是我认为种种原因都不重要，最重要的是自中古以来留下好几十个大学。这些大学没有间断，如意大利伯罗尼亚大学，法国巴黎大学，英国牛津大学、剑桥大学等，这些都是远有一千年九百年或七八百年历史的，因此造成科学的革命。这些大学不断的继长增高，设备一天天增加，学风一天天养成，这样才有了科学研究。研究人员终身研究，可是研究人才是从大学出来的，他们所表现的精神是以真理求真理。这一个故事是讲美国在最近几十年当中造成了几个好大学。美国以前没有 University 只有 College，美国有名副其实的大学是在南北美战争以后。为什么在七十年当中，美国一个人创立了一个大学，从这一个人创立了大学，提倡了新的大学

---

* 本文是 1947 年 10 月 10 日胡适在天津六科学团体联合年会上的演讲词，原载 1947 年 10 月 11 日《世界日报》，收入《胡适教育文选》（柳芳主编）等。——编者

的见解、观念、组织,把美国高等教育革命,因而才有今天使美国成为学术研究中心呢?美国去年出版了两个纪念专集,一个是威尔基专集,一个是吉尔曼专集。吉尔曼(D. C. Gilman)创立了约翰斯·霍普金斯(Johns Hopkings University)大学,后来许多大学都跟着他走,结果造成了今日美国学术领导的地位。大家听了这个故事,也许会从中得到一个 Stimulation。

话说九十四年前,有两个在耶尔学院的毕业生,一个是二十一岁的怀特,一个是二十五岁的吉尔曼,那时美国驻苏公使令此二人作随员,一个作了三年多,一个作了两年多。怀特于三十五岁时做了康奈尔大学校长,吉尔曼四十一岁作了加利佛尼亚大学校长,吉氏未作长久,两年后就辞职了。当时在美国东部鲍尔梯玛城有一大富翁即霍普金斯,他在幼小时家穷,随母读书后去城内做买卖,因赚钱而开一公司,未几十年就当了财主。他在七十岁时立一遗嘱,要将所有遗产三百五十万美金分给一医学院和一大学作基金。一八七三年,他七十九岁时逝世,他的遗嘱生了效。翌年,即开始创办大学,当时董事会请哈佛大学校长艾利阿特(C. W. Eliot)、康奈尔大学校长怀特和密士根大学校长安其尔来研究。那时以如此巨款办大学,真是空前的一件事,那时该校董事长的意思是要办一"大学",可是请来的这三位校长却劝他们要顾及环境,说什么南方不如北方文化高啦,办大学不是从空气里能生长的等语。后来,董事会请他们三人推选校长,三人却不约而同的选出吉尔曼来当校长。吉尔曼做了校长,他发表了他的见解说,应全力提倡高等学术,致力于提倡研究考据,把本科四年功课让给别的学校教,我们来办研究院,我们要选科学界最高人才,给他们最高待遇,然后严格选取好学生,使他们发展到学术最高地步,每年并督促研究生报告研究成绩,并给予出版发表机会。因为那时的高才的教授们,都在教学院的学识浅近的学生,或受书店委托编浅近的教科书,如果给他们安定的生活,最高的待遇,便可以专心从事更高深的研究。这时吉尔曼四十四岁作该大学校长,并且,他决定了以下的政策:研究院外,办理附属本科。最初附属本科只二十三个学生,研究院五十多个,大约二与一之比。可是二十多年以后,研究院的学生到了四百多,附属本科仅一百多,却是四与一之比了。并且,第一步他聘请教授,第一位请的是希腊文教授费尔斯,四十五岁;第二位是物理学教授劳林,才二十八岁;第三位是数学教授塞尔威斯特,六十二岁;第四位是化学教授依洛宛斯;第五位是生物学教授纽尔马丁;第六位也是希腊文拉丁文教授查尔玛特斯。第二步他选了廿二个研究员,其中至少有十个以上成了大名。他的教授法,第一二年是背书,后二年讲演,自然科学也是讲演。第三步是创办科学刊物,这可算是美国发表科学刊物之创始。一八七六年出版算学杂志,一八八〇年创刊语言学杂志,以及历史政治学杂志、逻辑学杂志、医学杂志等八大杂志,而开始了研究风气。

以上这三件事使美国风云变色。在这里我再谈谈办医学研究的重要:这个大学开幕已十年,医学院尚未开办,但因投资铁路失败,鲍尔梯玛城之女人出来集款,愿担负五十万美金的开办费,但有一条件是医学院开放招收女生。

当这大学的方针发表后,全美青年震动。有一廿一岁之青年威尔其(Welch),刚毕业于纽约医科学校。那时无一校有实验室,他因欲入大学,一八七六年赴欧洲作三学期之研究,一八七八年回美国,可是找不到实验室。最后终找一小屋,这是第一个美国"病理学研究室",以廿五元开办。他作了五六年研究后,有一老人来找他,请他作霍普金斯医学院病理学教授,后并升任院长,创专任基本医学教授之制,而成立了医学研究所。

最后,吉尔曼于一九〇二年辞掉他已作了廿五年的校长,在那个典礼上,吉尔曼讲演,他说:约翰斯·霍普金斯给我们钱办大学,可是没有告诉我们大学的一个定义。我们要把创见的研究,作为大学的基础。这时,后来任美国总统,也是那个大学的第一班学生威尔逊站起来说:"你是美国第一个大学的创始者,你发现真理、提倡研究,不但是在我们学校有成绩,给世界大学也有影响。你创始了这师生合作的精神,你是伟大的。"同时,以前曾被邀请参加创办大学意见的哈佛大学校长艾利阿特发表谈话,他说:"你创立了研究院的大学,并且坚决的提高了全国各大学的学术研究,甚至连我们的哈佛研究院也受了你的影响,不得不用全体力量来发展研究。我要强调指出,大学在你领导之下是大成功,是提倡科学研究的创始,希望发现一点新知识,由此更引起新知识,这年轻的大学,有最多的成绩。我最后公开承认你的大学政策整个范围是对的。"

在北平市立高工成立四十周年纪念会上讲话*

高工四十年来,在困难环境下挣扎,感到非常佩服。现在职业学校,受政府社会的歧视,教育部仅拿钱来办普通高中。民十一年在济南所开的全国教育会议,讨论改革教育制度,当时对于职业教育,提倡达最高潮,黄炎培等都在场。当时讨论改革学制,议决改用白话,树立六年制,大学增加一年,中学改为三三制,由小学到大学,有十二年的时间,初中可以办四年或三年,高中阶段代替大学预科,普遍发展职业学校及师范学校。但当时仍很注重高中,轻视职业教育,实行以后又出了毛病,这并不是改变制度的错误。然而我们亦应有责任。第一,当时政府已无控制全国的力量,结果全国不配办高中的学校也办起来了。高中并不能提高教育水准。第二,要多办几所职业学校,不过办职校的条件,和普通高中迥乎不同,必须有工厂等设备。这两个因素,使职业教育不发达。

抗战以来,上大学每月可有三十万元公费,学生拼命的抢上大学,于是大学成了游手好闲的教育。而上中学花了六年工夫后,并不能解决生活问题。我不客气的说,这种有害国家、有害社会、有害于个人生活的教育,需要改革,我们希望能再恢复二十五年前注意职教的情形。人在十五到十八的阶段,最为重要,应养成手脑并用,自立自给,能有专门技术,不给国家社会增加负担,而对于社会国家有贡献。我很高兴看一看职业学校的概况,增加自己一些知识,不要只恃书本上的一

---

* 本文是 1947 年 9 月 14 日胡适在该校成立四十周年纪念开幕典礼上的演讲词,载同年 9 月 15 日北平《世界日报》。——编者

些知识,来改革教育。我个人忏悔改革学制所闯下的大祸。陶行知先生对教育改革都受了美国十年教育的影响,即生活就是教育,教学做合一,人人要学些技术,人人方有职业。现在教育与社会脱节,生活与教育脱节,[从]根本讲起来,又回到二十五年前我们的计划。使人能有生活的技能,生活就是教育,教育也就是生活。普通教育应该做到自助助人的地步。

  古代西洋有一个了不得的民族,就是犹太民族,他们创设了基督教,大概是和周、秦、汉相当的时候。那时在美术上、哲学上、科学上产生的人物,差不多都是犹太人。以前有斯比诺撒,现在的白克生,物理家爱因斯坦等,都是犹太人。这种民族有一种传统的遗风,无论男女都要学职业,他们感到自己是亡国的民族,预备在受压迫的时候,就能利用自己手艺不致饿死。至少我自己感觉到在中国受教育,却应该学犹太人。不管男女,受教育都要学一种手艺,一种专门技术,能人人有饭吃。我很希望各位同学,感到职校不比高中低,更不比大学低。刚才我看到学生职业出路表上,出路很好,使我非常羡慕,比北大还好。北大今年毕业生,医学院理科出路好,农学稍差,学文法的出路最困难。文学系和政治系太可怜,经济系还比较有办法,因为算一种技术。有一位经济系将毕业的学生,因为银行早已聘请,连毕业考试也不愿参加了,他们到银行待遇比敝校长还高。文法、政治最无出路,本人希望社会人士,都上职校,务期人人有职业。

工程师的人生观*

今天要赶十点四十分钟的飞机到台东,所以只能很简单地说几句话,很为抱歉。报上说我作学术讲演,这是不敢当。我是来向工学院拜寿的。昨夜我问秦院长希望我送什么礼物。晚上想想,认为最好的礼物,是讲讲工程师的思想史同哲学史。所以我便以此送给各位。

究竟什么算是工程师的哲学呢?什么算是工程师的人生观呢?因为时间很短,我当然不能把这个大的题目讲得满意,只是提出几点意思,给现在的工程师同将来的工程师作个参考。法国从前有一位科学家柏格生 Bergson 说:"人是制器的动物。"过去有许多人说:"人是有效力的动物。"也有许多人说:"人是理智的动物。"而柏格生说:"人是能够制造器具的动物。"这个初造器具的动物,是工程师的老祖宗。什么叫作工程师呢?工程师的作用,在能够找出自然界的利益,强迫自然世界把它的利益一个一个贡献出来;就是改造自然、征服自然、控制自然,以减除人的痛苦,增加人的幸福。这是工程师哲学的简单说法。

大家都承认:学作工程师的,每天在课堂里面上应该上的课,在试验室里面作应该做的试验,也许忽略了最大的目标,或者忽略了真正的基本——工程师的人生观。所以这个题目,是值得我们考虑的。

昨天在工学院教授座谈会中,我说:我到了六十二岁,还不知道我专门学的什么。起初学农;以后弄弄文学、弄弄哲学、弄弄历史;现在

---

* 本文是1952年12月27日胡适参加台南工学院七周年纪念会的演讲词,载同年12月28日"《中央日报》",收入1953年台北华国出版社出版的《胡适言论集》甲编。
——编者

搞《水经注》，人家说我改弄地理。也许六十五岁以后七十岁的时候，说不定要到工学院作学生；只怕工学院的先生们不愿意收一个老学徒，说"老狗教不会新把戏"。今天在工学院作学生不够资格的人，要来谈谈现在的工程师同将来的工程师的人生观，实属狂妄，就是，有点大胆。不过我觉得我这个意思，值得提出来说说。人是能够制造器具的动物，别的动物，也有能够制造东西的，譬如：蜘蛛能够制造网，蜜蜂能够制造蜜糖，珊瑚虫能够制造珊瑚岛。而我们人同这些动物之所以不同，就是蜘蛛制造网的丝，是从肚子里出来的，它肚子里有无穷无尽的丝；蜜蜂采取百花，经一番制造，做成的确比原料高明的蜜糖；这些动物，可算是工程师；但是它的范围，它用的只是它自己的本能。珊瑚虫能够做成很大的珊瑚岛，也是本能的。人，如果只靠他的本能，讲起来也是有限得很的！人与蜘蛛、蜜蜂、珊瑚虫所以不同，是在他充分运用聪明才智，揭发自然的秘密，来改造自然、征服自然、控制自然。控制自然，为的是什么呢？不是像蜘蛛制网，为的捕虫子来吃；人的控制自然，为的是要减轻人的劳苦，减除人的痛苦，增加人的幸福，使人类的生活格外的丰富，格外有意义。这是"科学与工业的文化"的哲学。我觉得柏格生这个"人"的定义，同我们刚才简单讲的工程师的哲学，工程师的人生观，工程师的目标，是值得我们随时想想，随时考虑的。

这个话同这个目标，不是外国来的东西，可以说是我们老祖宗在几百年，甚至几千年以前，就有了这种理想了。目前有些人提倡读经；我倒很愿意为工程师背几句经书，来说明这个理想。

人如何能控制自然，制造器具呢？人控制自然这个观念，无论东方的圣人贤人，西方的圣人贤人，都是同样有的。我现在提出我们古人的几句话，使大家知道工程师的哲学，并不是完全外来的洋货。我常常喜欢把《易经·系辞》里面几句话翻成外国文给外国人看。这几句话是："见乃谓之象；形乃谓之器；制而用之谓之法；利用出入，民咸用之，谓之神。"看见一个意思，叫作象；把这个意象变成一种东西——形，叫作器；大规模的制造出来，叫作法；老百姓用工程师制造出来的这些器具，都说好呀！好呀！但是不晓得这器具是从一种意象来的，所以看见工程师便叫作神。

　　希腊神话,说火是从天上偷来的;中国历史上发明火的燧人氏被称为古帝之一——神。火,是一个大发明。发明火的人,是一个大工程师。我刚才所举《易经·系辞》,从一个观念——意象——造成器具,这个意思,是了不得的。人类历史上所谓文化的进步,完全在制造器具的进步。文化的时代,是照工程师的成绩划分的。人类第一发明是火;大体说来,火的发现是文化的开始。下去为石器时代。无论旧石器时代,新石器时代,都是人类用智慧把石头造成功器具的时候。再下去为青铜器时代。用铜制造器具,这是工程师最大的贡献。再下去为铁的时代。这是一个大的革命。后来把铁炼成钢。再下去发明蒸汽机,为蒸汽机时代;再下去运用电力,为电力的时代;现在为原子能时代:这都是制器的大进步。每一个大时代,都只是制器的原料与动力的大革命。从发明火以后,石器时代、铜器时代、铁器时代、电力时代、原子能时代,这些文化的阶段,都是依工程师所创造划分的。

　　这种理想,中国历史上早就有了的。工学院水工试验室要我写字,我写了两句话。这两句话,是《荀子·天论》篇里面的。《荀子·天论》篇,是中国古代了不得的哲学,也就是西方柏格生征服自然,以为人用的思想。《荀子·天论》篇说:"从天而颂之,孰与制天命而用之?大天而思之,孰与物蓄而制裁之?"这个文字,依照清代学者校勘,稍须改动。但意思没有改动。"从天而颂之",是说服从自然。"从天而颂之,孰与制天命而用之?"两句话联起来说,意思是:跟着自然走而歌颂,不如控制自然来用。"大天而思之",是问自然是怎样来的。"大天而思之,孰与物蓄而制裁之?"是说:问自然从那里来的,不如把自然看成一种东西,养它、制裁它。把自然控制来用,中国思想史上只有荀子才说得这样彻底。从这两句话,也可以看出中国在两千二三百年前,就有控制天命——古人所谓天命,就是自然——把天命看作一种东西来用的思想。

　　"穷理致知"四个字,是代表七八百年前——十一世纪到十二世纪——宋朝的思想的。宋代程子、朱子提倡格物——穷理——的哲学。什么叫作"格物"呢？这有七十几种说法。今天我们不去研究这些说法。照程子、朱子的解释，"格物"是"即物而穷其理……即凡天下之物，莫不因其已知之理而益穷之，以求至乎其极"。这样的格物致知，可以扩大人的智识。程子说，"今天格一物，明天格一物，习而久之，自然贯通"。有人以范围问他，他说，"上自天地之高大，下至一草一木，都要格的"。这个范围，就是科学的范围，工程师的范围。

两千二三百年前，荀子就有"制天命而用之"的思想；七八百年前，程子、朱子就有格物——穷理——的哲学。这是科学的哲学，可算是工程师的哲学。我们老祖宗有这样好的思想、哲学，为什么不能做到科学工业的文化呢？简单一句话，我们不幸得很，二千五百年以前的时候，已经走上了自然主义的哲学一条路了。像《老子》《庄子》，以及更后的《淮南子》，都是代表自然主义思想的。这种自然主义的哲学发达的太早，而自然科学与工业发达的太迟；这是中国思想史的大缺点。

刚才讲的，人是用智慧制造器具的动物。这样，人就要天天同自然界接触，天天动手动脚的，抓住实物，把实物来玩，或者打碎它、煮它、烧它。玩来玩去，就可以发现新的东西，走上科学工业的一条路。比方"豆腐"，就是把豆子磨细，用其他的东西来点、来试验；一次、二次……经过许多次的试验，结果点成浆，做成功豆腐；做成功豆腐还不够，还要作豆腐干，豆腐乳。豆腐的做成，很显然的，是与自然界接触，动手、动脚、多方试验的结果，不是对自然界看看，想想，或作一首诗恭维自然界就行了的。

顶好一个例子，是格物哲学到了明朝的一个故事。明朝有一位大哲学家王阳明，他说："照程子、朱子的说法，要做圣人，要'即物而穷其理'。'即物穷理'，你们没有试验过，我王阳明试验过了。"有一天，他同一位姓钱的朋友研究格物，并由钱先生动手格竹子，拿一个凳子坐在竹子旁边望，望了三天三夜，格不出来，病了。王阳明说："你不够做圣人，我来格。"也端把椅子对着竹子望；望了一天一夜，两天两夜……到了七天七夜，王阳明也格不出来，病了。于是王阳明说："我们不配作圣人；不能格物。"从这个故事，可以看出传统的不动手动脚，拿天然实物来玩的习惯。今天工学院植物系的学生格竹子,是要把竹子劈开,用显微镜来细细的看,再加上颜色的水,作各种的试验,然后就可以判定竹子在工业上的地位。为什么王阳明格不出来,今天的工程师可以格出来?因王阳明没有动手动脚作器具的习惯,今天的工程师有动手动脚作器具的习惯。荀子"制天命而用之"的哲学,终敌不过老子、庄子"错(措)人而思天"的哲学。故程、朱的格物穷理的思想,终不能应用到自然界的实物上去,至多只能在"读书"上(文史的研究上)发生了一点功效。

今天送给各位工程师哲学的人生观,又约略讲了讲我们老祖宗为什么失败;为什么有了这样好的征服天然的理想,穷理致知的哲学,而没有造成功科学文化、工业文化。我们可以了解我们老祖宗让西方人赶上去了。同时,从西方人后来实现了我们老祖宗的理想,我们亦就可以知道,只要振作,是可以迎头赶上的。我们只要二十年、三十年的努力,就可以同世界上科学工业发达的国家站在一样的地位。

二十年前,中国科学社要我作一个《社歌》;后来请赵元任先生作了乐谱。今天我把这个东西送给各位工程师。这个《社歌》,一共三段十二句。

> 我们不崇拜自然。他是一个刁钻古怪;
> 我们要捶他、煮他,要叫他听我们的指派。

> 我们要他给我们推车;我们要他给我们送信。
> 我们要揭穿他的秘密,好叫他服事我们人。

> 我们唱天行有常;我们唱致知穷理。
> 明知道真理无穷,进一寸有一寸的欢喜。

科学发展所需要的社会改革*

《科学发展所需要的社会改革》这个题目,不是我自己定的,是负责筹备的委员会出给我的题目。这题目的意思是问:在我们远东各国,社会上需要有些什么变化才能够使科学生根发芽呢?

到这里来开会的诸位是在亚洲许多地区从事推进科学教育的,我想一定都远比我更适合就这个大而重要的题目说话。

我今天被请来说话,我很疑心,这是由于负责筹备这个会议的朋友们大概要存心作弄我,或者存心作弄诸位:他们大概要我在诸位的会议开幕的时候做一次 Advocatus diaboli,"魔鬼的辩护士"①,要我说几句怪不中听的话,好让诸位在静静的审议中把我的话尽力推翻。

我居然来了,居然以一个"魔鬼的辩护士"的身份来到诸位面前,要说几句怪不中听的话给诸位去尽力驳倒、推翻。

我愿意提出一些意见,都是属于知识和教育上的变化的范围的——我相信这种变化是一切社会变化中最重要的。

我相信,为了给科学的发展铺路,为了准备接受、欢迎近代的科学和技术的文明,我们东方人也许必须经过某种知识上的变化或革命。

这种知识上的革命有两方面。在消极方面,我们应当丢掉一个深深的生了根的偏见,那就是以为西方的物质的(material)、唯物的

---

* 1961 年 11 月 16 日,胡适在台北召开的"亚东区科学教育会议"上做主题演讲,这篇演讲词原为英文,由徐高阮译成中文。载台北《文星》杂志第九卷第 2 期,又载台北《传记文学》第五十五卷第 1 期,收入台北出版的《胡适演讲集》中册、《胡适作品集》第 25 册。页下脚注,均为原译文注。——编者

① "魔鬼的辩护士"是中古基督教会的一种制度。中古[基督]教会每讨论一种教义,必要有一个人担任反驳此种教义[的人],让大家尽力驳他。

(materialistic)文明虽然无疑的占了先,我们东方人还可以凭我们的优越的精神文明(spiritual civilization)自傲。我们也许必须丢掉这种没有理由的自傲,必须学习承认东方文明中所含的精神成分(spirituality)实在很少。在积极方面,我们应当学习了解赏识科学和技术绝不是唯物的,乃是高度理想主义的(idealistic)、乃是高度精神的(spiritual);科学和技术确然代表我们东方文明中不幸不够发达的一种真正的理想主义,真正的"精神"。

第一,我认为我们东方这些老文明中没有多少精神成分。一个文明容忍像妇女缠足那样惨无人道的习惯到一千多年之久,而差不多没有一声抗议,还有什么精神文明可说?一个文明容忍"种姓制度"(the caste system)到好几千年之久,还有多大精神成分可说?一个文明把人生看作苦痛而不值得过的,把贫穷和行乞看作美德,把疾病看作天祸,又有些什么精神价值可说?

试想像一个老叫花婆子死在极度贫困里,但临死还念着"南无阿弥陀佛!"——临死还相信她的灵魂可以到阿弥陀佛所主宰的极乐世界去——试想像这个老叫花婆子有多大精神价值可说。

现在,正是我们东方人应当开始承认那些老文明中很少精神价值或完全没有精神价值的时候了;那些老文明本来只属于人类衰老的时代——年老身衰了,心智也颓唐了,就觉得没法子对付大自然的力量了。的确,充分认识那些老文明中并没有多大精神成分,甚或已没有一点生活气力,似乎正是对科学和技术的近代文明要有充分了解所必需的一种知识上的准备;因为这个近代文明正是歌颂人生的文明,正是要利用人类智慧改善种种生活条件的文明。

第二,在我们东方人是同等重要而不可少的,就是明白承认这个科学和技术的新文明并不是什么强加到我们身上的东西,并不是什么西方唯物民族的物质文明,是我们心里轻视而又不能不勉强容忍的——我们要明白承认,这个文明乃是人类真正伟大的精神的成就,是我们必须学习去爱好、去尊敬的。因为近代科学是人身上最有精神意味而且的确最神圣的因素的累积成就;那个因素就是人的创造的智慧,是用研究实验的严格方法去求知、求发现、求绞出大自然的精微秘密的那种智慧。

"真理不是容易求得的"(理未易察);真理决不肯自己显示给那些凭着空空的两手和没有训练的感官来摸索自然的妄人。科学史和大科学家的传记都是最动人的资料,可以使我们充分了解那些献身科学的人的精神生活——那种耐性、那种毅力、那种忘我的求真的努力,那些足令人心灰气馁的失败,以及在忽然得到发现和证实的刹那之间那种真正精神上的愉快、高兴。

说来有同样意味的是,连工艺技术也不能看作仅仅是把科学知识应用在工具和机械的制造上。每一样文明的工具都是人利用物质和能力来表现一个观念或一大套观念或概念的产物。人曾被称作 Homo faber,能制造器具的动物①。文明正是由制造器具产生的。

器具的制造的确早就极被人重视,所以有好些大发明,例如火的发明,都被认作某位伟大的神的功劳。据说孔子也有这种很高明的看法,认为一切文明工具都有精神上的根源,一切工具都是从人的意象生出来的。《周易·系辞传》里说得最好:"见乃谓之象;形乃谓之器;制而用之谓之法;利用出入,民咸用之,谓之神。"这是古代一位圣人的说法。所以我们把科学和技术看作人的高度精神的成就,这并不算是玷辱了我们东方人的身份。

总而言之,我以为我们东方的人,站在科学和技术的新文明的门口,最好有一点这样的知识上的准备,才可以适当的接受、赏识这个文明。

总而言之,我们东方的人最好有一种科学技术的文明的哲学。

大约在三十五年前,我曾提议对几个常被误用而且容易混淆的名词——"精神文明"(Spiritual civilization),"物质文明"(Material civilization),"唯物的文明"(Materialistic civilization)——重新考虑,重新下定义。

所谓"物质文明",应该有纯中立的涵义,因为一切文明工具都是

---

① 语出法国哲学家。

观念在物质上的表现，一把石斧或一尊土偶和一只近代大海洋轮船或一架喷射飞机，同样是物质的。一位东方的诗人或哲人坐在一只原始舢板船上，没有理由嘲笑或藐视坐在近代喷射[飞]机在他头上飞过的人们的物质文明。

我又曾说到，"唯物的文明"这个名词虽然常被用来讥贬近代西方世界科学和技术的文明，在我看来却更适宜于形容老世界那些落后的文明。因为在我看来那个被物质环境限制住了、压迫下去了而不能超出物质环境的文明，那个不能利用人的智慧来征服自然以改进人类生活条件的文明，才正是"唯物的"。总而言之，我要说：一个感到自己没有力量对抗物质环境而反被物质环境征服了的文明，才是"唯物"得可怜。

另一方面，我主张把科学和技术的近代文明看作高度理想主义的、精神的文明。我在大约三十多年前说过：

> 这样充分运用人的聪明智慧来寻求真理，来控制自然，来变化物质以供人用，来使人的身体免除不必要的辛劳痛苦，来把人的力量增加几千倍、几十万倍，来使人的精神从愚昧、迷信里解放出来，来革新、再造人类的种种制度以谋最大多数的最大幸福——这样的文明是高度理想主义的文明，是真正精神的文明。①

这是我对科学和技术的近代文明的热诚颂赞——我在一九二五年和一九二六年首先用中文演说过并写成文字发表过，后来在一九二六年和一九二七年又在英、美两国演说过好几次，后来在一九二八年又用英文发表，作为俾耳德（charles A. Beard）教授编的一部论文集《人类何处去》（Whither Mankind）里的一章。

---

① 这段引文的原文出在适之先生的论文"The civilizations of the East and the West"，即俾耳德教授编的"Whither Mankind"（1928, Longmans）的第一章。此篇大意又见于收在《[胡适]文存》第三集的论文《我们对于西洋近代文明的态度》及另几篇文字（《治学的方法与材料》等）。

这并不是对东方那些老文明的盲目责难，也绝不是对西方近代文明的盲目崇拜。这乃是当年一个研究思想史和文明史的青年学人经过仔细考虑的意见。

我现在回过头去看，我还相信我在大约三十五年前说的话是不错的。我还以为这是对东方和西方文明很公正的估量。我还相信必须有这样的对东方那些老文明、对科学和技术的近代文明的重新估量，我们东方人才能够真诚而热烈的接受近代科学。

没有一点这样透彻的重新估量、重新评价，没有一点这样的知识上的信念，我们只能够勉强接受科学和技术，当作一种免不了的障碍，一种少不了的坏东西，至多也不过是一种只有功利用处而没有内在价值的东西。

得不到一点这样的科学技术的文明的哲学，我怕科学在我们中间不会深深的生根，我怕我们东方的人在这个新世界里也不会觉得心安理得。

教师的模范[*]

师范,就是教师的模范,他们至少要有两方面的理想:人格方面,是要爱自由和爱独立,比生命还重要,做到不降其志,不辱其身,把自由独立看作最重要的,这样人格才算完满;另一方面是知识,就是要爱真理,寻真理,为真理牺牲一切,为真理受苦,爱真理甚于自己的生命。

中国是具有五千年历史文化的古国,但却没有一个具有六十年或七十年以上历史的大学。北京大学是一个很老的学校,也不过六十二年;交通大学从它的前身南洋公学一起算进去,也只有六十多年的历史;台湾大学从日据时代的台湾帝国大学,到现在不过二十多年。一个有五千年历史的国家,没有六七十年以上历史的大学,是很使人惭愧的。

一九三六年,我曾代表北京大学参加哈佛大学成立三百周年纪念,有五百多个世界各地的著名学术机构和大学的代表都去道贺。在一次按照代表们所代表学校成立年代为先后的排队游行中,埃及的一个大学排在第一,但在历史上这个大学有一千多年的历史,是可怀疑的。实际可考的,应该是排在第二的意大利佛罗伦斯大学,才真正具有一千多年的历史。北京大学是排到第五百五十几名。

我在哈佛大学的餐会中,曾被邀请说话,我曾指出,北京大学是国立大学,是首都大学,也是真正继承中国历史上太学的学府。中国的太学是创始于汉武帝时代,这样算起来,北大历史应该要从纪元前一

---

[*] 本文是1960年6月5日胡适在台湾师范大学14周年纪念会上的演讲词,载1960年6月6日《台湾新生报》、《公论报》等。——编者

二四年算起，如果以这个历史为考据，北大该排在埃及大学的前面了。

北京大学不愿意继承太学是有原因的。中国的大学始于太学，但是从汉武帝到隋唐国子监，都没有持续性和继续性，当朝代间替，政府更换的时候，学堂也随着变换，使得学堂的设备、财产、人才、学风都缺乏继续的机构接替下去。

在中国，太学是政治机构的一部分，太学校长叫"祭酒"，他们升官了就离开太学做官去。无论是学风、人才，都随着不同的朝代政府变迁更换。西洋的大学能够继续不断发展，有三个因素：第一它们有董事会，管理学校财产，像欧洲的大学是由教皇特旨，以教皇的许可状作为基础，连续有人负责学校的一切；第二，是教师会，它使得学校的传统学风能继续下去；第三，美洲的大学，都有校友会，校友们捐款给学校，推选董事参加董事会。

中国的大学有国立的、官立的、私立的，但却没有一个私立学校是完全私立的，大多是半官立的。太学在纪元前一二四年成立时，只有五个教授，五十个学生。王莽大兴学堂，曾筑舍万区，纪元后四年，太学生有六万多人，东汉迁都洛阳，太学仍在继续不断发展。汉光武帝革命的成功，全是王莽时代太学生的力量。"党锢之祸"发生以后，太学生才渐为大家所恐惧。

我们大学制度产生得很早，但是几千年来没有好好持续下去，造成了有五千年历史，而没有七十年以上大学历史的现象。

一个只有十四年历史的学堂，在教育史上还是个小孩子。十四岁的孩子是不应该为他大做生日的，但还是值得道喜。……

师大学生要以爱自由、爱独立、爱真理胜过生命的理想，担负起教养下一代的神圣使命。

学 术 救 国*

今天时间很短,我不想说什么多的话。我差不多有九个月没到大学来了!现在想到欧洲去。去,实在不想回来了!能够在那面找一个地方吃饭、读书就好了。但是我的良心是不是就能准许我这样,尚无把握。那要看是哪方面的良心战胜。今天我略略说几句话,就作为临别赠言吧。

去年八月的时候,我发表了一篇文章,说到救国与读书的,当时就有很多人攻击我。但是社会送给名誉与我们,我们就应该本着我们的良心、知识、道德去说话。社会送给我们的领袖的资格,是要我们在生死关头上,出来说话做事,并不是送名誉与我们,便于吃饭拿钱的。我说的话也许是不入耳之言,但你们要知道不入耳之言亦是难得的呀!

去年我说,救国不是摇旗呐喊能够行的;是要多少多少的人投身于学术事业,苦心孤诣实事求是的去努力才行。刚才加藤先生说新日本之所以成为新日本之种种事实,使我非常感动。日本很小的一个国家,现在是世界四大强国之一。这不是偶然来的,是他们一般人都尽量的吸收西洋的科学、学术才成功的。你们知道无论我们要做什么,离掉学术是不行的。

所以我主张要以人格救国,要以学术救国。今天只就第二点略为说说。

在世界混乱的时候,有少数的人,不为时势转移,从根本上去作学

---

* 本文是 1926 年 7 月胡适在北京大学学术研究会上的演讲词,收入《胡适教育论著选》(白吉庵等编)。——编者

问,不算什么羞耻的事。"三一八"惨案过后三天,我在上海大同学院讲演,就是这个意思。今天回到大学来与你们第一次见面,我还是这个意思,要以学术救国。

这本书是法人巴士特Pasteur的传。是我在上海病中看的,有些地方我看了我竟哭了。

巴氏是一八七〇年普法战争时的人。法国打败了。德国的兵开到巴黎把皇帝捉了,城也占了,订城下之盟赔款五万万。这赔款比我们的庚子赔款还要多五分之一。又割亚尔撒斯、罗林两省地方与德国,你们看当时的文学,如像莫泊桑他们的著作,就可看出法国当时几乎亡国的惨象与悲哀。巴氏在这时业已很有名了。看见法人受种种虐待,向来打战[仗?]没有被毁过的科学院,这回都被毁了。他十分愤激,把德国波恩大学(Bonn)所给他的博士文凭都退还了德国。他并且作文章说:"法兰西为什么会打败仗呢?那是由于法国没有人才。为什么法国没有人才呢?那是由于法国科学不行。"以前法国同德国所以未打败仗者,是由于那瓦西尔Lauostes一般科学家,有种种的发明足资应用。后来那瓦西尔他们被革命军杀死了。孟勒尔Moner将被杀之日,说:"我的职务是在管理造枪,我只管枪之好坏,其他一概不问。"要科学帮助革命,革命才能成功。而这次法国竟打不胜一新造而未统一之德国,完全由于科学不进步。但二十年后,英人谓巴士特一人试验之成绩,足以还五万万赔款而有余。

巴氏试验的成绩很多,今天我举三件事来说:

第一,关于制酒的事。他研究发酵作用,以为一个东西不会无缘无故的起变化的,定有微生物在其中作怪。其他如人生疮腐烂,传染病也是因微生物的关系。法国南部出酒,但是酒坏损失甚大。巴氏细心研究,以为这酒之所以变坏,还是因其中有微生物。何以会有微生物来呢?他说有三种:一是有空气中来的,二是自器具上来的,三是从材料上来的。他要想避免和救济这种弊病,经了许多的试验,他发明把酒拿来煮到五十度至五十五度,则不至于坏了。可是当时没有人信他的。法国海军部管辖的兵舰开到外国去,需酒甚多,时间久了,老是喝酸酒。就想把巴氏的法子来试验一下,把酒煮到五十五度,过了十个月,煮过的酒,通通是好的,香味、颜色,分外加浓。没有煮过的,全坏了。后来又载大量的煮过的酒到非洲去,也是不坏。于是法国每年之收入增加几万万。

第二,关于养蚕的事。法国蚕业每年的收入极大。但有一年起蚕子忽然发生瘟病,身上有椒斑点,损失甚大。巴氏遂去研究,研究的结果,没有什么病,是由于作蛹变蛾时生上了微生物的原故。大家不相信。里昂曾开委员会讨论此事。巴氏寄甲、乙、丙、丁数种蚕种与委员会,并一一注明,说某种有斑点,某种有微生虫,某种当全生,某种当全死。里昂在专门委员会研究试验,果然一一与巴氏之言相符。巴氏又想出种种简单的方法,使养蚕的都买显微镜来选择蚕种。不能置显微镜的可送种到公安局去,由公安局员替他们检查。这样一来法国的蚕业大为进步,收入骤增。

第三,关于畜牧的事。法国向来重农,畜牧很盛。十九世纪里头牛羊忽然得脾瘟病,不多几天,即都出黑血而死。全国损失牛羊不计其数。巴氏以为这一定是一种病菌传入牲畜身上的原故,遂竭力研究试验。从一八七七年到一八八一年都未找出来。当时又发生一种鸡瘟病。巴氏找出鸡瘟病的病菌,以之注入其他的鸡,则其他的鸡立得瘟病。但是这种病菌如果放置久了,则注入鸡身,就没有什么效验。他想这一定是氧气能够使病菌减少生殖的能力。并且继续研究把这病菌煮到四十二度与四十五度之间则不能生长。又如果把毒小一点的病菌注入牲畜身上,则以后遇着毒大病菌都不能为害了。因为身体内已经造成了抵抗力了。

当时很有一般学究先生们反对他,颇想使他丢一次脸,遂约集些人买了若干头牛若干头羊,请巴氏来试验。巴氏把一部分牛羊的身上注上毒小的病菌两次。第三次则全体注上有毒可以致死的病菌液。宣布凡注射三次者一个也不会死,凡只注射一次者,一个也不会活。这不啻与牛羊算命,当时很有些人笑他并且替他担忧。可是还没有到期,他的学生就写信告诉他,说他的话通通应验了,请他赶快来看。于是成千屡万的人[来]看,来赞颂他,欢迎他,就是反对他的人亦登台宣言说十分相信他的说法。

这个发明使医学大有进步,使全世界前前后后的人都受其赐。这岂只替法还五万万的赔款?这直不能以数目计!

他辛辛苦苦的试验四年才把这个试验出来。谓其妻曰:"如果这不是法国人发明,我真会气死了。"

此人是我们的模范,这是救国。我们要知道既然在大学内作大学生,所作何事?希望我们的同学朋友注意,我们的责任是在研究学术以贡献于国家社会。

没有科学,打战[仗?]、革命都是不行的!

一九二六年七月

《傅孟真先生遗著》序*

傅孟真先生的《遗著》共分三编。上编是他做学生时代的文字,其中绝大部分是他在《新潮》杂志上发表的文字;其中最后一部分是他在欧洲留学时期写给顾颉刚先生讨论古史的通信。中编是他的学术论著,共分七组:从甲到戊,是他在中山大学、北京大学的讲义残稿;己组是他的专著《性命古训辩证》;庚组是他的学术论文集。下编是他最后十几年(民国二十一年到1950年)发表的时事评论。

孟真曾说:

> 每一书保存的原料越多越好,修理的越齐越糟。(中编丁,页40)

这一部《遗集》的编辑,特别注重原料的保存,从他做学生时期的文字,到他在台湾大学校长任内讨论教育问题的文字,凡此时能搜集到的,都保存在这里。这里最缺乏的是孟真一生同亲属朋友往来的通信。这一部《遗著》,加上将来必须搜集保存的通信——他给亲属朋友的,亲属朋友给他的——就是这个天才最高、最可敬爱的人的全部传记材料了。

孟真是人间一个最稀有的天才。他的记忆力最强,理解力也最

---

* 傅斯年(1896—1950),字孟真,曾任北京大学代理校长、台湾大学校长、"中央研究院"总干事等职,著有《东北史纲》、《古代中国与民族》、《古代文学史》等。胡适的这篇序作于1952年12月10日,载1952年12月20日《台湾大学校刊》第194期,收入台北文星书店出版的《胡适选集》序言分册。——编者

强。他能做最细密的绣花针功夫,他又有最大胆的大刀阔斧本领。他是最能做学问的学人,同时他又是最能办事、最有组织才干的天生领袖人物。他的情感是最有热力,往往带有爆炸性的;同时他又是最温柔、最富于理智、最有条理的一个可爱可亲的人。这都是人世最难得合并在一个人身上的才性,而我们的孟真确能一身兼有这些最难兼有的品性与才能。

孟真离开我们已两年了,但我们在这部《遗集》里还可以深深的感觉到他的才气纵横,感觉到他的心思细密;感觉到他骂人的火气,也感觉到他爱朋友、了解朋友、鼓励朋友的真挚亲切。民国十五年,孟真同我在巴黎相聚了几天,有一天,他大骂丁在君,他说:"我若见了丁文江,一定要杀他!"后来我在北京介绍他认识在君,我笑着对他说:"这就是你当年要杀的丁文江!"不久他们成了互相敬爱的好朋友。我现在重读孟真的《我所认识的丁文江先生》同《丁文江一个人物的几片光彩》,我回想到那年在君在长沙病危,孟真从北平赶去看护他的情状。我想念这两位最可爱、最有光彩的亡友,真忍不住热泪落在这纸上了。

孟真这部《遗集》里,最有永久价值的学术论著是在中编的庚组。这二十多篇里,有许多继往开来的大文章。孟真在《历史语言研究所工作之旨趣》(中编庚,页169～182)里,给他一生精力专注的研究机构定下了三条宗旨:

(1)凡能直接研究材料,便进步;凡间接的研究前人所研究或前人所创造的系统,而不能丰富细密的参照所包含的事实,便退步。

(2)凡一种学问能扩张他研究的材料,便进步;不能的,便退步。

(3)凡一种学问能扩充他作研究时应用的工具的,便进步;不能的,便退步。

但他在《史学方法导论》(中编丁,页1～53)里,曾指出:

> 直接材料每每残缺，每每偏于小事。不靠较为普遍、略具系统的间接材料先作说明，何从了解这一件直接材料？（页5）
>
> 若是我们不先对于间接材料有一番细功夫，这些直接材料之意义和位置，是不知道的。不知道，则无从使用（页5）。
>
> 我们要能得到前人所得不到的史料，然后可以超越前人。我们要能使用新得材料于遗传材料之上，然后可以超越同见这材料的同时人（页6）。

孟真的庚组里许多大文章都是真能做到他自己标举出来的理想境界的。试看他的《新获卜辞写本后记跋》（中编庚，页192～235），他看了董彦堂先生新得的两块卜辞，两片一共只有五个字，他就能推想到两个古史大问题——楚之先世，殷周之关系——都可以从这两片五个残字上得到重要的证实。这种大文章，真是"能使用新的材料于遗传材料之上"；真是能"先对于间接材料有一番细功夫"，然后能确切了解新得的直接材料的"意义和位置"。所以我们承认这一类的文字是继往开来的大文章。

我们重读孟真这些最有光彩的学术论著，更不能不为国家，为学术，怀念痛惜这一位能继往开来的伟大学人！

胡适　1952年12月10日晨四时

教育家张伯苓*

"我既无天才,又无特长,我终身努力小小的成就,无非因为我对教育有信仰、有兴趣而已。"这句话是张伯苓的自述。他还常常喜欢引用一位朝鲜朋友的评语:

> 张伯苓是一个极其简单的人,不能跟同时代的杰出人物争一日之长短,但是他脚踏实地的苦干,在他的工作范围里,成就非凡。

他二十岁就从事于教育,第一期学生不过五个人。一九一七年,他四十一岁,南开中学已有一千个学生。到了一九三六年,他六十大寿的时候,南开大、中、小学共有学生三千名。一九三七年,天津校舍被毁于日军,其时他早已在重庆设立南渝中学,不到几年,学生增至一千多人,又成为全国首屈一指的中学。

张伯苓于一八七六年四月五日生于天津。其父博学多能,爱好音乐,尤善琵琶和骑马射箭,惜以沉溺于逸乐,以至家产荡然。续弦生伯苓时,已甚穷困,授徒以自给,深痛自己的不能振作,乃决计令伯苓受良好教育,严格的修身。

伯苓年十三,以家学渊源考入北洋海军学校。该校系严修、伍光建等三五留英学生主持,伯苓每届考试必列前茅。该校教师中有苏格

---

* 原文系英文稿,载1946年6月《中国杂志》。中译稿载1947年11月5日、7日《前线日报》。——编者

兰人麦克礼者,讲解透澈,更佐以日常人格的熏陶,受业诸生获益匪浅,其于伯苓亦留下深刻难忘的印象,伯苓于一八九四年以第一名毕业,时年还不过十八岁。

是年,中国海军于第一次中日战争中大败,几于全军覆没,甚至于不留一舰可供海军学校毕业生实习之用。伯苓于是不得不回家静候一年,然后得入海军实习舰"通济号"内见习军官三个月,伯苓即在该舰遭遇他终身不忘的国耻,决心脱离海军,从事教育救国事业。

缘自中国败于日本之后,欧洲帝国主义者,在中国竞相争夺势力范围,伯苓即于其时在威海卫亲身经历到中国所受耻辱的深刻。威海卫原为中国海军军港,中日之战失败后,然后于翌日移交英军。伯苓目击心伤,喟然叹曰:

> 我在那里亲眼目睹两月之间三次易帜,取下太阳旗,挂起黄龙旗,第二次,我又看见取了黄龙旗,挂起米字旗。当时说不出的悲愤交集,乃深深觉得,我国欲在现代世界求生存,全靠新式教育,创造一代新人。我乃决计献身于教育救国事业。

张氏此种觉悟,此种决心,足以反映当时普及全国的革新运动。戊戌政变就是这种运动的高潮,可惜这种新运动不敌慈禧太后的反动势力而失败了。伯苓时年廿二岁,欣然应严修之聘,在其天津住宅设私塾教授西学。严氏私塾名"严馆",学童为严修之子等五人。此为张氏一生从事教育事业的开端。

伯苓结识严修,于后来南开的开办与发展的影响很大。严修字范孙,为北方学术界重镇,竭诚提倡新思潮新学说,不遗余力,而且德高望重,极受津人的景仰,伯苓得其臂助,为南开奠定巩固的始基。伯苓当时的教授法已极新颖,堪称为现代教育而无愧色。所授课程且有英文、数学和自然的基本学识,尤注重学生的体育。伯苓且与学生混在一起共同作户外运动,如骑脚踏车、跳高、跳远和足球之类。同时注重科学和体育,师生共同学习,共同游戏。张氏于此实为中国现代教育的鼻祖之一。

一九〇三年,张氏和严修赴日考察大中学校教育制度,带回许多教育和科学的仪器。张、严两氏咸以日本教育发达,深受感动。回国后,即以严氏一部分房屋,将私塾改为正式中学,名曰第一私立中学,一九〇四年开学,学生七十三人,每月经费纹银二百两,由严、张两家平均负担。一九〇六年,某富友(编者按:系指郑菊如先生)捐赠天津近郊基地名"南开"者作为新校校址。从此南开与张伯苓两个名字,在中国教育史上永占光荣的一页。

南开在此后十年中,进步一日千里,其发展与进步且是有计划的。一九二〇年,江苏督军李纯,原籍天津,自杀身死,留下遗嘱,指定他一部分财产,计值五十万元捐助南开经费。中美教育文化基金董事会和管理中英庚子赔款基金董事会,也以英美退还的赔款一部分拨捐南开。纽约洛克斐尔基金委员会更捐助大宗款项,建造南开大学校舍及其设备,并资助该校的经济研究所。

南开开办之初,基地不过两亩,不到几年,即在附近添购一百亩以上,以供扩充。南开大学系于一九一九年正式开学,设文、理、商三科,翌年增设矿科。经济研究所则系于一九三一年设立。下一年又增设化学研究所。南开中学女子部则系于一九二三年设立。并于一九二八年设立实验小学。到了一九三二年,南开已完成了五个部门,即大学部、研究院、男子中学、女子中学及小学。在毁于日军的前几年,学生总数已达三千人。

南开之有此成绩,须归功于张伯苓先生之领导,这是尽人皆知的事实。他常对友人说:一个教育机关应当常常欠债。任何学校的经费,如在年终,在银行里还有存款,那就是守财奴,失去了用钱做事的机会。他开办学校可说是白手起家,他不怕支出超过预算。他常是不息的筹谋发展新计划,不因缺少经费而阻断他谋发展的美梦。他对前途常是乐观的。他说:"我有方法自骗自。"其实就是船到桥头自然直。结果呢,确是常常有人帮助他实行新计划。

张氏在他的《自传》里说:"南开学校诞生于国难,所以当以改革旧习惯,教导青年救国为宗旨。"他还说中国的弱点有五,即:一、体弱多病,二、迷信,缺乏科学知识,三、贫弱,四、不能团结,五、自私自利。

张氏为改良中国的弱点,因而提出五项教育改革方针。他主张新教育:第一,必须改善个人的体格,使宜于做事;第二,必须以现代科学的结果和方法训练青年;第三,必须使学生能组织起来,积极参加各种团体生活,共同合作;第四,必须有活泼的道德修养;第五,必须感化每一个人都有为国宣劳的精神。

由今日视之,这些不免是老生常谈,然而张氏使这些精神贯注于其学校的生活,成为不可分离的部分,实在是张氏办教育的极大成就。

此外,除教会学校之外,南开在中国人自办的学校中间,以体育最出名、最有成绩,无论在全国运动会或远东运动会,南开的运动选手成绩都很好,自一九二〇年来,张氏在迭次全国运动会中被聘为裁判长。这些都得力于他终身提倡体育及在各种运动比赛中注重运动道德的缘故。南开还以训练团体生活共同合作著称。南开最有名的学生活动,就是他的新剧社。早在一九〇九年,张氏即已鼓励学生演剧了。他还亲自为他们写作剧本,指导他们表演。他还以校长身份不惜担任剧中主要角色,使外界观之惊骇不置,认为有失体统。后来,他的胞弟张彭春先生在哥伦比亚大学研究文学和戏剧归国,接受他的衣钵,导演几本新剧,公演成绩非常可观。易卜生的《傀儡家庭》和《人民的公敌》,由张氏导演,极得一般好评。

关于张氏教育的方针中的着重道德修养和爱国观念,张氏以身作则,收效甚宏,尤其是开办最初数年,学生人数较少,耳濡目染,人格熏陶之功甚大。他在每星期三下午必召集全校学生,共同讨论人生问题、国家大事和国际关系。他差不多对于每一个学生都叫得出他的名字,不惮烦地亲身对他讲解。

一九〇八年,他首次访问英、美考察教育。他自己对于道德修养的热忱,与他长时期和基督徒的交往,最后根据他亲身在英、美两个社会生活的阅历,使他深信基督教实为劝人为善的伟大力量,于是他就在英、美考察归国的一年(1909)正式受洗礼为基督徒。其时他三十三岁。

张氏为一热心爱国的人,他以教育救国为终身事业,他的教育学说归纳为"公能"两字,他就以此为南开校训。张氏既以教育救国为职志,对于日本在东北的野心,常常觉得忧惧。一九二七年,他亲自到东北去调查,回来后即在南开大学组织东北问题研究会,并且还派遣教授数人赴东北考察。

"九一八事变"果然爆发,"七七事变"后,平津相随沦陷,南开大学、中学也就因为平常爱国抗日的缘故,于一九三七年七月廿九、卅两日给日军以轰炸机炸毁。其时张校长在南京,蒋委员长闻讯,即安慰他说:"南开为国家牺牲了,有中国即有南开。"

南开被毁不久,他的爱子锡祜即在空军中驾驶轰炸机赴前线作战,不幸在江西山中失事殒命。锡祜系于三年前毕业于航空学校,在行毕业礼的时候,张氏曾代表空军毕业生家长发表激励的演说。当他听到爱子噩耗,静默一分钟后,就说:"我把这个儿子为国牺牲,他已经尽了他的责任了。"

南开的遭遇日军炸毁,在张氏及其同僚原属意料中事,一九三五年,张氏早已到四川各地查勘适宜的地址,俾作迁校之计。数个月后,他又派南开中学教务主任到华西去考察是否有设立华西分校的可能,不久决定在重庆近郊兴建校舍。一九三六年的九月新校开学,名南渝中学,一九三八年,应南开同学会的建议,改称南开重庆分校。南开大学则从教育部建议,与清华大学和北京大学合并,在长沙开学,校名联合大学。迄至一九三七年,长沙被敌机轰炸,联大奉命迁往昆明,校名改称国立西南联合大学。

当其时,张氏大部分时间留在重庆分校,经济研究所亦于一九三九年在重庆恢复,南开小学亦于一九四〇年在渝开学,南开新校舍又被日机轰炸。一九四〇年八月,南开新校舍落下巨型炸弹卅枚,但是被毁校舍旋即修复,弦歌始终未曾中辍。

张氏爱国,对于国家政治的发展自然极为注意。惟政府屡欲畀以要职,且曾邀其出任教育部长及天津市长,均被婉辞谢绝,以便有机会以全副精神实现南开的教育理想。及至战时,国家处于危急存亡之秋,乃投身政治。一九三八年,国民参政会成立,张氏当选副议长,迭次出席会议,不常发表议论,其力量则在驻会委员会发挥之,张氏希望教他每个学生都有政治的觉醒,虽则不一定人人参加政治。

八年抗战期内,南开大学虽受政府津贴,但是南开中学始终保持私立性质,今后亦然。战时联大的三个主体:清华大学、北京大学和南开大学均已复校,仍由政府资助;但张氏始终主张教育应由私人办理,今后将继续为此努力。南开重庆分校今后亦继续办理,以保持其战时成绩。

张伯苓先生今年七十岁,白发老翁,新近自美国疗养归来,仍将大做其"南开梦"。某日,张氏对南开教职员及同学曾说:

> 回顾南开以往的战斗史,展望未来复校的艰巨事功,我看前途充满光明的希望。南开的工作无止境,南开的发展无穷尽,愿以同样勇气,同样坚韧,共同前进,使南开在复兴国家的时期占一更重要地位。